GWAITH JAMES KITCHENER DAVIES

"CWM GLO"
MAY BE SEEN IN
LONDON

Mr. Emlyn Williams
to Read It

"Cwm Glo," the play on the life
in a mining valley, by Mr. Kitchener
Davies, Tonypandy, is to be con-
sidered for production at the Gate
Theatre, London, has been asked by Mr.
fir... ...ctor of the Gate
him. Mr.

FIRST NIGHT
BANNED PLA

TWIC
REFUSEL
PRIZE

ENTERPRISE
WELSH DRA
PIONEER

CH B

GRIFFITH-
GLO " (Coal
lay twice co
dicators in t
of the Welsh
-at Port T
Neath in
by the withh
vill be perfo
time at Am
ight.
en called a
of moralists
condemned it
et Cynan (t
), the Lord C
dog over Wels
it without sup

touch, ...
dustbin, and what
euphemistically call "th
We protest in the name
against this sort of thi
reports give us enough "
it unnecessary for
dramatists to give such
so-called literary distin
drunken man will i
ign the pledge, and fl
interesting way will
virtue.

In a certain drama
amateur company

WESTERN MAIL & SOUTH WALES NEWS, WEDNESDAY

"CWM GLO"
PASSED BY
CENSOR

No Alteration Made
in Eisteddfod
Sex Play

MANY REC...
...RAISES STORM

MR. KITCHENER DAVIES

...from
...held at the
...nal Eisteddfod and
...the adjudicators described as
"permeated with sex problems,"
has been passed by the censor with-
out any alteration.
The author, Mr. Kitchener Davi
32-year-old school-teacher, of Tonypa
received official intimation to that
on Tuesday, and, when seen by a W
Mail & South Wales News represent
said that " he was pleased that the r
of Welsh plays, Cynan, a former Nor
formist minister, had not found any
objectionable in his play."

REMARKABLE WORK
It will be recalled that the adjudica
—Mr. D. T. Davies, his Majesty's ins
tor, of Pontypridd, and a pioneer of
Welsh Drama Movement, and Profes
Ernest Hughes, of University Colle
Swansea—described the drama as
very remarkable work which was wort
of the prize from the point of view
craftsmanship and dramatic treatmen
They were, however, obliged to wit
hold the prize because of the conditio
laid down by the committee that th
prize-winning drama had to be pre
sented publicly during the Nationa
Eisteddfod week."
They expressed the doubt that any
amateur Welsh company could be found
to play the drama.
"The Welsh people would never have
forgiven us had we allowed this to be
performed. The author has genius, but
it is a terrible drama; there is included
in it one of the vilest characters—the

Wort...

anywhere near to
the close of the f
Delafield has written a
works out a similar th
lls the blood. And so
few minutes at the e
en Dai calls to his v
vife. But there were
the atmosphere of co
ht it good fun, an
roariously.

THE CAST.
was as follows :—
is (y Manager)
                T. J. Williams
ei Chwaer) .... Pan
r—Cariad Bet) ... Eric
Glowr) ...... D. Clydach
(ei Wraig) ...... Minni
Ferch) .... Eilee
ns (Glowr) .... D.
o Lowr) .... D. J
the solution of the
nception of Dai, Mr
acting was strong er
And so was that of t
n Davies's Marged
make comfortable
as it should be—an
Minnie Morgan, w
Eric Hughes ...

M.P.'s Preside over "Cwm
Glo" Performances.

IN AID OF A NURSING ASSOCIATION

Three excellent performances of the
much discussed Welsh drama "Cwm
Glo," written by Mr. J. Kitchener Davies,
Tonypandy, were given on Thursd
Friday and Saturday evenings of
week at the Hippodrome, Tonypan
aid of the Mid-Rhondda N
Association.
The play, which aroused so mu
cism at the National Eisteddf
August, deals with life in a
valley, and it was the first time
be performed in Mid-Rhondda.
is in three acts and calls for a
of dramatic art in the interp
the various characters, but th
Cwmni'r Pandy, rose to th
splendidly and gave a really
pretation of the difficult pa
had to portray.

THE CAST.
The author himself pla
cipal role of Dai Davies, a
...thing miner, a drunka

PORTRAYAL
MINER

" Correspond
CARDIFF, Saturda
a storm has
circles in Wale
written by a
and described
was neverthe
at the recent

the play i
which mean
...and it i

LED
BUT
BLE

COUNCIL B
WELSH PL

AFTER POLICE RE

Plays Committee
"Cwm Glo"

Caernarvonshire Stage Play
mittee this week decided
" Cwm Glo," the Welsh play
Kitchener Davies, the produ

author, Mr. K
a Rhondda school
surprised than an
the play has arous
by the suffering of th
lleys of despair he a
n a play (his first) t
in the mass are res

James Kitchener Davies

Gwaith
James Kitchener Davies

Golygwyd gan

MAIR I. DAVIES

Gwasg Gomer
1980

Argraffiad Cyntaf—Mehefin 1980

ISBN 0 85088 922 7

Argraffwyd gan :
J. D. Lewis a'i Feibion Cyf., Gwasg Gomer, Llandysul

DIOLCH

I Wasg Gomer am fentro cyhoeddi'r llyfr ac am eu hynawsedd a'u gwaith celfydd, i Aneirin Talfan Davies a'r Dr. Kate Roberts am eu cyfraniadau, i'r artist John Elwyn am lunio'r siaced lwch. Ef a luniodd y cefndir llwyfan i berfformiad cyntaf *Meini Gwagedd* yn Llanbedr Pont Steffan yn 1945, ac yr oeddwn yn falch iawn pan gynigiodd ddarlunio clawr y llyfr ; ac yn olaf, i'm teulu am bob anogaeth a chymorth.

Cyhoeddwyd *Sŵn y Gwynt sy'n Chwythu* a *Susanna* yn y lle cyntaf gan Wasg Gee, a *Meihi Gwagedd* gan Y Seiri Drama.

HAWLFRAINT

Am ganiatâd i berfformio neu i ddefnyddio unrhyw rai o'r gweithiau, ymofynner â pherchennog yr hawlfraint—Mair I. Davies, Groeslon, Ffos-y-ffin, Aberaeron, gweddw'r awdur.

CYNNWYS

DR. KATE ROBERTS

YN CYFLWYNO

JAMES KITCHENER DAVIES

' Mae rhai llenorion Cymraeg, er eu bod yn caru iaith a diwylliant
Cymru, yn gallu eu cadw eu hunain yn hollol i'w llenydda. Mae rhai
eraill yn mynnu gweithio dros gadw'r iaith a'r diwylliant yn fyw. Un
felly oedd y Dr. D. J. Williams. Un felly oedd Kitchener Davies. Ymunodd
â Phlaid Cymru cyn i ni fyned i Donypandy i fyw yn 1931, a threuliodd
weddill ei oes i weithio drosti . . . Mae'n rhyfeddol felly ei fod wedi
cyflawni'r fath orchestion ym myd llên.

' Yn *Y Faner*, Awst 27, 1952 dywedais beth fel hyn "Dyn o'r wlad ydoedd,
a chanddo gof hir a gwreiddiau dwfn yn y wlad. Nid geirfa legach dyn
o'r dref a oedd ganddo, ond geirfa gref, iach, gyfoethog cefn gwlad Sir
Aberteifi, a honno'n eirfa yn perthyn i genedlaethau yn gynt nag ef. Nid
rhaid ond darllen *Meini Gwagedd* i weld pa mor gyfoethog ei eirfa . . .
Llwynpiod a'i lên werin, y bobl a wyddai beth oedd brwydro â'r tir, ac a
weai ddefnydd llenyddiaeth wrth frwydro . . ."

Collodd Cymru lenor pwysig wrth ei golli. '

Kate Roberts, Ebrill 5, 1979 (detholiad o ysgrif at y Golygydd)

Y llun olaf o'r awdur gyda'i deulu, Tre-alaw 1952

Carreg goffa ar fur capel M.C., Llwynpiod

(Llun: J. Ll. Jenkins, Llangwyryfon)

Hoffwn fedru ysgrifennu traethawd sylweddol ar weithiau Kitchener Davies ond aeth yn rhy hwyr imi fedru gwneud. Bodlonaf, felly, ar air o deyrnged, ac atgofion sy'n troi o gylch ei ' Bryddest Radio '.

Cofiaf un prynhawn pan ddaeth Kitchener a'i deulu i ymweld â ni yn Abertawe. Ni chofiaf y flwyddyn, ond cofiaf yn iawn y diwrnod a'r ymgomio hyfryd a fu rhwng Kitchener a minnau wrth rodio traeth Abertawe, gan adael y plant yng ngofal eu mamau. Trafod llenyddiaeth, gwleidyddiaeth a chrefydd. Cofiaf ein bod wedi trafod Saunders Lewis, a'i lyfr *Pantycelyn*, a gwaith T. S. Eliot, fel bardd a dramodydd. Dyma'r pryd yr awgrymais iddo sgrifennu "rhaglen nodwedd" ar Bantycelyn, ac yr oedd yn barod ac yn awyddus i wneud, pan gâi amser !

Buom am hir amser yn trafod pregethau, a dyma'r pryd yr adroddodd imi'r bregeth sydd yn sail adran olaf y gerdd, *Sŵn y Gwynt sy'n Chwythu*. Yr oedd yn ymddangos i mi, bryd hynny, ei fod wedi cael troedigaeth. Siaradai'n ddwys am grefydd ac am y frwydr i geisio'i chadw'n fyw yng nghapeli gweigion Cwm Rhondda. Iddo ef, yr oedd y frwydr dros yr iaith a chenedlaetholdeb yn un.

Roedd Kitchener Davies yn enaid mawr, ac ar un olwg mae'n drasiedi iddo dreulio cymaint o'i amser ar y bocs sebon, ac nid yn ei fyfyrgell. Ond ni allai wneud yn amgen. Yr oedd y gwaith yn rhan o'i alwedigaeth fel Cristion. Rwy'n falch i mi gael y fraint o'i adnabod a'i gyfrif yn un o'm cyfeillion.

Pan euthum ati i geisio paratoi cyfres ar gyfer Radio Cymru, dan y teitl ' Pryddestau Radio ', fe gomisiynais bryddest ganddo, a derbyniodd y comisiwn. Ond erbyn dydd cyflawni'r comisiwn cefais y newydd trist ei fod yn glaf yn ysbyty Dwyrain Morgannwg. Yr oedd yn ddifrifol wael. Brysiais i'r ysbyty i'w annog i anghofio'r bryddest, ac ymroi i wella, er i mi gael ar ddeall nad oedd fawr o obaith am hynny. Addewais yr awn ati i gasglu rhai o'i gerddi a darlledu'r rhain yn lle'r bryddest arfaethedig. Ond nid oedd dim yn tycio. "Na, fe gei di dy bryddest, Aneirin," meddai, a gwên ar ei wyneb gwelw.

Ymwelais ag ef yr eildro—y tro hwn yng nghwmni un arall o'i gyfeillion, y Dr. Alun Oldfield Davies. Roeddwn i erbyn hyn wedi casglu digon o'i waith ynghyd i wneud rhaglen. Yr oedd dydd y darlledu yn prysur agosáu. Ond nid oedd dim yn tycio ; yr un oedd ei ateb, "Na, fe gei di dy bryddest". Mae ei weddw wedi sôn sut yr âi i'r ysbyty gyda'r nos, ac yntau yn adrodd y bryddest iddi fesul darn o fân nodiadau—a hithau yn ei gosod ar bapur. Ac felly y cyflawnodd ei addewid, a thrwy hynny gyfoethogi llenyddiaeth ein gwlad ag un o'i cherddi praffaf yn y ganrif hon.

Mae aroglau'r ysbyty yn drwm ar agoriad y bryddest, ac wrth ddarllen y llinellau agoriadol.

> "Heddiw
> Daeth awel fain fel nodwydd syring,
> oer, fel ether-meth ar groen—"

â fy meddwl yn ôl at y gwely yn Church Village, a chlywed y geiriau "Na, fe gei di dy bryddest, Aneirin," ac yntau yn tynnu'r llenni i ddangos y bol chwyddedig, a rhoi tap arno i ddangos mor galed ydoedd.

Mae dyn yn cofio llinellau Eliot am y Llawfeddyg :

> The wounded surgeon plies the steel
> That questions the distempered part ;
> Beneath the bleeding hands we feel
> The sharp compassion of the healer's art
> Resolving the enigma of the fever chart.

Yr oedd Kitchener yn adnabod y Meddyg Da.

Cynnyrch y Seiat Brofiad oedd Kitchener. Mae'r gerdd yn gynnyrch ymholi trylwyr a di-ofn. Ni ellir llawn amgyffred ei gerdd heb fyfyrio gwaith pennaeth y Seiat—Pantycelyn.

Y Llun wedi'i farwolaeth cefais y fraint drist o dalu teyrnged i'w goffadwriaeth ar y radio, ac am ei bod yn anodd, heddiw, ddyfod o hyd i'r pamffledyn *Sŵn y Gwynt sy'n Chwythu* gyda'i ragymadroddion gan Gwenallt a minnau, mi orffennaf gyda chodi'r deyrnged i'w hargraffu yma.

"Kitchener Davies, Kitchener ! Paradocs o enw, ond enw digon gweddus i filwr. A milwr oedd "Kitch". Brwydrodd yn anialwch y Rhondda. Gorymdeithiodd ei strydoedd dan faner y Ddraig Goch. Arweiniodd ei fyddin fechan i'r gad "yn erbyn Goliath". A gellir dweud amdano yn ei eiriau ef ei hun.

> "'Doedd dim taro arnat ti orymdeithio yn rhengoedd y di-waith,
>   dy ddraig-rampant yn hob-nobio â'r morthwyl a'r cryman . . ."

Na, doedd dim taro, efallai, pe bait wedi bodloni ar fod yn daeog a gwerthu dy enedigaeth-fraint am seigiau swyddi bras y gallet ti â'th dalent a'th athrylith fod wedi'u cipio'n hawdd. Brwydrodd a syrthiodd yn y gad dros yr unig beth a oedd, yn ei olwg ef, yn werth ymladd drosto. Ond er iddo frwydro, er iddo ymladd yn ddi-flino, nid anobeithiodd, ac ni chwerwodd. Yr oedd yn gymeriad annwyl iawn hyd y diwedd.

Kitchener Davies—y garddwr. Yn ei eiriau ef ei hun eto :

“ ’Wel na, a does arna i ddim cywilydd cael arddel
bod yr ardd wrth y tŷ wedi’i phalu drwy’r blynyddoedd
a’i chwynnu’n ddygn nes bod y cefn ar gracio ;”

Rhan o ardd Cymru oedd Cwm Rhondda iddo ef, ac ymdrechodd i’w
chadw yn lân ; ymdrechodd i ddadwreiddio’r confolfiwlws a oedd, fel y
cancr a’i lladdodd yntau, “yn ymgordeddu drwy’r ymysgaroedd.” Myn-
nai “gadw Cwm Rhondda i’r genedl, a’r genedl hithau yn ardd gan
ffrwythlondeb.” Ac yn yr ardd dwt honno o flaen ei gartref, Aeron, ar y
Brithweunydd yn y Rhondda, y gwelodd ddarlun o’i deulu bach yntau,
yn ynys o Gymreigrwydd ynghanol môr o Seisnigrwydd—yr unig wely
heb ei difa yn yr ardd—“fy aelwyd, fy mhriod a’r tair croten fach”. Bellach
mae’r garddwr yn llonydd, a’r gaib a’r rhaw wedi’u gosod o’r neilltu.
 Kitchener Davies—yr artist. Pan dreuliais brynhawn gydag ef ddydd
Sadwrn, ychydig oriau cyn ei farw, y peth cyntaf a wnaeth, bron, oedd
estyn darn o’i waith imi. “Cymer olwg ar hwn.” A dyna fynd ati i drafod
drama o’i eiddo. Yna tro dros Eisteddfod Aberystwyth a’i chyfansodd-
iadau a’i beirniadaethau, a phob hyn a hyn, y llygaid yn goleuo a gwên
yn dyfod i’r gwefusau, a chysgod yr hen Kitchener a adwaenwn, ac a
adwaenai llawer o’i gydnabod ar hyd a lled Cymru, yn dyfod i’r golwg.
Y “Kitch” hwnnw a welsom ar dân ar lwyfannau ; y Kitchener a roes
sioc i gynulleidfaoedd rispectabl-foethus gyda’i *Gwm Glo* ; Kitchener y
Cardi o Gors Caron a roes inni ias o hyfrydwch oer gyda’i *Feini Gwagedd* ;
y Kitchener a gyflawnodd ei destament olaf i wrandawyr Cymru mewn
‘ Pryddest Radio ’, a hynny o’i wely angau, pan oedd ei ddwylo’n rhy
fusgrell i ddal ei bin sgrifennu. Yn Kitchener Davies collodd Cymru
wlatgarwr ac artist di-ffuant ; ni all Cymru fforddio colli ei debyg.”

Ni welaf debyg i Kitchener fyth mwy.
Arwr yn ei fyw a gwron yn ei farw.

ANEIRIN TALFAN DAVIES

Sŵn y Gwynt sy'n Chwythu

Heddiw
Daeth awel fain fel nodwydd syring,
Oer, fel ether-meth ar groen,
i chwibanu am y berth â mi.
Am eiliad, fe deimlais grepach yn f'ego,
fel crepach llwydrew ar fysedd plentyn
wrth ddringo sticlau'r Dildre a'r Derlwyn i'r ysgol ;
dim ond am eiliad, ac yna ailgerddodd y gwaed,
gan wneud dolur llosg fel ar ôl crepach ar fysedd,
neu ether-meth ar groen wedi'r ias gynta.
     Ddaeth hi ddim drwy'r berth
er imi gael adnabod ei sŵn sy'n chwythu,
a theimlo ar f'wyneb
lygredd anadl mynwentydd.
Ond y mae'r berth yn dew yn y bôn, ac yn uchel,
a'i chysgod yn saff na ddaw drwyddi ddim,
—dim byd namyn sŵn y gwynt sy'n chwythu.

*   *   *

Hy !
Ti sy wedi bostio erioed
nad oes arnat ti ddim ofn marw,
ond dy fod ti yn ofni gorfod diodde poen.
Chest ti ddim erioed gyfle
i ofni na marw na diodde poen,
—ddim erioed, gan gysgod y berth sy amdanat.
     Do, do rwyt ti, fel pawb yn d'oedran di,
wedi gweld pobl mewn poen,
a gweld pobl yn marw—pobl eraill—
heb i'r gwynt sy'n chwythu dy gyrraedd di'n is nag wyneb y croen,
heb i ddim byd o gwbl ddigwydd y tu mewn i'r peth wyt ti.
     I ti, peth iddyn nhw, y lleill,
yw diodde poen a marwolaeth,
yw pob bwlch argyhoeddiad, yn wir,
yn gywir fel actio mewn drama.
     Wyt ti'n cofio dod nôl yn nhrap Tre-wern
o angladd mam ? Ti'n cael bod ar y sêt flaen gydag Ifan
a phawb yn tosturio wrthyt, yn arwr bach, balch.
Nid pawb sy'n cael cyfle i golli'i fam yn chwech oed,
a chael dysgu actio mor gynnar.

15

Neu a wyt ti'n dy gofio di'n bymtheg oed
yng nghwrdd gweddi gwylnos Rhys Defi ?
Roedd llifogydd dy ddagrau di'n boddi hiraeth pawb arall,
("ar dorri 'i galon fach" medden nhw, "druan bach")
a llais dy wylofain di fel cloch dynnu sylw ;
dim ond am fod hunandod hiraeth pobol eraill
yn bygwth dy orchuddio di, a'th gadw di y tu allan i'r digwydd.
Roet ti'n actor wrth dy grefft, does dim dwywaith,
ac yn gwybod pob tric yn y trâd erbyn hynny.
        O ydy, mae hi'n ddigon gwir, wrth gwrs,
na wnest ti fyth wedyn golli dagrau wrth un gwely cystudd
nac wylo un defnyn ar lan bedd neb
o gywilydd at dy actio "ham,"
a gormodiaith dy felodrama di dy hun, y tro hwnnw.
Onid amgenach crefft gweflau crynedig
a gewynnau tynion yr ên a'r foch,
llygaid Stoig, a gwar wedi crymu,
mor gyrhaeddgar eu heffaith ar dy dorf-theatr di ?
"O, roedd e'n teimlo, druan ag e, roedd e'n teimlo,
roedd digon hawdd gweld, ond mor ddewr, mor ddewr."
Arwr trasiedi ac nid melodrama mwy—uchafbwynt y grefft,
a thithau heb deimlo dim byd
ond mwynhau dy actio crand, a chanmoliaeth ddisgybledig
y dorf o glai meddal dan dy ddwylo crochenaidd.
Na, ddaeth dim awelig i gwafrio dail dy ganghennau di,
chwaethach corwynt i gracio dy foncyff
neu i'th godi o'th bridd wrth dy wraidd.
Ddigwyddodd dim byd iti erioed
mwy nag iti glywed sŵn y gwynt sy'n chwythu
y tu hwnt i ddiogelwch y berth sydd amdanat.

                    *   *   *

        Roedd tir Y Llain ar y gors uchel
sydd ar y ffin rhwng Caron-is-Clawdd a Phadarn Odwyn
yn goleddu o'r Cae Top i lawr at Y Waun,
a thu hwnt i'r Cae Top roedd llannerch o goed duon—
pinwydd a 'larch' tal—i dorri'r gwynt oer,
gwynt y gogledd.
Ac yna'r mân gaeau petryal
fel bwrdd chwarae draffts, neu gwilt-rhacs,
ac am bob un o'r caeau, berth.

'. . . rhengoedd o ddewrion yn cadw'r gwynt a'r corwyntoedd . . .' *(Swn y Gwynt sy'n Chwythu).* Golygfa ar dir yr hen gartref
(Llun: Ifan D. Huws, Pontrhydfendigaid)

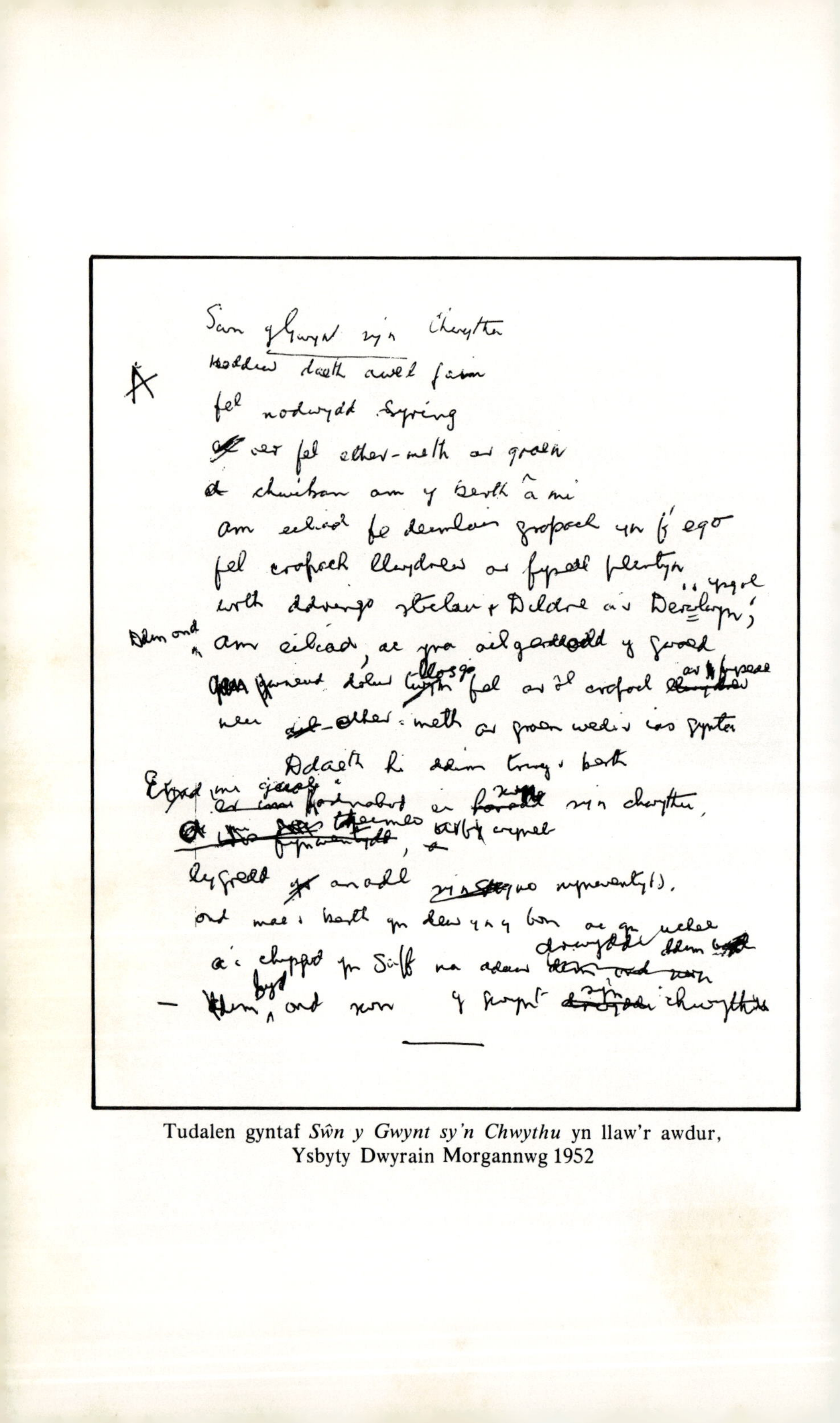

Tudalen gyntaf *Sŵn y Gwynt sy'n Chwythu* yn llaw'r awdur,
Ysbyty Dwyrain Morgannwg 1952

'Y nhad a fu'n plannu'r perthi pella o'r tŷ,—
perthi'r Cae Top a'r Cae Brwyn,
a minnau'n grwt bach wrth ei sodlau
yn estyn iddo'r planhigion at ei law ;
tair draenen wen a ffawydden,
tair draenen wen a ffawydden yn eu tro ;
A'i draed e'n mesur rhyngddyn nhw ar hyd pen y clawdd
a'u gwasgu nhw'n solet yn y chwâl bridd-a-chalch.
Yna'r weiro patrymus y tu maes iddyn nhw—
y pyst-tynnu sgwâr o bren deri di-risgl
wedi'u sinco'n ddwfn i'r tir byw—
a minnau'n cael troi'r injan-weiro ar y post
tra fydde fe'n staplo,
a'r morthwyl yn canu'n fy nghlust dan y ffusto.
A minnau'n mentro ar y slei-bach
ddanfon telegram yn ôl tros y gwifrau tyn
i'r plant eraill y pen-draw i'r clawdd,
a nodyn y miwsig yn codi ei bitsh
wrth bob tro a rown i handlen yr hen injan-weiro.
        Nhatcu, meddai 'nhad, a blanasai'r Caeau Canol,
        Cae Cwteri, Cae Polion, Cae Troi—
ond roedd cenedlaethau na wyddwn i ddim byd amdanyn nhw,
ond ôl gwaith eu dwylo ar y Cae Lloi a'r Cae Moch,
wedi plannu'r coed talgryf boncyffiog rownd y tŷ,
a gosod eirin-pêr yma a thraw yn y perthi.
        Roedd llun mewn llyfr hanes yn yr ysgol
o'r Sgwâr Prydeinig yn yr Aifft,
(neu Affganistan neu'r India, efallai,
man a arferai fod yn goch ar y map, ta beth,)
a rhes o gotiau coch ar eu boliau ar y llawr,
ail res y tu ôl iddi hi ar eu gliniau
a'r drydedd res ar ei throed,
a'r cwbl yn saethu anwariaid melyngroen ar feirch yn carlamu
a gwneud iddyn nhw dynnu'n ddi-ffael i'r chwith ac i'r dde yn eu rhuthr,
heb allu torri trwy rengoedd di-syfl y sgwâr mewn un man.
A dyna fu'r perthi i mi fyth ar ôl hynny,
rhengoedd o ddewrion yn cadw'r gwynt a'r corwyntoedd
rhag cipio cnewyllyn fy mod—caer fewnol fy Llain.
Ond nid anwariaid (er mor wyllt) ar feirch diadenydd
mo'r gwyntoedd, ond llengoedd o ysbrydion
yn codi, heb allu haltio yn eu rhyferthwy ysgubol,
yn grwn tros y perthi a thros frigau'r coed,

yn grwn tros Y Llain heb ysigo teilsen o'r to,
ac yna dri chae o dan y tŷ
yn disgyn trachefn i'r gors
i erlid y mwsog crin a gwlân y plu-gweunydd,
a'u plethu a'u clymu yn sownd yn y pibrwyn.
        A dyna lle byddem ni'r plant
yn ddiogel mewn plet yn y clawdd tan y perthi
a'r crinddail yn gwrlid i'n cadw ni'n gynnes,
(fel plant bach y chwedl wedi i'r adar eu cuddio â dail.)
Doedd yr awel oedd yn tricial trwy fonion y perthi
ddim yn ddigon i mhoelyd plu'r robin a'r dryw.
Ond uwch ben y perthi a'r coed, uwch ben y tŷ,
fry yn yr entrych, roedd y gwynt
yn twmlo'r cymylau, a'u goglais nes bo'u chwerthin gwyn
yn hysteria afreolus fel plant ar lawr cegin,
oni bydd gormod o'r chwarae'n troi'n chwithig yn sydyn
a gwynder y chwerthin yn cuchio, a duo,
a'r dagrau yn tasgu, a'r cymylau'n dianc
ar ras rhag y gwynt, rhag y goglais a'r twmlo,
yn dianc bendramwnwgl rhag pryfòc y gwynt—
y gwynt erlidus o'r tu allan i mi,
a minnau yn saff yn y plet yn y clawdd tan y dail
yn gwrando ei sŵn, y tu allan,
heb ddim byd yn digwydd y tu mewn i'r hyn wyf i
gan ofal a chrefft cenedlaethau fy nhadau
yn plannu eu perthi'n ddarbodus i'm cysgodi yn fy nydd.
Dim—er imi fynnu a mynnu.

*   *   *

Ond chwarae teg nawr,
bydd di'n deg â thi dy hunan, a chyfadde
iti dreio dy orau i'th osod dy hun
yn nannedd y gwynt, fel y câi ef dy godi
a'th ysgwyd yn rhydd o ddiogelwch dy rigol.
Fe ddringaist y ffawydden braffaf i'r brigyn
ar dywydd teg yn yr haf
i redeg ras â'r gwiwerod trwy'r brigau ir, deiliog
gan fentro neidio ar eu holau o golfen i golfen ;
a dringaist, y gaeaf, y boncyff noethlymun
i'r man roedd hi'n arswyd i'r llygad dy ddilyn
wrth ysgwyd ar y meinder fel brân ar y brigyn,

dy liniau a'th freichiau'n marchogaeth y pren
a'th lygaid ynghau gan yr ymchwydd syfrdan
fel babi yn cysgu'n ei grud gan y siglo.
Bydd di'n onest, nawr ;
nid pawb sy'n mentro marchogaeth y gwynt,
y gwynt sy'n chwythu lle y mynno.

*   *   *

Mi est ti i lawr i Donypandy i'r Streic a'r Streic Fawr,
i'r carnifal jazz, a 'football' y streicwyr a'r plismyn,
at y ceginau cawl a'r coblera,
y ffeiriau sborion i Lazarus gornwydlyd,
gan helpu i ysgubo'r briwsion sbâr o'r bordydd i'r cŵn tan y byrddau,
gan arllwys cardodau fel rwbel ar y tipiau
neu hau basic-slag ar erddi 'allotment' o ludw
i dwyllo'r pridd hesb i ffrwythlonder synthetig.
Yno roedd y perthi wedi syrthio a'r bylchau yn gegrwth
a'r strydoedd culion fel twndis i arllwys
y corwynt, yn chwythwm ar chwythwm,
i chwipio'r corneli a chodi pennau'r tai
a chwyrlïo dynionach fel bagiau-chips gweigion
o bared i bost, o gwter i gwter ;
y glaw-tyrfau a'r cenllysg yn tagu pob gratin
gan rwygo'r palmentydd a llifo drwy'r tai,
a lloncian fel rhoch angau'n y seleri diffenest ;
a newyn fel brws-câns yn ysgubo trwy'r aelwydydd
o'r ffrynt i'r bac a thros risiau'r ardd serth,
i lawr i'r lôn-gefn at lifogydd yr afon,
y broc ar y dŵr du sy'n arllwys o'r cwm,
i'w gleisio a'i chwydu ar geulannau'r gwastadedd
yn sbwriel ar ddifancoll i bydru.
A dyna lle'r oeddit ti fel Caniwt ar y traeth,
neu fel Atlas mewn pwll glo
â'th ysgwydd tan y creigiau'n gwrthsefyll cwymp,
neu â'th freichiau ar led rhwng y dibyn a'r môr
yn gweiddi 'Hai ! Hai !'
ar lwybr moch lloerig Gadara.
O do, fe heriaist ti ddannedd y corwynt
a dringo i flaen y pren a blygai i'w hanner
gan ysgytiadau'r tymhestloedd oni bu raid iti
suddo d'ewinedd i'r rhisgl a chau dy lygaid
rhag meddwi dan ymchwydd dy hwylbren.

        Cofia di,
doedd dim rhaid iti, mwy na'r rhelyw o'th gymheiriaid,
ysgrechian dy berfedd i maes ar focs sebon
ar gorneli'r strydoedd a sgwarau'r dre :
peth i'w ddisgwyl mewn mwffler-a-chap oedd peth felly,
nid peth neis mewn coler-a-thei.
Doedd dim taro arnat ti orymdeithio yn rhengoedd y di-waith,
dy ddraig-rampant yn hobnobio â'r morthwyl a'r cryman,
i fyny i Sgwâr y Petrys, i lawr Ynyscynon a thros y Brithweunydd,
heibio i'r Llethr-ddu at y Porth a'r Dinas
ac yn ôl tros Dylacelyn a thrwy Goed y Meibion
i gae'r Sgwâr, a'r gwagenni, a'r cyrn-siarad, a'r miloedd ceg-agored.

*   *   *

Na !
doedd dim raid iti
fentro'r *Empire* a'r *Hippodrome* tan eu sang ar nos Sul,
—di geiliog bach dandi ar domen ceiliogod ysbardunog
y Ffederasiwn a'r *Exchange*—
ond mi fentraist,
a mentro ar lecsiynau i'r Cyngor tref a'r Sir
a'r Senedd maes-o-law
yn erbyn Goliath ar ddydd na ŵyr wyrth,
y cawr sydd â phigion y swyddi yn enllyn ar dy fara
ond iti estyn dy dafell a begian yn daeog ddeheuig.
Wel na, a does arna i ddim cywilydd cael arddel
bod yr ardd wrth y tŷ wedi'i phalu drwy'r blynyddoedd
a'i chwynnu yn ddygn nes bod y cefn ar gracio ;
ond y pridd sydd yn drech na mi, a'r confolfiwlws
fel y cancr yn ymgordeddu trwy'r ymysgaroedd
gan wasgu'r hoedl i'r gweryd, ewinfedd wrth ewinfedd ddiymod.
Po ddyfnaf y ceibiwn, cyflymaf y dirwynai'r
confolfiwlws nadreddog drwy'r chwâl,
gan ddringo pob postyn a llwyn tan fy nwylo
a thagu'r rhosynnau a'r ffa yn eu blodau
a dyrchafu eu clychau gwyn glân fel llumanau,
neu fel merched y gwefusau petalog
sy'n dinoethi eu dannedd i wenu'n wyn
heb fod chwerthin yn agos i'w llygaid, ond bustl yn y pyllau.
        Fe fynnwn i gadw Cwm Rhondda i'r genedl
a'r genedl hithau yn ardd gan ffrwythlondeb.

20

"Pa sawl gwaith y mynaswn i gasglu dy gywion ond nis mynnit."
Ond roedd hi'n arial i'r galon gael clywed fforddolion tros glawdd yr ardd
yn fy nghyfarch—"Paid â'th ladd dy hunan, y gwirion ;
rwyt ti'n gweithio'n rhy galed o fore hyd hwyr,
o wanwyn i hydre, a thâl pridd dy ardd iti ddim."
Yna wrth droi i'w rhodianna fe'u clywn :
"Mae ef fan yna'n ei ddau-ddwbwl, mor ffôl, mor ffôl."
A'r chwyn lladradaidd yn dwyn gwely ar ôl gwely
fel nad oedd dim ond un gwely glân heb ei ddifa,
fy aelwyd, fy mhriod a'r tair croten fach,—
yn Gymry Cymraeg ac yn falch fel tywysogesi.
        Do, rwy'n adde imi dreio fy mwrw fy hun
i ddannedd y corwynt i'm codi ar ei adenydd
a'm chwythu gyda'i hergwd lle mynnai
yn arwr i achub fy ngwlad.
Cans nid chwythu lle y mynno yn unig y mae'r dymestl,
ond chwythu a fynno o'i blaen lle y mynno ;
"Pwy ar ei thymp ŵyr ei thw," meddwn innau.

*　　　*　　　*

O cau di dy geg â'th hunan-dosturi celwyddog
a'th hunan-fost seimllyd o ffals.
Rwyt ti'n gwybod mai chwarae pen-ysgafn â gwiwerod
oedd llithro o golfen i golfen ;
ac mai chwarae mwy rhyfygus oedd hofran yn y gwynt
fel barcut papur, a bod llinyn yn dy gydio di'n ddiogel wrth y llawr,
lle'r oedd torf yn crynhoi i ryfeddu at dy gampau
ar *drapeze* y panto a'th glownio'n y syrcas.
Nid marchogaeth y corwynt, ond hongian wrth fwng
un o geffylau bach y rowndabowt oedd dy wrhydri,
ceffyl-pren plentyn mewn meithrinfa,
a sŵn y gwynt i ti'n ddim ond clindarddach miwsig recordiau
peiriant sgrechlyd y ffair wagedd.
Ddioddefaist ti ddim cymaint â chrafiad ar dy groen
wrth ganlyn gwiwerod y ceginau—y cawl a'r coblera,—
pan oedd dy gardodau di'n grawn yng nghlwy septig,
yn gornwydydd llidus, ar enaid trueiniaid y *Means Test.*
Y gorymdeithio banerog, yr huodledd a'r lecsiwna'n
ddim ond styntio dy awyrblan di wrth ddolennu dolennau
yn lle hedfan yn union i'th siwrne a'th hangar,
fel hedegwyr y pleidiau awdurdodedig.

21

"Petai e," medden nhw, "yn hedfan yn syth at y nod, fel ni,
gan adael ei gwafars, fe âi e'n lled bell,
fe ddôi swyddi ac anrhydedd a sedd yn y Senedd
a chyfle i weithio yn gall tros Gymru
o'r tu mewn i'r unig Barti sy'n cyfri."
"Ac fel mae e" meddai eraill, "fe gaean ei geg e â swyddi maes o law,
a'i brynu e fel y lleill â rhubanau."
Roeddit tithau wrth dy fodd yn pryfocio'r corwyntoedd
gan ddanglo'n gellweirus i ddifyrru'r rabl geg-agored.
Dy rofio â rhaw-dywod a bwced glan-y-môr
yn yr ardd, gan sinachad y confolfiwlws
—cancr Seisnigrwydd sy'n cordeddu trwy Gymru—
doedd hynny'n ddim byd ond siawns i glustfeinio am y clawdd
ar y fforddolion didaro mor fwyn yn dy alw di'n wirion ;
ond chlywaist ti mo'u geiriau nhw wedi iddyn nhw droi ymaith,
—mae'r Cymry'n rhy fonheddig i ddweud y gwir yn dy wyneb—
y ffŵl dwl, y lobyn, yr idiot medden nhw,
"mwy na all e wneud fydd cadw un gwely yn lân
rhag y confolfiwlws,—fe dry ei aelwyd e'n Saesneg yn ei thro
fel ein haelwydydd ni i gyd pan ddaw'r plant i oed ysgol."
Ac felly y byddai hi, debyg iawn,
onibai ddyfod yr Ysgol Gymraeg i gynnal dy aelwyd yn dy le.
    Mae rhuad y dymestl yn y pellter yn fiwsig
i'th glustiau pan fo'i sŵn hi yn chwythu.
Ond pwy ar ei thymp ŵyr ei thw, meddit ti.
Wel, nid ti, er dy fost a'th bitïo celwyddog a ffals . . .
ond y mae yna un peth arall i'w ateb.

*   *   *

Oes, fe ddichon,
ond dwyt tithau â'th dafod papur-swnd,
rhasb dy feirniadu a ffeil dy anymddiried,
ond yn rhychio a sgraffinio sglein y polish ar gelfi gwirionedd.
"Atolwg, pa beth yw gwirionedd ?"
O wynt y gwirionedd, tyrd yn dy rwysg a'th rym
i chwythu â'th ysbryd lle mynni
yw'r ateb i Beilat ac i tithau.
    Mor debyg i stori atodiad
Ioan Efengylydd am Bedr
yn mynd i bysgota liw nos,

wedi blino ar addewid y Deyrnas na ddôi,
a'r Brenin tan gabl y tu allan i'r ddinas.
Roedd pob troed tan ffenestr yr Oruwch-ystafell
yn dramp milwyr Rhufain, neu sŵn slei-bach
ysbïwyr yr Archoffeiriad, i'w gael yntau i'r ddalfa.
Er mor rhiniol y tair blynedd yn y cwmni rhyfeddol,
nes dyheu cael pabellu gyda'r Gweddnewid llachar ;
eto mor anghyfrifol ym mlynyddoedd cyfrifoldeb, ac yn oedran gŵr
fai codi tŷ ar *chimera* awr iasber llencyndod.
Na, rwy'n mynd i bysgota, medd Pedr,
nôl at y cychod a'r rhwydi, a'r môr anwadal-drofaus ;
yno y mae sicrwydd diogelwch.
Fel llestri'r cwpwrdd-glas, rhy ddrudfawr i'w mentro
ar ford y gegin bob dydd, yw'r cyffro adolesent, gan mor gain, mor gain.
    A'r nos honno ni ddaliasant hwy ddim.
Dyna wyrth.
Bu trip, un ddunos, ar y môr heb y Cwmni'n y cwch
yn ddigon i'w dieithrio rhag ei nabod y bore ar y lan,
er gorfod troi adre yn waglaw fethiannus.
Beth tai'r rhwydi yn llawn a'r cwch tan ei sang gan eu pysgod !
Y nos honno
—er eu doniau cyfarwydd gyda chelfi eu crefft, ac arferion y môr—
ni ddaliasant hwy ddim, (O Wyrth !)
rhag llwyddo o Bedr i lithro yn slic
fel un o'i bysgod ef ei hun, o gledr y llaw a'i cynhaliai,
a throi i falchïo yng nghaniad y ceiliog.
    Wrth wledda ar y wledd a baratoesid
a chyfanu'r Gymdeithas a'r cwmni,
Efe
a gymerth fara ac a'i rhoddes iddynt
yn sacrament,
a'r pysgod a ddaliasant yr un modd,
pysgod eu profiad yn troi'n rhan o'r sagrafen
gyda'r bara a roddes Efe.
    Yna'r holi.
A wyt ti'n fy ngharu i'n fwy na'r rhai hyn,
yn fwy na'th bysgod a'th rwydi,
yn fwy na haul-a-chawod cyfnewidiol mis Ebrill llencyndod ?
Ai atynt hwy y mynnit ti droi yn awr dy sadrwydd, ac yn
    oedran gŵr,
at y diogelwch cyn y cyffro a'r ias,

cyn i sŵn y gwynt sy'n chwythu daro'n siarp ar dy glustiau ?
Mae iti ddewis, Bedr, un dewis terfynol :
pan oeddit ti'n ieuanc fe'th wregysit dy hun
a rhodio y ffordd a fynesit ;
ond pan elych di'n hen, arall a'th wregysa
ac a'th arwain y ffordd ni fynnit.
"Ond ymhle, a pha bryd y cyrhaedda i ben siwrne ar dy gefn-ffordd
     ddigysgod Di ?"
"Ni pherthyn iti wybod na'r amseroedd na'r prydiau,
eithr canlyn di Fi."
A hyn a ddywedodd efe gan arwyddo
â pha fath angau y gogoneddai efe Dduw,
gan orchymyn i'r gwynt sydd yn chwythu
ei chwythu o'i flaen lle y mynnai.
     Fe fuost tithau'n crefu a gweddïo
am brofiad fel un Pedr i'th godi ar flaen y gwynt,
iddo gael dy chwythu di eilchwyl i'r fedyddfaen
fel y dilëid y dŵr bedydd ar dy dalcen
a'r enw Dyn a roid arnat,
ac y trochid di yno ym medydd yr Ysbryd,
a rhoi enw sant yn dy galon.
     A dyw waeth iti gyhoeddi hynny i'r bobol na pheidio !

*   *   *

Y Duw hwyrfrydig i lid a faddeuo fy rhyfyg
yn pulpuda, yn canu emynau a gweddïo arno Ef,
a wisgodd amdano awel y dydd,
i ddyfod i oglais fy ais i'm dihuno o'm hepian.
Gofynnais am i'r gwynt a fu'n ymorol â'r sgerbydau
anadlu yn f'esgyrn sychion innau anadl y bywyd.
Eiriolais ar i'r dymestl nithio â'i chorwynt
garthion f'anialwch, a mwydo â'i glawogydd
grastir fy nhir-diffaith oni flodeuai fel gardd.
Apeliais â thaerineb heb ystyried—
heb ystyried (O arswyd) y gallai E nghymryd i ar fy ngair
y gallai E nghymryd i ar fy ngair ac ateb fy ngweddi.
Ac ateb fy ngweddi.
     Wrandawr gweddïau, bydd drugarog,
a throi clust fyddar rhag clywed f'ymbilio ffals,
rhag gorfod creu sant o'm priddyn anwadal.

Y Diymod heb gysgod cyfnewidiad un amser
na letha fi ag unplygrwydd ymroad,
ond gad imi fela ar grefyddolder y diletant,
o flodyn i flodyn yn D'ardd fel y bo'r tywydd.
    Y Meddyg Gwell,
sy'n naddu â'th sgalpel rhwng yr asgwrn a'r mêr,
atal Dy law rhag y driniaeth a'm naddai
yn rhydd oddi wrth fy nghymheiriaid a'm cymdogaeth,
yn gwbl ar wahân i'm tylwyth a'm teulu.
    Bererin yr anialwch,
na osod fy nghamre ar lwybr disberod y merthyr
ac unigrwydd pererindod yr enaid.
    O Dad Trugareddau, bydd drugarog,
gad imi gwmni 'nghyfoedion, ac ymddiried fy nghydnabod,
a'r cadernid sydd imi yn fy mhriod a'r plant.
    Y Cynefin â dolur, na'm doluria
drwy noethni'r enaid meddal, a'i adael wedi'i flingo
o'r gragen amddiffynnol a fu'n setlo am hanner-can-mlynedd
yn haenen o ddiogi tros fenter yr ysbryd,
na châi tywodyn anghysuro ar fywyn fy ego.
    Rwy'n rhy hen a rhy fusgrell a rhy ddedwydd fy myd,
rhy esmwyth, rhy hunan-ddigonol,
i'm hysgwyd i'r anwybod yn nannedd dy gorwynt.
Gad imi lechu yng nghysgod fy mherthi, a'r pletiau'n fy
    nghlawdd.
    Frenin brenhinoedd, a'r llengoedd angylion wrth Dy wŷs
    yn ehedeg,
a gwirfoddolion yn balchïo'n Dy lifrai—Dy goron ddrain
    a'th bum archoll—
paid â'm presio a'm consgriptio i'r lluoedd sy gennyt
ar y Môr Gwydr ac yn y Tir Pell.
    Yr Iawn sydd yn prynu rhyddhad,
gad fi ym mharlwr y *cocktails* i'w hysgwyd a'u rhannu
gyda mân arferion fy ngwarineb
a'r moesau sy mewn ffasiwn gan fy mhobol.
Na fagl fi'n fy ngweddïau fel Amlyn yn ei lw,
na ladd fi wrth yr allor y cablwn wrth ei chyrn,
ond gad imi, atolwg, er pob archoll a fai erchyll,
gael colli bod yn sant.
    "Quo vadis, quo vadis," i ble rwyt ti'n mynd ?
Paid â'm herlid i Rufain, i groes, â mhen tua'r llawr.
    O Geidwad y colledig,

achub fi, achub fi, achub fi
rhag Dy fedydd sy'n golchi mor lân yr Hen Ddyn.
Cadw fi, cadw fi, cadw fi
rhag merthyrdod anorfod Dy etholedig Di.
Achub a chadw fi
rhag y gwynt sy'n chwythu lle y mynno.
Boed felly, Amen,
      ac Amen.

Ing Cenhedloedd

*Bu'r bryddest hon yn fuddugol yn Eisteddfod Gadeiriol y De, Treorci,
Y Sulgwyn, 1945.

I. THESIS

"UN IAS FER RHWNG DWY NOS FAITH."

Hai ati, ddynionach ! Onid yw'r pac
o'ch ôl yn ielpan a sinachad cnoi,
eich bref i'w hysu, a'ch bugunad crac,

i gwrsio, rowndio, rhacso, trin a throi ?
Nid i gorlan, ffald, lloc na libert las
nac i olchfa na chnaif y mae'r crynhoi.

Costawcwn di-fugail, di-wardd a di-dras
sy'n blysio corygau heb flasu cig,
heb angerdd yn erlid, yn llarpio heb ias,

heb wybod llawenydd, heb ddysgu dig.
Diwrthdro y rhawd a roid ar y rhôl,
ofer y ffoi rhag yr erlid di-fig.

Tragwyddol yw oedran y ffwdan ffôl
wrth batrwm cymhlethblyg y pin ar y sgrôl.

Dywedodd y poëtau call mai rhudd
crafangau natur, a bod cryf yn drech
na gwan byth bythoedd. Colyn angau cudd

yw pob anadliad ; rhwnc trengi yw sgrech
pob brefan ; braster gwaelod bedd yw gwêr
y cnawd dadfeiliog,—arlwy llynger llech.

A bywyd, gelen yw, sy'n sugno mêr
ewyllys, cyd ni bydd na phwyth na phric
lle bu cyneddfau gŵr, ond lludw'r gêr.

Ar ddorau crothau gwragedd sgythrwyd "Hic
iacet—yma gorwedd". Rhod yw ing,
ddi-ben ; olwyn sy'n dirwyn, ric wrth ric,

trwy broses marw heb farw. Felly y gwing
deyerin meidrol mewn anfeidrol wring.

Trychfilod, ymlusgiaid, bwystfilod, gwŷr
wrth esgalator datblygiad yn gaeth
tan dryfer llymach, sicrach na dur,

a phob un wrth ei ris i wingo. Maeth
pasgedig y naill yw hoedl y llall.
Ai i fyny ai i lawr y goddau ? Ba waeth ?

Rhoddwyd bys ar fotwm y pendil mall
gan dduwyn neu gythraul, (—onid un yw'r ddau ?)
A mam pob pryfyn pridd, y ddaear ddall,

ei hun yn ymlusgo i'r llygredd brau
tynghedus. Un yw cwblhâd pob trangau,
(byth nid ysgerir gast oddi wrth ei llau).

Bawb, ymhyfrydwch yn hyfrydwch pangau
buddugoliaeth yr anfeidrol angau.

Mae hedyn marwolaeth yn rhuddin Bod,
yng ngreddfau'r protoplasm afluniaidd hen ;
ehanga'n gancr trwy'r celloedd, a'i nod

yw clyfrwch cymhlethdod ymennydd, clên
i synhwyro, teimlo, egnïo. Bu
aeonau o wewyr, diffoddodd gwên

heuliau lawer cyn bwrw o'r bru
cyntefig ei gywrain ddieflyn,—cyw
melyn olaf melltigedig y llu

arbrofion erthylaidd,—a'i orseddu'n dduw
gwyfynod mynwentydd a llygredd. Rhys
y clercyn beddau (di, ddyn !) yw byw ;

ond eisoes (di, ddesbot !) difyniodd gwŷs
Brenin Braw dy blasma i'w isaf llys.

Madruddyn ac ymennydd yw gwely dawn
a dylni i ymrain a hilio gwŷn
a thranc ; swp o nerfau, bregus fel cawn

a gwydn fel rhaffau metel, yw dyn—
llipa tan ergyd a hydwyth tan wae ;
y dewrfodd i oddef i'r olaf ffun,

y didaro'i ysgelerder ! Efo ydyw prae
a chynydd yr helfa, a'i gymheiriaid yn haid
i hela ac i'w hela'n ddidostur. Y mae

mob yn rhannu a lluosi pob rhaid,
tylwythau a llwythau'n clustogi sioc
difodiant. Carlamu'r canrifoedd ni phaid.

Ni phery cenhedloedd tros glic y cloc,
syrth ymerodraethau dic doc, dic doc.

Glew offer arteithio yw greddfau'r gyr
sy'n brathu'r genfaint ysig ym mwlch bedd
a'i chornio i ufudd-dod, oni thyr

cynddaredd bloesg y cledrau ; yna'r cledd
a'i dwg i sobrwydd, a'r teganau tân
a'i tyn mewn mesmair hudol tan y wedd.

Yn frwysg gan waed cymrodyr, dewr y cân
am ryddid, a chabl utgyrn iddi'n nabl
croesgadau, a'u cresgendo yn grawc brân

ar berfedd cenedlaethau cyni. Abl
i farw, a phydru ar domennydd pum
cyfandir, ac i glochdar gwawr, yw'r rabl.

Celanedd mewn cymanfa'n ledio hymn
i'r pax romana, hedd diddymdra grym.

Pan ddarffo cynhennau gwleidyddion beilch,
ac eiddigeddau-gwneud barwniaid elw,
a rhyfel ni thâl rent, y dwthwn, gweilch

y gelwir arwyr doe a droes yn welw
o'r drin. A phwy a leinw'i boliau hwy ?
Ni thâl na'r rhubanau di-hoen na'r ddelw.

Cânt lynger, lingran i feddau'n ddi-glwy
heb ddagrau neb ond gweision sifil ; rhad
fydd eu marw, a darbodus yw eirch y plwy,

a chlarcod yn gynnil ar bwrs y wlad.
(Benaethiaid, na thybiwch yr ewch chwi'n rhydd
rhag dialedd,—dysgasom ein trâd !

Ein cof yw'r gwyfyn a'n gwaed yw'r rhwd rhudd
sy'n llygru o'r tu-mewn eich caerau di-fudd).

Trechaf treisied gwannaf gweidded yw crud
ing cenhedloedd medd llyfrau, ac ystên
chwedloniaeth, a beiblau crefyddau'r byd,

a'r galon. Cyn dod gwladwriaethau tren
a'u trinoedd, mewn cyngor y bore pell,
a'r twllwch ar wyneb y dyfnder, a'r lle'n

afluniaidd a gwag, pennwyd y dynged hell.
O'r cynnefnydd i'r deall un yw greddf,
diymdor, di-oedran, anhybarth mewn cell

o blasm a chynghrair. Nid mwys a meddf
gorchymyn Lilith, morwyn fach y Rhaid,
yr unfed-gair-ar-ddeg i'r deng-air-deddf.

Hai ati, ddynionach, i'r ing ni phaid,
nid oes glust a wrendy ar na phle na phlaid.

2. ANTITHESIS

"A LOVELY LADY, GARMENTED IN LIGHT FROM
HER OWN BEAUTY"

Daeth haul goleuni tros y gwagle du ;
sefydlwyd deddf datblygiad sicr ym mru
    y Fodron-fam yn orfod di-nacâd
ar Fabon-had. Bydded. Felly bu.

Afluniaidd oedd y cread a daeth trefn ;
datblygodd bywyd tros esgynfa lefn,
        a chyrraedd weithion odidogrwydd dyn ;
a'r Absoliwt ei hunan iddo'n gefn.

Er i'r arlunydd i'w ddifyrru, dro,
greu digrif-luniau ei athrylith o—
        y lefiathan a'r behemoth gawr—
nid aeth y cynllun mawr un waith tros go'.

Llinellau ei bwyntil diwall ar y llun
cyfan yw'r trychfilod, un ac un,
        ymlusgiaid slic, bwystfilod gwyllt a gwâr,
heb linell sbâr ar gynfas tyfiant dyn.

Rhyfeddol ac ofnadwy iawn y gwnaed
holl feibion dynion. Yn y groth y caed
        ynghadw droeon cymhleth gyrfa'r rhod,
pob mynd a dod yn rhith y cig a'r gwaed.

Fel mynydd iâ â'i ddeuparth tan y dŵr
a'i draean uwchlaw'r cerrynt, di-ystŵr
        y treisia'r anymwybod cyfrwys call,
sy'n hŷn na'r deall, ar ymwybod gŵr.

Ni chaiff y rheswm clyfar wneud a fyn.
Caiff fod yn swch i'r aradr tan y chwyn ;
        nid rhwng y cyrn yn tywys y mae lle
newyddian ; arall ydyw'r wedd a'i tyn.

Felly y cedwir cynnydd ar y rhawd
sefydlog sicr, a bennwyd cyn bod cnawd,
        a meidrol ddyn ar ddianwadal gwrs
y dynged faith, o tan ysgyrsau ffawd.

I ddynion daw, o'r boen a rwyga'r gell
o brotoplasm, lawenydd llawer gwell ;
    gwŷn tyfiant eu llencyndod ydyw ing.
neu chwys y dringo tua'r bryniau pell.

Gofynnwyd pwy a bechodd nes bo poen
arteithus fel yn blingo seithfed croen
    yr enaid, ac yn halltu'r dolur noeth,
neu bwy fyn wynt poeth-offrwm llosg i'w ffroen.

Ni phechodd neb. Pechod gwreiddiol, ffug
diwinyddion yw i gadw'r llyg
    yn hydrin ; neu wrain llong neu garthion ffres
afreswm ar y Rheswm myg.

Disigl, di-dderbyn-wyneb ydyw Bod,
heb gerydd ac heb wobrwy, cosb na chlod :
    nid oes na gwell na gwaeth i ennyn gwg
y gyfraith : heb ddrwg, heb dda yw'r rhod.

Pe rhoddai gŵr ei droed, o rodio'n glau,
ar dwmpath morgrug yn ei lwybr, gau
    a sentimental fyddai dwedyd, "Ha !
gwaith da (neu ddrwg) oedd sangu'r nythaid frau."

Digwyddodd dolur heb arafu cam
y gŵr â'r llygad pell ; ni saif, ni lam
    o'i lwybr union-syth ; nid oes ateb gwiw
i'r morgrug briw pan holont hwythau pam.

E ddigwydd dolur, derfydd yn ei dro,
a'r Arfaeth ni thâl sylw idd efo ;
    â'r iwgernawt yn gyson yn ei flaen
gan wasgu'r clwyfedigion taen i'r gro.

Arllwysir drewdod i'r cwteri o'r ffordd
pan ballo'r hufen chwalu yn y cordd :
    neu, i'r ogedi lyfnu'r pridd yn chwâl,
malurir "cerrig dala" tan yr ordd.

Gosodwyd priffordd gadarn tua'r lle
yr eir ; pan holo'r teithwyr blin i ble,
        ni waeth na welont ond mewn drych, o ran,
y garafan ddi-ffael a'u dwg i dre.

Mae sicrwydd cyrraedd yn y cychwyn draw
a'r gynau gwynion olaf yn y caw
        cynharaf. Digon i'r ddynolryw bod
ei hanfod ynddi ei hun,—i'w chartref daw.

Pan ddelo dydd y gwir berfformio llawn,
ar ôl y rhagymarfer hir, bydd dawn
        a chynneddf, greddf ac angerdd, nwyd a blys,
o dan y Bys yn un gerddorfa lawn.

Ffolineb doethion a gwaradwydd had
yr etholedig, etifeddion gwlad
        yr hen addewid, ydyw'r Cristiau crog,
a'u hannog taer : anaralladwy'r stâd.

Ffolineb a gwaradwydd (cans di-ffo
yw spiral hir yr esgyn,) oni bo
        llewyrch i'r llwybr a llusern i'r traed
o'r ffaglau gwaed ar dyle'r cogwrn-tro.

O gyndyn daro gwelydd caer, a darn
o gaer, y goresgynnir dinas : barn
        a dyf o farnau gwasgar : ac o loes
rhyddidau'r oesau tyfodd seiliau'r sarn

i'r Rhyddid addawedig, na bydd mur
gwahaniaeth ynddi'n bod, na chaeth ar hur
        cyfalaf. Pont sathredig, pen a fydd
yn nydd sylweddu'r broletariaeth bur.

Gwrthnysig a fyn gadw clawdd a ffin
hen-ffasiwn, y ddi-ddosbarth ffwrn a'u trin
        i fold a ffatri twf : ni chydfydd ffors
â chorsen ysig nac â myglyd lin.

Mae deddf datblygiad yn gorseddu grym,
a llyncu'r lleiaf yn y mwyaf llym :
        diffwys a chors yw goddefgarwch ffond,
creulondeb rhesymegol ydyw'r trum

y cyrchir ato. O'u consgriptio i reng
awdurdod unben dad-fyddinir lleng
    y lladron llai,—a'r Lleidr, pwy a'i lludd
pan dderfydd chaos mân-fân ryddid gwreng ?

Genhedloedd, wele'r Absoliwt ! Ni ddawr
corachod pitw mo'r anghenfil gawr ;
    a derfydd ingoedd yn yr Ing, achlân,
a mân-gystuddiau yn y Cystudd Mawr.

3. SYNTHESIS

" . . . NID OFNAI F'ENAID I DDIM BRAW"

Ar gopa personoliaeth saif
  sylwedydd, mewn anghyffwrdd rym,
gan dremio i wastadedd ffals
  y cnawd, fel eryr llygad-lym,
a gweld garsiynau durfing poen
  yn ymfyddino'n garfan gref
i'w erbyn, oni chwelir hwy
  â chrych ei eiliau ef.

Ni ddigwydd dim i'r ego cêl,
  na saeth na phicell fyth nis gwân ;
direidi twrnameint y cyrch
  a ddwg pob dychryn ar wahân ;
a phan ymesyd dychrynfeydd
  yn fyddin ddisgybledig, daer,
gall yr anrheithir cyrrau'r wlad
  ni ellir cipio'r gaer.

Ni threiddir at gnewyllyn Bod ;
  ar blisgyn hanfod y bydd gwae'n
ebillio, ac yn pylu awch
  offer ei harswyd tost yng ngraen
clos-gwlwm y cyneddfau pleth.
  O Angau, mae dy golyn cudd
a'th ofn, tra phair ewyllys gŵr
  i uffern golli'r dydd ?

Yn nydd llifogydd saif y graig
  a'r tŷ o bridd yn siglo i'w sail ;
a storm corwyntoedd wrth grynhoi
  ni phlyg y cyff er pluo'r dail.
Er i'r cyneddfau, un ac un,
  ymroi i'r beddau gwaelod-arw,
saif yr ewyllys. Heria dranc
  wrth ddewis dewis marw.

Bu gŵr ar ben Calfaria, dro,
  a wybu ing yn naddu trwy
y mêr, hyd oni dduodd dydd
  o wir gywilydd at ei glwy.

Ac yn y duwch cododd llef,
    "O Dad, paham y cedwaist fi
cyhyd heb weld y golau têr,
    Lama sabachthani ?"

Y dydd y cerddodd Duw, o'i fodd,
    i bren ei wirfodd, lwyr, ymroi
i'r ofnadwyon y mae dyn
    yn aer, heb feddwl ei osgoi,
ag uffern falch yn crynu'r nef,—
    ym mwlch y dewis cododd cri
a rwyga feddau'r byd o'r bron,
    "Lama sabachthani ?"

Nid oes ddihangfa i had y wraig,
    na phasio heibio i uffern drist :
bu farw hanfod Duw ei hun,
    heb warant pasg, yng nghnawd ei Grist.
O ddewis drachtio gwaddod ing,
    ac arno ethol ymfrwysgáu,
dolefain y sarhaed a dry'n
    orfoledd ymwacáu,
    "Lama sabachthani ?"

Yr Arloeswr

A. . . . Na farna Dduw â'th reswm noeth . . .

B. . . . Cred Ei addewid rad . . .

A. . . . . Na farna Dduw â'th reswm noeth . . .

Boregodais i arloesi
   rhan i'r enaid hwn, a dwyn
trefn i'r cosmos. Dygais offer
   arllwys tir, gan blygu lwyn
a gewyn tyn i lunio llannerch
   i'w throsglwyddo'n grwn i'm plant
yn dreftadaeth ar fy enw.
   Boregodais i greu sant.

Hogais f'offer i gymynnu
   drysni'r byd, cans ddarn a darn
naddwn ffordd â'm hunan-hyder,
   a gosodwn seiliau sarn
trwy ddiffeithwch ofergoeledd.
   Cliriwn,—â rhesymeg goeth—
plannwn, gwadwn, credwn. Mynnwn
   drefn i'r rhod â'r rheswm noeth.

Dihysbyddwn hen gredoau
   a diwreiddio, frig a gwraidd,
hen grefyddau sy'n llesteirio
   llan yr enaid ; chwiliwn graidd
y gwirionedd o dan ludw
   a huddyg carthion golosg ffydd ;
plannwn berllan ffaith a synnwyr
   a chael ynddi ' enaid rhydd '.

Ymddiriedaf yn fy ngallu,
   mwy wyf i na'r cread crwn :
yn yr ego y mae hanfod
   deall. ' Ydwyf—canys gwn '.
Ni raid im wrth Dduw a'i ddelw :
   digon fydd addurno hardd
ar yr hunan ; lluniaf innau,
   ar fy nelw, dduw im gardd.

Di-wrthwyneb ddeddf datblygiad
   ni chydnebydd wyrth na siawns :
(hi yw'r band sy'n taro'r miwsig
   y rhaid wrtho droedio'r ddawns.)

Rhaid fydd perth y ffin i'm perllan,
   wedi'i phlethu'n glos i wardd
pob disberod. Hyd byth-bythoedd
   ni bydd bwlch yng nghlawdd fy ngardd.

A thyf honno'n llannerch drefnus
   gan im daro pâl i'r pridd :
try cynhwynol ddiffwys f'enaid
   trwy ddiymod dwf, yn ffridd.
Dall yw tynged, a di-fwriad,
   pren yn tarddu dail wrth reddf ;
ni bu grëwr, creu, na chread,
   onid hunan-hyrddiol ddeddf.

Âr i egin aur-gynhaeaf
   ydyw priddyn gardd fy mod ;
yn fy nghnawd gall mab dynoliaeth
   unrhyw foment ddigwydd dod.
Er i Dduw a diafol ddarfod
   byth ni dderfydd haeddiant dyn ;
ni orchfygir yn dragywydd
   fod â'i hanfod ynddo'i hun.

A bod chwyn yn naear enaid,
   nodd y pridd a'i try yn ffrwyth.
Gall y cnewyll fod yn surion,
   gwin melysaf fydd y rhwyth.
Nid yw pechod ond eiddilwch
   mesen a all rwygo craig.
Da-gwell-gorau fyth ni ddichon
   ysigo sawdl hâd y wraig.

Bu fy nheidiau'n arllwys llannerch,
   a chael da lle caf i ddrwg ;
troes tân eu hallor sanctaidd
   yn fy ffroenau'n ddrewdod mwg.
Ofer im eu teml arloes,
   ofer eu poeth-offrwm mws.
Trodd daioni yn ddrygioni ;—
   llygredd heddiw ddoe fu tlws.

Boregodais i arloesi
    rhan i'r enaid, a hau chwyn
yn y llannerch a arllwysais
    gynnau â gewynnau tyn.
Pylodd awch fy offer ; llyncodd
    diffwys f'amgaeëdig âr.
Ni bydd llan, na sant, nac enw :
    llwybrau gwŷll sydd lle bu gwâr.

O ymddiried yn fy ngallu
    gallu imi mwy ni bydd
i ymddiried yn neb arall :
    diffydd ffydd-fyfïol ffydd.
Drysodd rheswm mewn rhesymeg,
    gwallgo finnau'n ŵr rhy gall ;
collais afael ar yr hunan
    yn fy hunan-hyder dall.

Cyfyng ydyw cylch synhwyrau,
    iddo gwesgais innau dduw
cripil fy rhagfarnau ffeithgar.
    Y ddialedd sicr yw
rhwygo'r cylch, a hau gwallgofrwydd
    pob gwallgofrwydd—gwadu bod.
' Gan na wn i ddim—nid ydwyf.'
    Cwblhawyd gwrthdro'r rhod.

Gan im wadu cysur crefydd
    am na allai'r rheswm doeth
gyrraedd dyfnder seiliau'r nefoedd
    bu raid blingo'r ego'n noeth
o foethusrwydd creadigaeth
    liwus, lawen, normal, hardd.
Wrth greu duwiau'n addurn arni
    gwneuthum anial cras o'm gardd.

Gwnawn o'm llannerch eangderau
    parc di-gloddiau meddwl rhydd ;
down i ryddid anghrediniaeth
    o gaethiwed dogmau ffydd.

Ond cywasgog gylch ar ryddid
    ydyw caeth ben-rhyddid dyn,—
sarff sy'n pori blaen ei chynffon
    a byrhau ei thorch ei hun.

Carwn y ddynoliaeth gymaint
    ag y gwadwn ynddi fai ;
pe newidid ei amgylchedd
    tyfai dyn i'r Da'n ddilai.
O ! ddyngarwch di-drugaredd !
    Gŵyro'r clust rhag clywed ' Dos,
ac na phecha mwyach' ;—malpai
    tirion diawliaid uffern dlos.

Carwn Ddyn fel na châi dynion
    flas trugaredd, un ac un.
Er mwyn gwella amgylchiadau
    dyndod rhaid gorfodi dyn
trwy ffwrneisiau tân a brwmstan,
    a'i labyddio er mawr les.
Y mae offer yr arteithio
    ar fy nhrugareddfa'n rhes.

Ofer imi wawdio'r tadau
    am eu llannerch gynnar, dlos ;
ofer haeru newid safon,
    ni thry eu da hwy'n ddrwg tros nos :
pan fwyf feddw gwelaf gerrig
    milltir meddw ar fy nhaith.
Ni chaf anrhydeddu'r tadau,
    na'u dirmygu hwy ychwaith.

Boregodais i arloesi
    rhan i'r enaid. Wele awr
rhyddid barn yn llachar olau,
    wele flaen rhyferthwy'r wawr !
Ond gor-gysgais yn f'esmwythyd,
    camgymerais oriau'r nos :
golau machlud barn a gefais
    wrth arloesi. Cloddiais ffos.

B. . . . Cred Ei addewid rad . . .

Noswyliais o'm harloesi blin
   a chefais esmwythâd
yng ngeirfa lem y Tylwyth Teg,
   iaith fanwl arllwys gwlad
yr enaid pan fo gŵr am greu
llan na all clyfrwch mo'i dileu.

Anghofiais ffiloregau dysg
   am duedd, trefn, a deddf,
a chofio dewin chwedl hen
   a gwiddan, wrth eu greddf,
â swyn-gyfaredd ac â hud
a lledrith, yn disgrifio'r byd.

Mae blas ar chwedlau serch am fod
   greddf rhyw ; ac eco hir
greddf syndod yw chwedloniaeth hen,
   y marc-cyn-geni clir
ar enaid cyn i'r dyddiau dof
droi dawn rhyfeddu tros y cof.

Lle doe ni welai llygaid call
   ddim namyn coed ar fanc,
llosgasai hen-ddihenydd-dduw
   —duw gwir-wyddoniaeth llanc—
bob perth a llwyn i'm dwyn at byrth
nef loyw yng ngoleuni gwyrth.

Ni raid mai afal a fydd ffrwyth
   afallen bêr fy ngardd ;
gall fod yn ddraig neu'n rhosyn coch,
   cans nid o'r pren y tardd,
ond o ddychymyg dewin, rhydd
i ewyllysio beth a fydd.

Nid rhaid di-berson deddf a bair
   bod rhythm yn nhrefn y rhod ;
nid egni wedi blino byw,
   nid pwysau-marw, yw bod.
Bob bore ffres, heb olion traul,
victor ludorum ydyw'r haul.

Fel y câr plant undonedd sŵn
    a symud, (o'u dihysbydd ffun,)
y pair gorfoledd bywyd bod
    ail-adrodd lliw a llun.
Hoen nad yw'n blino, honno a all
fforddio undonedd mor ddi-ball.

A chaiff yr hoen a'n lluniodd flas
    ar weld ein llwyfan ni ;
ail-eilw'r chwaraeyddion dro
    a thro, nes blino hi.
Ond gall mai geni Ilir fach
fydd genedigaeth ola'r ach.

Rhaid arnaf dderbyn amod plaen
    wrth arllwys tir im llan :
(o beidio â'i tharo hi â dur
    caf aeres Llyn Y Fan
yn briod). Rhaid yw rhyngu bodd
telerau pob syfrdan rodd.

Gall fod gorchymyn y gwahardd
    yr un mor od â'r wyrth :
(rhan o ryfeddu'r castell aur
    yw arswyd dreigiau'r pyrth.
Er gwell, er gwaeth, ni cheir mwynhau
chwedloniaeth heb ddeisyfu'r ddau.)

Ni ellir ychwanegu dim
    at fyd mor gynnil-gain ;
darbodus wyf rhag colli dim
    o dlysni hen fy llain.
(Ddewin, na fâl yn chwilfriw mân
dy gristal disglair, brau, achlân).

Noswyliais, a dihuno'n iach
    i arllwys eto dir
yr enaid, a dwyn offer ffres
    o stôr gwyddoniaeth-wir
dewiniaeth mabinogi'r byd,
yr offer a anghofiais cyd.

*　　*　　*　　*

Er imi foregodi roedd
  yr haul yn dringo'n serth
o'm blaen, i'm tywys gam a cham ;
  a'm llygaid i heb nerth
i edrych i'r goleuni drud
sydd yn goleuo'r creu i gyd.

Tir anial llygredigaeth oedd
  y lle a arllwyswn i ;
ond caer fy nhylwyth yn ei gwarth,
  y rhaid ei hennill hi.
Y ddinas ddinod, petai'n bod
a'i caro, a gaiff eto glod.

Cyn mentro arllwys darn o dir
  rhaid caru'r tyddyn llwyd,
er llwyted fo, ag angerdd serch
  cariadon yn eu nwyd.
A garo'n fawr, hwnnw a all
yn unig fentro canfod gwall.

A rhaid wrth gas merthyri'r byd,
  —gwŷr sy'n anwesu bedd
rhagor y gildio i'r drygfyd erch,—
  cyn y gellir gweinio'r cledd.
Cans gornest ddig rhwng drwg a da
yw llwyr waredu'r byd o'r pla.

Ni bydd cyfaddawd rhof a'r byd :
  rhaid caru, rhaid casáu
ag angerdd sydd orffwylledd gwyllt
  ac anfodlonrwydd clau.
Ffau dreigiau rheibus ydyw'r byd,
a'm tyddyn innau yr un pryd.

(Fe luniodd Duw ei anthem fawr
  yn berffaith, cyn ei rhoi
i gôr meidrolion—had y wraig—
  i'w chanu ; yna'i throi,
a difa'i llym berffeithrwydd hi
wrth ddyrnu jazz o'i harmoni.)

Rhwyg yw pob creu a fu erioed :
　　(a geni'n rhwyg mor ddwys
â marw : gwraig wrth eni mab
　　a gyll ei maban glwys.)
A naddodd llafn yr eglwys lân
Dduw a'i greadigaeth ar wahân.

O ganfod gwiw ! Caf ddigio'n llwyr,
　　a llawenhau 'run pryd ;
mewn heddwch â'r bydysawd crwn,
　　mewn rhyfel gyda'r byd.
Arloeswr, gwêl ! Dy gloffni sydd
ar lwybrau cadarn dogmau'r ffydd.

Cyhoeddi'n groyw y mae hon
　　nad unig ydyw dyn
pan dry ei lygaid tua'r sêr
　　rhag syllu iddo'i hun.
Yng nghwmni'r saint caiff ddianc o
unigrwydd ei hunandod clo.

Â syndod eiddgar y canfûm
　　fod cwmni dwyfol, tan
arweiniad capten dwyfol, ar
　　fy nhir, yn codi llan ;
a'm cael fy hun mewn llannerch âr—
myfi, yn un o'r cwmni gwâr !

Un oeddwn a fwriasai gyrch
　　yn erbyn caer mewn gwlad
elynol ; a phan syrthiodd hi,
　　gwedi enbydrwydd cad,
cael bod y deyrnas yn ymroi
i mi, ac ata i'n mynnu troi.

Ond milwr ydwyf i, tan lw
　　ffyddlondeb llwyr i'r gaer,
a llw ufudd-dod llwyr i arch
　　y capten. (Rhoir pob taer
orchymyn gan mai anial sydd
lle'r ymdaith Arch a mintai'r ffydd.)

O dderbyn cyfyngderau deddf
    wyf artist llawen-fryd,
a'm gobaith yw bod rhan o'm gwaith
    yn gelfyddydwaith drud.
Rhyddid di-amod sy'n dileu :
derbyn amodau crefft yw creu.

Pan foregodais gynt, fy nhraed
    a grwydrai'n wamal ffôl,
ond daeth y wawr im tywys trwy'r
    anialwch, ar ei hôl.
Arloeswr wyf, a redai ras
i lan cadernid dogmau Gras.

Meini Gwagedd

I'm Brawd a'm Chwaer,
a gyd-dyfodd â mi ar Y Gors

Profiad hyfryd . . . oedd dod ar draws y ddrama anghyffredin hon.
Dengys y cyfarwyddiadau fod yma awdur sy'n ceisio datblygu techneg
newydd, ac y mae'r tudalennau cyntaf yn ddigon o brawf ei fod yn gwy-
bod sut i ddefnyddio iaith ar lwyfan, a'i fod yn ceisio creu rhywbeth
newydd ym myd y ddrama Gymraeg . . .

Mae'r eirfa yn gyfoethog o eiriau ac ymadroddion tafodieithol fferm-
wriaeth, a defnyddir hwynt yn hynod o effeithiol . . . Teimlaf fod hon
yn ddrama . . . nodedig ym mhob ystyr, ac yn agor maes newydd i
chwaraewyr Cymru. Saif ar ei phen ei hun yn y gystadleuaeth.

D. Matthew Williams.
Beirniadaethau (Llandybie) 1944

. . . a chyfarch James Kitchener Davies fel un o feirdd mwyaf Cymru
heddiw . . . Bu darganfod ei fod yn fardd, ac yn fardd cymaint, yn
syndod i minnau hefyd, ond nid oes dim cysgod o amheuaeth yn fy meddwl
i am y peth . . .

Dyma yn sicr gampwaith barddonol i'w restru gyda'r pethau mawr a
gynhyrchodd yr Eisteddfod Genedlaethol.

Llongyfarchaf Kitchener Davies, a llongyfarchaf yr Eisteddfod ar allu
symbylu darn o farddoniaeth o'r radd flaenaf fel hwn. Bu ei ddarllen dro
a thro—am oriau ni allwn mo'i adael—yn brofiad cyffrous, rhyfeddol, yn
beth a fynn ei le blaenllaw yn fy ymwybod tra byddwyf.

Eurosrwydd yn *Y Faner*, Awst 23, 1944.

. . *o genhedlaeth i genhedlaeth y diffaethir hi ; ni bydd cynniweirydd trwyddi byth bythoedd.   Y pelican hefyd a'r draenog a'i meddianna ; y dylluan a'r gigfran a drigant ynddi ; ac efe a estyn arni linyn anhrefn a meini gwagedd . . . Cyfyd hefyd yn ei phalasau ddrain, danadl ac ysgall o fewn ei cheurydd ; a hi a fydd yn drigfa dreigiau, yn gyntedd i gywion yr estrys.*
Ac anifeiliaid gwylltion yr anialwch, a'r cathod, a ymgyfarfyddant ; yr ellyll a eilw ar ei gyfaill ; yr ŵyll a orffwys yno hefyd, ac a gaiff orffwysfa iddi.
Yno y nytha y dylluan, ac y dodwa, ac y deora, ac a gasgl yn ei chysgod ; y fylluiraid a ymgasglant yno hefyd, pob un gyd â'i gymhar.

Esaiah xxxiv, 10, 11, 13 a 15.

CYMERIADAU

A. Gŵr Glangors-fach *a'i ddwy ferch*, Mari a Shani (*sef* Y Tri).
B. *Y ddau frawd a'r ddwy chwaer*, Ifan a Rhys *ac* Elen *a* Sal (*sef* Y Pedwar).
Rhithiau ydynt bob un, ar grwydr o'u beddau, ac ar aelwyd Glangors-fach ar nos ŵyl Fihangel yn unrhyw un o flynyddoedd y ganrif hon.

GOLYGFA

Cyfyd y llen ar adfeilion Glangors-fach *tan leuad-fedi ar nos Gŵyl Fihangel. Tua chanol y mur dadfeiliedig yn y cefn y mae gweddillion aelwyd y tyddyn trist. Y lloergan yw'r unig olau, ac wrth i'r lleuad garlamu trwy gymylau ysbeidiol, newidia'r lliwiau fel y bo'r deialog yn gofyn.   (Awgrymir* glas *i'r Tri, a* melyn *i'r Pedwar.)*

Wrth i'r llen godi bydd gŵr Glangors-fach *a'i ddwy ferch ar gyntedd llawr y murddyn,—efe yn y canol, ar ei eistedd ar dwmpath uwch na'r llawr o bridd-a-cherrig, a thyfiant o ddanadl a thafol ac ysgall a drain o'i gylch. Pan newidio'r golau diflannant hwy, a bydd y Pedwar arall yn eu hunfannau llonydd ar y llwyfan,* sal *a* rhys, elen *ac* ifan. *Bydd y ddwy ferch yn eistedd ar dwmpathau gweddol isel. Ni bydd mynd-a-dod iddynt hwythau ond pan fo'r golau yn newid, a'r Tri wedi cymryd eu lleoedd fel o'r blaen.*

Ni ddylid torri ar undod y chwarae. Newidia'r golau trwy amrantiad o dywyllwch. Rhaid i'r cymeriadau newid lleoedd yn llyfn-esmwyth a chyflym yn yr amrantiad du hwn. I hwyluso'r symud gellid trefnu llenni (neu adenydd llwyfan) fel y geill Y Tri *a'r* Pedwar *gilio iddynt ac ymguddio heb ffwdan.*

Gwisger Gŵr Glangors-fach *a'i ferched yn gynnil i awgrymu eu bod un-to yn hŷn na'r Pedwar. Eithr gwisger pawb, er mai "ysbrydion" ydynt, fel tyddynwyr normal.*

55

MARI a SHANI :
    Heno, mi ddônt yma i'r gegin, nôl yma,
    i gecran-cweryla,—y pedwar,
    —Ifan ac Elen a Sal a Rhys—
    yng ngwylnos Fihangel y meirw.
    A ninnau yma, o'u blaen, ar eu hôl,
    heb fynd oddi yma erioed, ni'n tri ;
    yma yr oeddem ni cyn iddyn nhw ddod,
    amdanyn nhw'n darth, i'w gyrru i'r bedd
    heb orwedd ar wely'r pen-isa.

MARI :
    Yma bydd raid inni fod am byth,
    ti Shani a minnau a nhad ;
    pan aethom ni i'r Dre wedi claddu nhad
    roedd *e* wedi'n clymu ni'n un â'r gors.

SHANI :
    Cors Glangors-fach oedd y stryd a'r tai,
    pwdel y gors oedd ein sgidiau melynion
    a'n ffrociau sidêt . . .

MARI :
                    Caglau a thasg
    pwll-domen y clos oedd y blodau a'r plu
    ar ein hetiau crand . . .

SHANI :
                    Dŵr sur pyllau mawn
    wedi cronni i'n calonnau oedd ein gwaed ni'n dwy.

MARI :
    Rhaid dianc i'r Dre rhag y gors . . .

SHANI :
    tŷ bach yn y Dre rhag y gors . . .

MARI :
    hewl sych tan ein traed, a lampau . . .

SHANI :
    a rhent Glangors-fach yn sych wrth law
    ddigon i'n cadw ni'n ladis . . .

'. . . fi sychodd y gors â chwteri a ffosydd . . .' *(Meini Gwagedd)*. Y waun o dan y Llain, ger Tregaron
(Llun: Ifan D. Huws, Pontrhydfendigaid)

'. . . ac efe a estyn arni linyn anhrefn, a meini gwagedd.' (Esaiah xxxiv, ll). Murddun y Llain heddiw
(LLun: Ifan D. Huws, Pontrhydfendigaid)

MARI :
    Shani !
    O Shani ! roedd bechgyn y Dre, y bechgyn gwallt slic,
    a'r bysedd lliw traddu lloi bach,
    a'r geg tan bwys sigarennau ar ogwydd,
    a'r trowsus cwarelog, a'r clwstwr allweddau'n gwneud sŵn,
    —clarcod, athrawon, bancwyr, polismyn—
    yn flys yn dy gnawd ti, hen ferch fel ti . . .

SHANI :
    yn ddŵr trwy dy ddannedd di, a thithau'n rhy hen i ddim byd.

GŴR :
    A dyna fel byddwn ni'n dannod i'n gilydd . . .

SHANI :
    byth-bythoedd y byddwn ni'n codi hen grach . . .

MARI :
    chaem ni ddim, chawn ni ddim dianc
    nac i'r Dre nac i'r bedd rhag y gors . . .

SHANI :
    methodd y bedd ein dal rhag y gors,
    chwydodd ni nôl i siglennydd y gors,
    siglennydd eich dial chi nhad . . .

GŴR :
    Glangors-fach !
    Glangors-fach ! Fi gododd y tŷ a'r tai-maes,
    fi gloddiodd, fi blannodd y perthi,
    fi sychodd y gors â chwteri a ffosydd ;
    fi a'i dofodd hi a'i chyfrwyo a'i marchogaeth yn hywedd.

MARI :
    Roedd y tŷ ar ei draed cyn eich bod chwi nhad
    a'r lle wedi ei gau a'i sychu'n weddol ;
    nid chi, ond . . .

GŴR
        dy dadcu, dy hen-hen-dadcu, dy deidiau o'r bôn
    —cenedlaethau fy ngwaed i a'm gïau—
    a droes Glangors-fach yn ardd trwy'r canrifoedd.
    Nhw yw Glangors-fach, nhw ynof fi.
    Ynof i,—a'm lwynau'n cenhedlu marwolaeth !

Mari :

                    Nhad ! Am eich plant . . .

Gŵr :
    Plant ! y bronnau heisb a'r crothau segur
    a fu'n rhifo fy nyddiau ac yn disgwyl y cnul
    oedd i ganu llawenydd eich cyfle ar y cibau.
    Caech chwilio cariadon crand fel eich hetiau,
    a neb o'r crandusion yn ffroeni eich loetran
    tan y pyst-lampau, yn y corneli a'r lonydd,
    ond prentisiaid carwriaeth am ddysgu'r grefft
    a henwyr carwrus y lwynau crin.

    Buoch farw ! Erthylwyd Glangors-fach o'ch crothau llygredig,
    a'r llygredd ni phurir ym mhridd un bedd
    sy'n rhodio bob gwylnos Fihangel.

Mari :
    A heno mae gwylnos y meirwon denantiaid,
    dwy chwaer a dau frawd y dryswyd eu tynged,
    y dryswyd eu tynged yng Nglangors-fach,
    yng Nglangors-fach a siglennydd eich dial.

Mari a Shani :
    Heno, mi ddônt yma i'r gegin, nôl yma,
    i gecran-cweryla,—y pedwar,
    Ifan ac Elen a Sal a Rhys—
    yng ngwylnos Fihangel y meirw.
    A ninnau yma, o'u blaen, ar eu hôl,
    heb fynd oddi yma erioed, ni'n tri ;
    yma yr oeddem ni cyn iddyn nhw ddod,
    amdanyn nhw'n darth i'w gyrru i'r bedd
    heb orwedd ar wely'r pen-isa.
                    (*Newidier lliwiau'r golau.*)

Elen a Sal :
    Heno, bentymor, nôl yma
    i gecran-cweryla yng Nglangors-fach.
    Fihangel erlidiol, gad inni bentymor a diwedd.
    Rhy uchel yw'r rhent a rhy-hir yw'r les ;
    gad inni fedd yn gyfannedd, a gorwedd.

Gostwng y rhent a diryma'r les,
y cecran-cweryla am y gwyn-fan-draw,
y marw di-hedd a'r beddau a'n gwrthyd :
dyna'r rhent, dyna'r les wedi'r gwyn-fan-draw.

IFAN :
O'r borfa ar y cloddiau a'r twmpathau ar y gors
fe gliriwn y rhent ag ŵyn-tac ac ebolion,
—pob llwdn fel ebol, a phob poni fel march
erbyn y Gwanwyn . . .

RHYS :
Brwyn y tir llaith sy'n melynu'r hufen ;
fe allwn gywiro menyn a magu lloi . . .

ELEN :
                    Eirin per ac afalau
ar gloddiau'r ydlan a'r clos, llus-duon-bach,
mwyar, llugaeron, afan a syfi, ddigonedd . . .

SAL :
Pysgod Nant-las i swper, brithyllod a samwn,
llyswennod wrth y llath o rabanau'r gors . . .

IFAN :
Mawn a choed-tân o'r tir ar eu torri . . .

RHYS :
Y ffin yn ddiddos â pherth a phum weiren—
un weiren bigog a'r perthi o ddrain gwynion—
cloddiau talïaidd a'r llidiardau ar byst deri yn hongian . . .

IFAN :
Pob cae'n ddidrafael o'r clos,
fe gwyd un gaseg y dom o'r domen,
a daw'r llwythi ar y gwastad i'r ydlan . . .

ELEN :
Yr haul ar ffenestri'r ffrynt trwy'r prynhawn,
a'r prisgau wrth gefn-tŷ yn torri'r gwynt rhew . . .

IFAN (â gwên) :
A'r angau trugarog yn torri'r gwynt rhew !
Haws taro bargen â'r merched na'r hen-ŵr ;
mae'n dda'i fod e wedi . . .

RHYS :

       Tae *e* byw
ni fyddai dim sôn am na rhent na les ;
ond mae blys ar y merched glerdingo i'r Dre,
mae tân tan eu carnau ar hast bod yn ladis . . .

IFAN :

  Fe gymeran nhw'n cynnig cynta ni ar y rhent a'r les . . .

ELEN (*â gwên*) :

  Fe gawn ninnau ddau enllyn ar y dafell, rhent isel, les hir,
rhaid wrth les hir er mwyn y plant . . .

IFAN :

  Y plant fydd yn ffermio'r dyfodol, nid ni . . .

RHYS :

  Fe gawn ni'n gwala tra fyddwn ni . . .

ELEN :

  a gweddill, i gychwyn y plant yn eu rhych . . .

SAL :

  Fe wnawn bres i brynu'r lle-bach neu i gymryd fferm fawr
i'r plant, fel bo preseb a rhastl yn llawn iddyn nhw . . .

IFAN :

  Fe fydd ceiniog fach weddol wrth gefn yn y banc
pan ddaw'n cŵys ni i dalar . . .

RHYS :

        pan gaeir y grwn
fe gawn fôt-frics yn y fynwent . . .

ELEN :

        a charreg ddu sgwâr
a'n henwau ni'n pedwar, un ar bob wyneb
—dau frawd a dwy chwaer o Langors-fach

SAL :

  Ifan a Rhys ac Elen a minnau
o Langors-fach y gwyn-fan-draw.
      (*Newidier lliwiau'r golau.*)

Mari a Shani :
    Y gwyn-fan-draw yng Nglangors-fach,
    y plant sydd i ffermio'r dyfodol ;
    egin a blagur eu gwanwyn gwyrdd
    a gwenwyn ein llwydrew gwyn yn eu nychu ;

Shani :
    egin a blagur â'u dail heb lydanedd
    a llydnod asennog ein llid yn eu pori ;

Mari :
    pori blaen-darddiant yr egin a'r blagur
    ac ni ddaw tywysennau na ffrwyth i gynhaeaf.

Mari a Shani :
    Ystod a seldrem ac ysgub a stacan
    o egin ir, a'n llwydrew'n y fedel yn medi'r gwanwyn,
    yn medi plant.

Gŵr :
    Medi plant am i gnwd fy had
    lanw ydlan eu tadau â helmydd o us.
    Llawer doe, llawer echdoe y bu'n hil ni'n braenaru
    i'w hepil gynaeafu trwy fory a thrennydd a thradwy ;
    pob tad wrth y gaib i roi ffust yn llaw'r mab ;
    pob tad yn etifedd ei dadau, pob etifedd yn dad disgynyddion
    i greu Glangors-fach bob yn gŵys a grwn ;
    i greu treftadaeth, a'i gofal.
    E fûm innau'n etifedd fy nhadau, yn blentyn,
    a nhad yn f'anwylo, nhadcu yn f'addoli.
    Ond myfi oedd maen-clo a sail yr adeilad,
    ysgub eu dawn ac egin eu hyder ?
    Cerais innau fy mhlant fel y carwyd fi gan fy nhadau,
    cyn eu geni fe'u cerais, a ffoli ar f'etifeddion.
    Ond oedd Glangors-fach fy nhadau yn faich yn fy mherfedd
    i esgor arno, fel y baich yn y bru a'u dug,
    a'r gobaith yng nghroth f'ymysgaroedd yn wewyr ?
    Pob doe a phob echdoe yn crynhoi yn eu geni,
    a'm baich yn ysgafnu i ysgwyddau fy mhlant.
    Myfi, etifedd fy nhadau yn dad etifeddion !
    E feddwais ar garu fy mhlant.

MARI :

    Geni a magu etifeddion, a'u caru, heb adnabod eich plant

SHANI :

    heb eu harddel, na chanfod y cnewyllyn ni pherthyn i'r gors :
    mynnech ni'n eilltion yng nghlwm wrth y gors
    a'n troi ni'n alltud o Langors-fach.

MARI :

    Nid y ddwy hen-ferch a boerodd i fedd agored eu tad
    a ddihangodd i'r Dre, ond darn o ddau blentyn,
    y plant a gamodd eu henaid â dagrau digllonedd.

SHANI :

    Roedd clai Glangors-fach wedi tasgu i'ch llygaid
    na welsoch roi'ch plant yn eich bedd cyn ei agor,
    a'n gadael ni wrtho, ar ôl yn blysg gweigion.
    Etifeddion !

MARI :

    Etifeddion y mwrdwr yng Nglangors-fach . . .

GŴR :

    Llofruddion fy mhlentyn, fy Nglangors-fach,
    llofruddion treftadaeth wrth linyn y bogail ;
    lladdasoch fy mhlentyn â'ch llygredd,
    a phlannu estroniaid yn nhir fy nhadau.
    Rhaid difa plant estron o Langors-fach.

MARI a SHANI :

    Ninnau'n y fedel yn medi plant,
    medi egin a blagur a dail heb lydanedd,
    ystod a seldrem ac ysgub a stacan o egin ir
    a'n llwydrew'n y fedel yn medi gwanwyn y gwyn-fan-draw,
    y plant sydd i ffermio'r dyfodol.
                (*Newidier lliwiau'r golau.*)

ELEN a SAL :

    Mamau yn wylo am eu plant am nad ydynt,
    a dim byd ar ôl ond lle gwag ;
    a'r felltith yn disgyn arnom ni'n darth,
    tarth o ffosydd a siglennydd y gors,
    cors Glangors-fach a siglennydd y dial,
    a mamau yn wylo am eu plant am nad ydynt.

SAL :

    Arnat ti, Ifan, roedd y bai, mor lletchwith, mor ddiffrwyth,

IFAN :

    Sut oeddwn i i wybod y byddai fe'n cwympo a tharo'i ben ?

SAL :

    Druan o'i ben bach e !
    Sut oeddit ti i wybod a thithau mor gas !

ELEN :

    Roeddit ti'n gas i'r 'nifeiliaid, yn gïaidd,
    heb ffordd ar eu trin nhw ond pwnio a rhegi ;
    roedd yr hen gaseg felen dy ofn di wrth ei phen . . .

IFAN :

    Yr hen gythraul ! arni hi roedd y bai.
    Sut own i i wybod y byddai hi'n cilio a baglu'n y rhaca ?

ELEN :

    Ond ti ddysgodd iddi gilio wrth ei dyrnu'n ei phen
    â chambren a morthwyl, a'i chicio'n ei bola ;
    roedd raid iddi gilio, druan fach, a baglu
    yn nannedd y twmbler, a thaflu'r crwt bach . . .

IFAN :

    Roedd Berti mor ddiffrwyth, mor gymyrcyn . . .

RHYS :

    Awen y ffrwyn oedd ry fer,
    a'r bit sharp yng ngheg yr hen gaseg yn llifanu ei thafod,
    a'i hen gefn hi fel llawlif o tano ;
    doedd dim ffordd iddo'i gyrru hi'n gywir.

SAL :

    Ni ddylai fe ddim bod ar ei chefn hi o gwbl,
    fel mwnci bach, druan, ar ei gwar hi, yn dal wrth y mwng.
    Arnat ti roedd y bai.

IFAN :

    Roedd popeth o chwith. Sut own i i wybod ?
    Dim ond cydio'n ei hen ben hi i'w throi nôl i'w lle, dyna'i gyd;

—a'r dafnau glaw bras a'r gwair ar wasgar—
hithau'n tasgu a baglu, a thaflu'r crwt bach.
Pam raid iddi faglu oedd ?
Pam oedd raid iddo fe daro'i ben, druan bach ?

SAL :
Druan o'i ben bach e.

ELEN :
Pa well oeddit tithau o bwnio'r hen gaseg
yn dy hen natur-ddrwg,
a mesur ei hyd hi ar y llawr ?

RHYS :
Efallai ei bod hi'n well fel yr oedd hi
na'i fod e'n llusgo byw . . .

SAL :
Fy nghrwt bach i oedd e er ei wendid,
fy machgen bach i, fy ngofal ;
ond fi oedd ei fam e i ofalu ac anwylo . . .

IFAN :
a'i gyrraedd e heb drugaredd bob yn ail am y peth lleia.

RHYS :
Fel yna roedd hi orau,
—fe gadd fynd heb ddiodde—ac ni fyddai fawr raen ar ei fyw.
Rhaid plygu i'r Drefen ;
fe gadd *e* orwedd ar wely'r pen-isa i farw.

SAL :
Fe gadd *e* bentymor a gorffwys digyffro.

RHYS :
Fe, yn ei farw, sy'n ein clymu ni nôl wrth blant dynion.

ELEN :
Ond ni chafodd Lisi-Jane ddim dod adre.

IFAN :
Garw i Lisi-Jane fynd oddi cartre erioed,
a'i heisiau hi yma : doedd gennyf i neb,
neb, ond fe fynnodd fy ngadael. Pam oedd raid arni fynd !

Sal :

    Doeddit ti ddim o'r hawsa i gyd-fyw gydag e,
    a pheth oedd ar y gors i ferch ifanc ? Pa obaith ?

Elen :

    Roedd siawns iddi ar gerdded . . .

Ifan :

    i wisgo'n grand, a phowdwr a phaent,
    a'r sodlau main papur, pan ddôi hi'n ei thro,
    yn mynd ar goll yn y gors.
    Roedd siawns iddi oddi cartre i ddal cariadon,
    a chael ei dal druan fach fel ei mam o'r blaen.

Rhys :

    Ifan ! Mae'r gorau'n llithro a chael anlwc,
    gartre ac ar gerdded : anlwc a ddaeth iddi . . .

Ifan :

    Ac i'w mam arni hithau.
    Elen, petai hi wedi aros gartre fel roeddem ni
           i gyd yn bwriadu—

Rhys :

    (iddi hi ac i Berti roem ni'n cymryd y lle,
    y plant oedd i ffermio'r dyfodol).

Ifan :

    —fyddai hi ddim we li dod adre fel daeth hi.

Elen :

    Doedd dod adre fel y daeth hi'n ddim wrth ei cholli ;
    petai hi'n fam i ddeg o blant gordderch a chael byw
    ni fyddai'r man gwag tan fy nghalon i'n bwysau ;
    ei mam sydd yn gwybod ei cholli, a'r gwacter fel pwll.

Ifan :

    Rhaid plygu i'r Drefen, a derbyn y gosb wedi syrthio,
    a mynd oddi yma a ngadael i heb neb . . .

Elen :

    Nid cael plant-siawns oedd y felltith ar Lisi-Jane na minnau,
    neu pam nad ych chwi'n eich beddau'n gorffwyso ?
    Mae'r felltith yn bwrw'i gwraidd trwy'r holl le,
    yn bwrw'i chysgod tros bob un ohonom.

Ifan :
    Ond roem ni i gyd yn dibynnu ar Berti a Lisi-Jane . . .

Sal :
    Ifan bach, does gennyt ti ddim amgyffred o'r golled,
    mamau, rhieni, sy'n colli plant ;
    colli gofal tros eu gwendid, ac O'r gwacter o'i golli,
    arswydo rhag iddynt syrthio, a'r gwacter pan dderfydd yr arswyd
    o gloi'r greddfau digyffro yn saff mewn diogelwch
    a bedd sydd â'i waelod o'r golwg.

Elen :
    I Sal a minnau y bu'r golled,
    ni brofodd boen pleser eu creu, a phleser gwewyr eu geni ;
    ni fu'n datrys eu dagrau ac yn cyrlio eu chwerthin,
    a'r grib, oedd mor ysgafn, yn sgrafellu trwy'r cof.
    Cnawd o'n cnawd, a darnau o'n profiad ni oeddynt,
    darnau wedi eu rhwygo o'n profiad a'n cnawd,
    a'r gwacter yn bwll yn y mennydd,
    yn y galon yn fedd na chaiff waelod.

Elen a Sal :
    Mamau yn wylo am eu plant am nad ydynt,
    a'r felltith yn disgyn amdanom ni'n darth,
    tarth o ffosydd a siglennydd y gors,
    cors Glangors-fach a siglennydd y dial,
    a dim byd ar ôl ond lle gwag,
    a mamau yn wylo am eu plant am nad ydynt.
                    (*Newidier lliwiau'r golau.*)

Mari :
    Mamau yn wylo am eu plant am nad ydynt,
    plentyndod yn wylo am wrthod i blant eu plentyndod,
    wylo'n y bru gan arswyd y baich . . .

Shani :
    Baich y feichiog yn feichiog gan faich,
    baich tynged yr ach a'i plyg i'w dibenion.

Mari :
    Wylo na fyn ei gysuro am na roed dihangfa
    rhag y llid sy'n erlid, rhag y lladd oni phlygir.

Mari a Shani :
    Wylo dŵr heli nad yw'n dyfrhau,
    wylo sych sy'n crino pob creider,
    wylo creision, a'r crasder yn nych ac afiechyd.

Gŵr :
    Ar wely'r pen-isa'n fy nych ac afiechyd,
    sylwi ;
    am y pared ag angau canfod y ddichell
    a gorddai'r ffologod ; a melltithio fy mhlant ;
    melltithio yr angau a'r ing, a chyn trengi
    cau drysau ymwared o'r gors, a'r llwybrau.
    Cors Glangors-fach yn nych ac afiechyd
    a'r drysau'n cau ar ymwared yr angau
    a'r beddau nid oes bâr ar eu dorau.
                    (*Newidier lliwiau'r golau.*)

Elen a Sal :
    Drysau ymwared yn cau yn ein herbyn,
    a'r llwybrau o'r gors yn cau ond ar angau ;
    nych ac afiechyd yn codi fel tarth
    o gors Glangors-fach, ac yn cau o'n blaenau
    yn wal heb ddrws, yn gors heb lwybrau,
    ond drws yr angau ; a'r beddau ni pharant eu dorau.

Rhys :
    Yn y gors y mae'r felltith, ei lleithder sy'n lladd ;
    gwlybaniaeth tragywydd yn nawseiddio fel dŵr eira . . .

Ifan :
    trwy chwemis y gaea yn chwarren tan y grofen,
    a beunydd yn lloncian rhwng bysedd y traed.

Sal :
    Gwelydd y tŷ-byw yn chwys ac yn llwydni
    a'r gegin fel llaethdy, a phapur y wal yn rhubanau ;

Elen :
    y Gaea roedd y damprwydd yn ebill trwy'r ysgyfaint,
    a'r Haf roedd pob stafell fel bandbocs o glos
    ond bod drafft trwy'r rhigolau, a phob cawod yn canu'n y pedyll.

Rhys :

Doedd dim llwybr o'r clos heb fynd tros ben esgid,
roedd y waun yn ddigroen gan ôl traed y 'nifeiliaid,
a'r llydnod yn pydru'n y carnau a'r afu ;

Ifan :

rhwd llif yr afon yn gwenwyno'r gwair pibrwyn,
a'r gwair gwndwn yn llwydo neu'n llosgi'n y das :
doedd dim dwywaith nad y dŵr a roes fy nghymalau
tan glo yn y cryd, a'm plygu'n ddau-ddwbwl.

Sal :

Ond doeddit ti ddim heb fai, yn gwlychu hyd y croen
a chadw dy ddillad yn wlyb heb eu newid.

Ifan :

Beth allwn i ei wneud ? Doedd gennyf i neb i ofalu,
neb i weld sychu fy nillad, na bod dim byd yn gras,
neb ond cymdogion pan welen nhw'n dda.

Rhys :

Doedd dim raid iti ddal ati i fedi'n y glaw a gwlychu,
a'r rhwymwyr yn wlyb domen ddiferu'n y gwlith.

Ifan :

Llond cae o rwymwyr am un prynhawn, a'r glaw bras—
dim ond cawod, meddwn innau, a'r cae'n llawn o gymdogion
yn rhwymo—a'r glaw, rown i'n sopen cyn cyrraedd pen tir ;

Elen :

a hwythau'r cymdogion yn chwerthin eu piti
ac yn anfodlon dod trannoeth ;

Sal :

ar ôl iddi hinddanu, rwy'n credu meddit tithau
y galla innau roi nghot amdana i nawr,
a'th grys di'n mygu !
Doedd dim ryfedd i'r cryd gloi pob cymal yn dy esgyrn.

Ifan :

Doedd neb ond cymdogion gennyf, i . . .

Elen :

. . . fe gefaist 'rhen Betsi i yrru dy gadair . . .

IFAN :

   . . . do, o'i phriodi, a doedd hi ddim yn llawn llathen :
a bu raid arni hithau druan farw, fel chwi'ch dwy,
a gyrru'r gadair i'r wyrcws.
A daeth amser ystwytho'r cymalau, eu hystwytho mewn bedd
ar y plwy.

RHYS :

Lleithder y gors yw'r felltith sy'n lladd,

SAL :

y gors sy'n arllwys ei llid ac yn lladd,

ELEN :

y dŵr sy'n nawseiddio yw'r felltith trwy'r gors.
Y dŵr sydd yn peswch, fel dŵr yng ngheg cwter—
yn peswch trwy'r ysgyfaint yn goch fel rhwd pibau cwterion y gors—
yw'r nych a'r decâd.
Dim ond peswch bach cwta, ddefnyn ar ddefnyn llechwraidd,
nes dod y llifogydd i boeri'r chwyn rhydlyd
yn ddarnau o ysgyfaint yn llaith ar obennydd—
y lleithder sy'n lladd.

RHYS :

Y gors sydd mor farw na thyf dim byd arni ond tlodi,
a'r bwrdd yn ddifoethau yn ddienllyn a difloneg,
a'r ais yn leision gan fara-te a chawl heli-cig-moch.

IFAN :

Ni bu plisgyn wy yn y lludw erioed . . .

ELEN :

Pwy fentrai eu llyncu'n dairceiniog yr wy ?

SAL :

Na mentro pan fyddai dau-ddwsin am swllt,
yr ieir oedd yn dodwy y siwgwr a'r te,
y baco i chwi'r gwŷr, a sgidiau i'r plant.

RHYS :

   Tlodi'r gors yw'r decâd.

ELEN :

    Y darfodedigaeth mor ysgafn ei hofran mor esmwyth ei wendid,
    ysgafn ac esmwyth fel plu plu'r-gweunydd ;
    a'r tlysni gwyn melfed yn dwyll tros y gors,
    y clefyd gwyn melfed sy'n rhwyll yn y gors.

RHYS :

    Fe gredasom ni dy fod ti ar wellâd yn y sbyty
    wedi gadael y gors a chael bwyd da . . .

SAL :

    a thaflu'r clai clocsiog o'r esgidiau.

ELEN :

    Fe ysgafnodd fy nhraed
    wrth imi'r tro cyntaf erioed ddatod
    clymau llymglwm fy lludded, a gorffwys,
    a'm hesgyrn yn gwisgo amdanynt gnawd
    gan gredu y caent godi a dawnsio,
    dawnsio dawns y plu'r-gweunydd tros wyneb y gors.
    O doctor, rwy'n gwella, rwy'n siwr mod i'n well :
    druan fach, meddai yntau :
    a minnau'n adnabod ei biti, yn gwybod,
    beth arall wyddwn i o ddiwrnod cwrdd â chorff Lisi-Jane yn y
      stesion ?
    Blodau'r gors oedd fy ngeiriau,
    a minnau'n eu hadnabod wrth siarad â'r doctor,
    yn gwahodd fy lludded i ddawnsio yn fy nghors.
    Yna'n dal fy nhraed, clymu f'esgyrn, â'u clymau
    llymglwm, yn lludded fy nghors.

IFAN :

    Nid clefyd i wella oedd dy glwy, nid y decâd ond y llall :
    does dim datroi ar y rhodau na dad-ddirwyn
    pan gydio'r godreon yn nannedd y geryn.
    Gofidio o golli Lisi-Jane oedd dy glefyd.

ELEN :

    Bu angladd fy einioes ddydd claddu fy mhlentyn,
    i beth yr ymladdwn i mwy â'r gors ?

RHYS :

    Un clefyd ar y llall yn pesgi, fel llynger . . .

Ifan :

    ac Elen yn ymladd o ildio i'r gofid,
    y gofid nad addefaist :
    ei bod *hi'n* blentyn gordderch yn cael plentyn gordderch ;
    bod y gwendid a gododd hi yn dy waed yn achos ei marw :
    dyna'r gofid a guddiaist ti â gofid ei cholli.
    Y gofid a fagodd y decâd, nid y gors.

Sal :

    Nid y gors roes y cryd ym mhob cymal i tithau, debygwn !

Ifan :

    Nid y gors ? Ond beth arall ?

Sal :

    Dy hen natur-gas di, meddai'r bobol ;
    e fydd e'n ffaelu cyffro maes-law, oedd geiriau 'rhen Fari Gorslwyd
    ffaelu cyffro o roi cic i'r ast las nes torri ei chynffon,
    fe ddaw barn ar ei hen gymalau fe, wir-duw . . .
    Dy hen natur-gas di'n pwnio'r da wrth yr aerwy,
    a sŵn dy regfeydd di ar y caeau a'r clos
    rhwng y 'nifeiliaid yn tynnu barn ar dy ben.
    Mi ddisgynnodd, ac nid esgus, ond do !

Rhys :

    Sal, Sal ! Rym ni'n gwybod.
    Ond y gors yw'r felltith a'r farn ar ein pennau,
    cors Glangors-fach sy'n cau drysau ymwared.

Elen a Sal :

    Drysau ymwared yn cau yn ein herbyn,
    a'r llwybrau o'r gors yn cau, ond ar angau ;
    nych ac afiechyd yn codi fel tarth
    o gors Glangors-fach ac yn cau o'n blaenau,
    yn wal heb ddrws, yn gors heb lwybrau,
    ond drws yr angau, a'r beddau nid oes pâr ar eu dorau.
              (Newidier lliwiau'r golau.)

Mari a Shani :

    Yr ing na all aros i'r angau hamddenol,
    y boen sydd benyd heb iddi ddibendod,
    yr hiraeth sy'n herwa ar erwau marwolaeth,

y tlodi, a hir-warth gorthrymder y gors
yw offer hwsmonaeth i lyfnu'n chwâl
fel bo'r gwyllion a heuir ar âr y gwylltineb
yn hodi ac aeddfedu'n wallgofrwydd.

Gŵr :

    Arfaethwyd cors Glangors-fach i'n gwehelyth,
    a had pob gwanwyn ym mhridd pob hydre,
    y tadau fel cnau gwisgi'n gweisgioni yn eu tymor
    nes i'w gwaed yn fy ngwaed i wehilio :
    ond ofer eich cynllwyn : afradu'r gwely yw'r gwallgofrwydd.

Mari :

    E fynnem ni o'r groth dorri gafael y tylwyth
    a dianc rhag llid yr alanas, a ffaelu ;

Shani :

    a ffoledd y methu'n troi'n ffaeledd a gwrthuni.

Mari :

    Disgwyl bob gaeaf i'r angau eich symud,
    ac yntau, er taer-weddi, mor hwyrdrwm ei glyw.

Shani :

    Gwae na baech farw mewn pryd
    inni ochel gwyryfdod gorfod a chael iechyd !

Gŵr :

    Ŵyrion, taer-ddisgwyl ŵyrion, etifeddion !
    I hynny yr haeraswn yr angau, ond ni ddoent.
    Ni ddoent, ac ni ddaethant.

Mari :

    Ni fynnem ni blanta'n y gors, nac o'r gors . . .

Shani :

    nac o fwriad aberthu plant i grombil y gors.
    Magu plant, nid epilio etifeddion, yw iechyd.

Mari :

    Chwi, a'ch hysio, a barodd inni'n hesbon droi arnoch a'ch cornio,
    a'r Dre'n ysborioni'n rhadau mor rhad.
    Y chwant heb ei charthu'n goganu'r cnawd ar y gogil . . .

SHANI :
    y cnawd ar y gogil yn nhefyrn gwallofain,
    a'r iasau diserch yn hidlo gwaddod eu surni
    ar y lludw llawenydd yn y llestr poer.

MARI :
    Yn y Dre'n etifeddion i'n tad gwallgofus,
    yn wallgo'n y Dre gan wallgofrwydd y gors.

GŴR :
    Am y pared ag angau canfod eich ynfydrwydd
    a melltithio y pla cynddeiriog wrth drengi ;
    cau drysau ymwared o'r gors yn dragywydd
    na bo dianc i neb rhag gwallgofrwydd y gors.

MARI a SHANI :
    Yr ing na all aros i'r angau hamddenol,
    y boen sydd benyd heb iddi ddibendod.
    yr hiraeth sy'n herwa ar erwau marwolaeth
    y tlodi, a hirwarth gorthrymder y gors
    yw offer hwsmonaeth i lyfnu'n chwâl
    fel bo'r gwylltion a heuir ar âr y gwylltineb
    yn hodi ac aeddfedu'n wallgofrwydd.
                    (*Newidier lliwiau'r golau.*)

ELEN a SAL :
    Ing a phoen a hiraeth a thlodi
    yw offer hwsmonaeth i lyfnu'n chwâl ;
    ac ar âr y gwylltineb bydd cnwd o ellyllon,
    fwlturiaid a dreigiau a gwyllion gwallgofrwydd.

SAL :
    Roeddit ti, Rhys, yn wahanol i mi, rhaid cyfadde .

ELEN :
    yn wahanol i ni'n tri. Roeddit ti ar wahân,
    yn mesur dy gamre, yn gymwys dy gerdded . . .

SAL :
    yn ffermio, ac nid stablan, a lwc yn dy ddilyn.

IFAN :
    Nid fel fi. O rwy'n deall !
    Ond aeth popeth o chwith o golli Berti, druan bach.

Elen :
    A cholli Berti'n lletchwithdod ac yn chwithdod i ni i gyd.

Ifan :
    Mae pawb yn dannod Berti i mi, bob cynnig,
    ond roedd hurtrwydd ar Berti fel gwendid ei fam.
    Berti roes dân yn tŷ-gwair, a'r dŵr wedi rhewi :
    a dyna ddechrau'r gorwaered, heb ogor ond o'i brynu,
    troi'r 'nifeiliaid i'r borfa cyn bod blewyn ond brwyn,
    a'u gwerthu tan draed, rhag eu clemio, fel ystyllod o denau.
    Rown i wrthi, fel slâf, â nhrwyn yn y pridd,
    heb unioni o'm dau-ddwbwl, a phopeth yn drysu,
    yr heffrod yn erthylu er gwaetha'r dyn hysbys . . .

Rhys :
    Rym ni'n gwybod. Does neb yn dy feio, Ifan bach.
    Mae pobl y Dre'n llawn triciau, a'u pres yn creu cyfraith
    a bair fod pob prynu'n ddrud, a phob gwerthu'n rhad
    yn eu marchnad. Ffyrdd dynion sy'n gors
    fel cors Glangors-fach ; a'r felltith
    o'r ddwy-gors a'n cododd ni'n grwn o'r gwraidd.

Elen :
    Rym ni i gyd tan felltith y corsydd, i gyd . . .

Sal :
    . . . ond bod Ifan yn fwy ffwndrus a thrafferthus na'r rhelyw,
    mor ddiweld â dal ati am brynhawn wedi i'r gaseg
    fwrw pedol a chloffi, a cholli tair wythnos.

Ifan :
    Ond feddyliais i ddim, ac roedd raid cario dom,
    a'r cymdogion yn ei wasgar a hau tatw fore trannoeth.

Sal :
    A'r ast heb wardd arni yn cwrsio'r ŵyn-tac er dy regi,
    a'u boddi'n y pwll-mawn ; a'r cŵn ar y corygau'n difetha'r nod
    clust.

Ifan :
    Yr hufen na chorddai yn drewi'r crochanau,
    y gwair yn pydru ar yr adladd,
    y llafur yn egino'n y stacan, a'r helmydd heb eu toi tan Nadolig,
    y tatw'n rhewi'n y cladd, a'r mawn ar y gors heb eu codi,

buwch gyflo yn rhwygo ei chader ar rwd weiren bigog,
a'r hwch-fagu'n gorwedd ar y dorraid foch-bach yn y wâl.
Ac arna i roedd y bai meddai Sal, meddai chwi,
arna i roedd y bai am bob anlwc a cholled.
Arna i roedd y bai bod colled ar Sal,
bod y beili a'r gwerthu wedi drysu ei synhwyrau !

RHYS :
    Bu colli'r crwt bach yn ormod o ergyd, a'r tlodi ar ben hynny.

IFAN :
    Y gors ddaeth â'r beili i Langors-fach
    i'n gwerthu ni'n grwn o Langors-fach . . .

RHYS :
    Ond 'chadd e ddim gwerthu, bu'r cymdogion yn garedig . . .

IFAN :
    'chadd e ddim gwerthu, fe fu symud tros nos
    a lle gwag yn ei dderbyn y bore ;
    yna'r casglu nôl adre fel chwedl Llyn y Fan,
    nôl adre ar sodlau'r bwm-beili.

SAL :
    Nôl adre bob un o'r gwallgofrwydd, ond fi :
    dim ond fi â cholled ar goll yn y gors,

IFAN :
    ar goll heb dy sgidiau, a'th sgrech yn ddiasbad trwy'r pibrwyn.

SAL :
    Gwdihŵ, gwdihŵ ar ddisberod trwy'r gors wedi'r tlodi.

ELEN :
    Yr hiraeth ar ôl Berti oedd yn dy wasgu nes dy lorio.

IFAN :
    A fi fu raid mynd â thi oddi yma'n y bore,
    Mynd â thi oddi yma, druan fach, yn y bore.

SAL :
    Ond roeddit ti, Rhys, yn wahanol i mi, heb ddim gwendid,
    yn mesur dy gamre ac yn gwybod dy gerddediad,
    yn abl cyn dy saldra. Ac yna'r iselder.

RHYS :

Gwall yn y co, ffit o golled, meddai'r crwner . . .

ELEN :

Clercyn o was cyfraith yn perota'i adnodau parod,
yn doethinebu â chlebar-wast, a phob diodde
iddo'n ail-law, ac yn glec i'r papurau.

RHYS :

Pwy a ŵyr beth yw'r gwir ? Y crwner efallai.
Ond hyn a wn i : mod i'n gall yn dal bargen â'r enbydrwydd,
yn codi a distwn fy mhris gyda'r farchnad ;
yn gall wrth borthmona fy hoedl i'r boen
hyd at daro'r llaw . . .

ELEN :

yn gall hyd y diwedd.

RHYS :

Tra fu'r boen yn ysigo fy nerth, ac yn lledu,
creffais ar y cyfri, manylu ar ddwy-res mantolen yr arswyd,
y derbyn a'r talu ;
dilynais y pin yn torri'r ffigyrau wrth adio'r cownt,
rown i'n dilyn, ac yn deall, hyd at y ffigwr diwethaf . . .

ELEN :

    . . . ac wedyn— ?

RHYS :

Pwy a ŵyr ? Y crwner efallai. Ond rwy'n cofio
dal sylw ar y cloc, a chodi a mynd,
cyrraedd y ffon fagl a hercian i dowlad y beudy,
rhoi llaw ar war yr anner ddwyflwydd wrth fynd heibio ;
clymu'r rhaff, unpen wrth y wymben a dolen yn y llall,
sefyll ar y mesur a gwisgo'r ddolen,—yn gall.
Roedd yr hen gath felen yn y walbant
a'i llygaid melfed yn dal ar fy llygaid trwy'r munudau—

SAL :

    —hyd y diwedd ?

RHYS :

Dwn i ddim. Na, meddai'r crwner. Pwy a ŵyr ?
Mae curiad caredig yng nghalon y gyfraith,
a doedd neb i gael cam meddai hi o'm hachos.

Ond roedd hynny'n fy nghyfrif innau,
fi oedd yr ola, heb neb ar fy ôl tan ddicter cyfreithiau.
Ac mi euthum mewn pryd cyn bod beili'n dod eilwaith i Langors-
fach.

ELEN :
Roedd y lle wedi talu'n dy ddwylo crefftus . . .

RHYS :
Doedd dim posib dal ati, a thalu gwas a bil doctor . . .

IFAN :
A'r doctor, fel cigfran ar frasder celanedd,
yn dordyn a boliog ar sgerbydau'r gors.

RHYS :
Mi delais y biliau bob un a gweld nad oedd wella,
a'r boen, mor arswydus, yn ysgraffinio'r ymennydd fel drysïen,
gorfod sgrechian, yn ddyn cryf, gan y boen fel babi,
a'r sgrech yn dihengyd o fan hŷn na rheswm.

ELEN :
Y gwaed yn troi'n siwgr . . .

SAL :

                         . . . dyna eironi'r gors.

IFAN :
Cwympo'r ordd ar dy droed, a'r clais yn gig-marw : . . . .

SAL :
Cig-marw fel y cwbl o bawb yn y gors.

RHYS :
Diabetis a gangrin meddai'r doctor estronieithus
a bysedd y droed yn bydredd a drewdod.

SAL :
Mae'n od iti frwydro cyhyd â'r enbydrwydd,
ond roeddit ti'n mesur dy gamre, yn dethol dy gerdded.

RHYS :
Y gors sydd yn trechu ar ddiwedd pob codwm . . .

ELEN :
    Ond dewis dy ddewis a wnest ti ar y dowlad . . .

RHYS :
    E ddichon mai'r crwner oedd yn gwybod y gwir.

IFAN :
    Gwall yn y co, ffit o golled, meddai hwnnw,
    a gildio i'r gors fel ni'n tri yn y diwedd ;

SAL :
    yn ebyrth i grombil y gors wedi'r gwyn-fan-draw,
    a melltith y gors yn ein gwysio i'r cwrt-lît
    i roi cyfri, Fihangel, o'r rhent a'r les.

ELEN a SAL :
    Rhy uchel y rhent a rhy hir y les,
    Fihangel erlidiol, gostwng y rhent a diryma'r les.
    Mae gwreiddiau'r felltith yn derfysg trwy'r pridd,
    y gwreiddiau estynnol sy'n siglo awdurdod y bedd.
    Gostwng dy rent a diryma'r les ;
    gad inni bentymor, gad ddiwedd.

                    (*Newidier lliwiau'r golau.*)

MARI a SHANI :
    Ni bydd na phentymor na diwedd,
    bydd gwylnos Fihangel y meirwon byth bythoedd.
    Ni dderfydd y benyd iddynt hwy nac i ninnau ;
    y bedd yn gloesi'r rhithiau o'i stumog
    yn chwydu'r aflendid i wacter y gors.
    Piau'r gors ? Piau Glangors-fach ein gwehelyth ?
    Cors Glangors-fach biau'n hiliogaeth ddihenydd
    o'r bore cyn bod gwawr i'r hwyr na ŵyr fachlud.

GŴR :
    Hyd fyth y bydd gwacter yng Nglangors-fach,
    a'r aelwyd a fydd adfail yng Nglangors-fach ;
    mieri ac ysgall a drain lle bu mawredd
    a'i llwybrau yn lleoedd y dylluan.
    Disgynnodd y felltith ddiymod ar y gors
    a dialedd y gwaed yn aredig mynwentydd
    i wysio tenantiaid i Langors-fach.
    Brodorion y beddau'n crwydro'n ddiadlam
    a'r tadau yn derbyn eu gwobr.

Mari a Shani :
    Heno, a byth bythoedd nôl yma i'r gegin,
    i gecran-cweryla am y rhent a'r les ;
    ninnau'n darth o'r gors yn cyfodi,
    yn angau dilonyddwch, yn wacter hesb ;
    yn dioddef dialedd y tadau ar y plant,
    yn gyrru dialedd trwy siglennydd y gors ;
    yn gwysi ac yn gwlltwr i aradr dialedd,
    yn hadyd a thir âr i'r ddigofaint dragywydd,
    heb inni orffwysfa na rhoi gorffwys.
    Fihangel erlidiol, derbyn y rhent ar y les
    —y rhent rhy uchel a'r les ry hir—
    derbyn y rhent ar y les.

DISGYNNED Y LLEN YN ARAF.

DIWEDD

Susanna

DRAMA UN ACT

*(Wedi ei chreu o Ystori Susanna yn yr Apocrypha,
gan ddefnyddio Caniad Solomon a Chân y Tri Llanc)*

I GWMNI'R PANDY
AM EI WASANAETH DIFLINO YMHOB DIM
A OFYNNWYF GANDDO

Ysgrifennwyd y ddrama hon i Gystadleuaeth Ysgrifennu Drama Un-Act Gymraeg Cyngor Gwasanaeth Cymdeithasol De Cymru a Mynwy, 1937.

Llwyfannwyd hi ym mhrawf terfynol y Gystadleuaeth honno yn Cross Hands, Hydref 1937.

Gwobrwywyd hi.

Cwmni'r Pandy a fu cyn garediced â'i llwyfannu ar gais y Cyngor uchod.

CYMERIADAU
(yn y drefn y siaradant)

YR HENADUR, hen ŵr

JOACIM, hen ŵr

YSGRIFENNYDD I, llanc ifanc

DANIEL (YSGRIFENNYDD II), llanc ifanc

BARNWR I, gŵr canol oed

BARNWR II, gŵr canol oed

SUSANNA, merch ifanc

DWY LAW-FORWYN, merched ifainc

TORF

Gardd wrth dŷ JOACIM *ym Mabilon. Yn y cefn estyn coed deri ar un ochr, a phrennau ffawydd ar y llall. Yn y manbrysg a'r hesg rhyngddynt gwelir dŵr y Llyn yn las.*

O fan uchel, math o risiau pridd a cherrig, yng nghanol cefn y llwyfan, disgynnir i'r llyn. Yr un ffordd hefyd yr eir at Ddrws Dirgel yr ardd. Y man uchel hwn yw'r Frawdle hefyd.

Yng nghornel de uchaf y llwyfan y mae Drysau'r Ardd sy'n arwain i'r tŷ, lle mae gwledd wedi ei harlwyo, a miwsig i'w glywed.

Cyn i'r Llen godi, clywir sŵn canu a chanmol. Wrth bod y canu'n pellháu, a'r olaf o'r DORF *yn dilyn y* BARNWYR *i'r wledd, cyfyd gan ddangos yr* YSGRIFENYDD-ION *yn eu hunfan llonydd, a* JOACIM *a'r* HENADUR *yn ymddiddan.*

```
{| d¹ :— |l :d¹ | r¹ :d¹ | _ :— | d¹ :— | r¹ :t | d¹ :l  | s :—  ||
{| d¹ :— |l :d¹ | r¹ :d¹ | — :— | d¹ :— | l :d¹ | r¹ :t  | d¹ :—  ||
```

"Bendigedig wyt ti, Arglwydd Dduw ein tadau, / i'th foliannu, ac i'th dra-dyrchafu yn dragywydd.

"Bendigedig wyt yn nheml dy sanctaidd ogoniant, / a thra-chanmol-adwy a thra-gogoneddus yn dragywydd.

"Cyffeswch yr Arglwydd am ei fod yn ddaionus ;/am fod ei drugaredd yn dragywydd.

"Pawb oll ag sydd yn ofni'r Arglwydd, bendithiwch *Dduw'r* duwiau ;// molwch ef, a chydnabyddwch fod ei drugaredd yn dragywydd."

(Cenir y Sallwyr unwaith tra bo'r neuadd mewn tywyllwch, ond bod golau ar y llwyfan. Yna cyfyd y Llen yn araf, cilia murmur y Sallwyr, a sŵn y DORF, *gan adael i eiriau'r ymddiddan sydd rhwng* JOACIM *a'r* HENADUR, *yr olaf i fyned tua'r wledd, dyfu'n hyglyw. Clywir y canu'n ysgafn-bell.)*

YR HENADUR :   Yn gyfiawn ? Tros ben. Ac yn ddoeth, nid oes ddadl. Nid yw'n rhyfedd bod iddynt enw cystal yn Israel.

JOACIM :   *(yn ysgafn a chwareus)* : Da yw cael doethineb cymaint ar y fainc yn Juda—pe na bai ond am y tro !

YR HENADUR :   Dy ddoethineb pennaf dithau, ardderchocaf henadur yn Juda, oedd gwahodd doethineb well i'r frawdle yn dy le dy hun.

(Daeth murmur ysgafn-bell y Sallwyr i ben, a thyr cymerad-wyaeth a chanmol y DORF *yn fanllefau clir.)*

Y DORF :   *(gyda'i gilydd)* : Bendithiwch Dduw'r duwiau . . . Cydnabyddwch . . . ei drugaredd . . . yn dragyw-ydd . . .

LLAIS I	Cyfiawn . . .
LLAIS II :	Doeth . . .
LLAIS III :	Tra-chanmoladwy . . .
LLAIS IV :	I'w foliannu . . .
Y DORF :	Tra-gogoneddus . . . Yn dragywydd . . . Bendithi-iwch Dduw'r duwiau . . . Molwch ef . . . Cydnaby-wch . . . ei drugaredd . . . yn dragywydd.

Y DORF : Tra-gogoneddus . . . Yn dragywydd . . . Bendithi-
iwch Dduw'r duwiau . . . Molwch ef . . . Cydnaby-
wch . . . ei drugaredd . . . yn dragywydd.
(*Disgynned y lleisiau yn gadarn ar yr acen, fel mai dim ond
sill acennog pob gair a glywir, yn gyflym o un i'r llall.*)

YR HENADUR : Gwrando fel y mae'r dorf yn eu derbyn.
(*Distawa'r berw, cilia'r murmur.*)

JOACIM : Odid na chei di a minnau ein canmol ychydig yn eu
cysgod. Os nad wyf ddoeth gall fy nghyfoeth brynu
doethineb yn y farchnad.

YR HENADUR : Gwnaethost yn dda eu gwahodd i Fabilon i weithredu
barn yn Juda ; ac yn hael i arlwyo gwledd fel hon.

JOACIM : Fy nghyfoeth sydd yn arlwyo honno hefyd.

YR HENADUR : Cyfoeth heb chwaeth nid arlwyai ford fel hon.

JOACIM : Nid wyf yn erbyn i tithau wrogi i Susanna. Fy nghy-
foeth i, ond ei chwaeth hi, a drefnodd hyn.

YR HENADUR : Dy chwaeth a ddewisodd iti lendid honno'n briod it.

JOACIM : (*gyda difrifwch cyflym*) : Ni phetrusai gŵr llai mwyn
na thi ddannod imi fy nghyfoeth wrth fesur llwydd y
dewis hwnnw hefyd. Y mae Susanna yn ifanc ac yn
gain.

YR HENADUR : (*i'w gysuro*) : Gad i gŵn udo ! Ffrâm am dlysni honno
yw dy gyfoeth oll.

JOACIM : (*â hwythau yn y drws ar eu ffordd i'r wledd*) : Ie, a chynfas
yn gefn i'w glendid. (*Ânt.*)
(*Bu'r ddau* YSGRIFENNYDD *yn hollol lonydd, fel dwy ddoli
bren, trwy'r ymddiddan—un o bob tu'r frawdle. Yn awr
dechreua'r* CYNTAF *chwerthin yn ysgafn i gychwyn ond gan
dyfu'n raddol nes torri'n fôr tonnog. Llwydda* DANIEL, *yr
Ail Ysgrifennydd, i fod yn fwy o swyddog ac yn fwy o ddyn
yr un pryd.*)

YSGRIFENNYDD I : Ha ! Ha ! Ha ! Ha ! Ha ! !

DANIEL : Y gwirion ! Beth sydd wedi dy gyffwrdd ?

YSGRIFENNYDD I : Yn falch fy mod i heb wraig yr wyf i. A glywaist ti
e ? Fe sydd â'r ferch lana ym Mabilon yn wraig iddo,
ac yn gorfod dibynnu ar air ei gyfaill cyn y gall e
gredu ynddi hi. Mae dyn priod beunydd yn cerdded
ar gols eirias.

DANIEL :   Taw â'th gleber. Nid oes gan neb ddim ond gair da
                   i Susanna. Mae'n gyfoethog, yn barchus, yn hapus,
                   ac yn wraig rinweddol. Paid â cheisio taflu dy wenwyn
                   i bob ffynnon.

YSGRIFENNYDD I :   (*yn finiog*) : Mae hi'n ifanc ac yn dlos—a Joacim,
                   druan, yn hen. Godinebodd pobun felly yn ei dych-
                   ymyg ganwaith. Nid arni hi mae'r bai os na ddaeth
                   cyfle cyn hyn. Caiff ddigon o gyfle cyn hir.

DANIEL :   Gad d'ymffrostio gwag. Nid oes i ti gyfle, y gwirion.
                   Ti !

YSGRIFENNYDD I :   Fi ! (*Chwardd.*) Fy machgen mawr i, down i ddim yn
                   mentro breuddwydio amdana i, mwy nag amdanat
                   tithau.   (*Chwardd.*) Beth yw corgwn bach fel ti a
                   minnau pan fo helgwn breiniol ar drywydd ?

DANIEL :   Nid wyf yn dy ddeall. Ac nid oes gennyf ddiddordeb
                   yn dy chwedleuon ffals.

YSGRIFENNYDD I :   (*yn gyflym*) : Ydwyt ; ac y *mae* gennyt ddiddordeb.
                   Synio yr wyf mai dy ddiddordeb yn y Barnwyr hyn
                   a'th gymhellodd yma o lys y Brenin ym Mabilon.

DANIEL :   Ust ! Taw ! Nid wyf i ond gwas cyflog iddynt hwy,
                   fel tithau.

YSGRIFENNYDD I :   O ddewis yr wyt ti'n eu gwasanaethu hwy ; gwn i pwy
                   ydwyt ti, O Ddaniel.

DANIEL :   (*gan ddodi ei fys ar ei enau*) : Taw ! Na yngan f'enw
                   i wrth neb. Ni ŵyr neb pwy ydwyf.

YSGRIFENNYDD I :   Hynny sy'n rhyfedd, â'r gair am dy ddoethineb ar
                   dafod pawb ym Mabilon. Ond adwaen i dydi.

DANIEL :   Daeth y si am ddrygioni'r ddeuwr hyn o'u blaen i
                   Fabilon, a'u hanwiredd hwy yn Israel.

YSGRIFENNYDD I :   Cred fi, nid oes ar ôl yn Israel un ferch na chawsant
                   hwy eu ffordd arni.

DANIEL :   Yr oedd y rheini i gyd yn barod. Cawsant gyfle . . .

YSGRIFENNYDD I :   Caiff Susanna hithau ei chyfle yn awr.

DANIEL :   Ond bu ei rhieni'n dirion wrthi, gan ei magu'n ofalus,
                   a'i dysgu yn ôl cyfraith Moses. Y mae'n gwybod . . .

YSGRIFENNYDD I :   Gwybod ! Ni bu putain nad yw'n gwybod. Gwybod !
                   Yr oedd merched Israel oll yn gwybod. Ond nid yw
                   Susanna'n gwybod faint yw gallu'r ddeuwr *santaidd*
                   hyn.

DANIEL :   Nid ydynt yn cynllwyno drwg yn erbyn Susanna.

YSGRIFENNYDD I :   Pam, ynteu, y daeth y ddau yn ôl i'r ardd hanner
                   dydd ddoe ? Pam y mae'r ddau cyn wired â'r gyfraith

o ddod yn ôl i'r ardd heddiw mewn munud neu ddau ?
Ateb. Pam ?

DANIEL : (*gan wenu*) : Pam y mae Susanna yn dod i'r ardd bob hanner dydd ? Daw yma i ymdrochi yn y llyn. Ei gardd hi ydyw, a gall ddyfod iddi pan fyn hi. Felly hwythau—gwahoddedigion ydynt yn nhŷ Joacim, a gallant ddod i'w ardd pan fynnont.

YSGRIFENNYDD I : Ond mynnant ddod pan yw hithau'n ôl ei harfer— A dyma un yn dod. Nid yw'r llall ymhell.
(*Try'r ddau i'w lle wrth y frawdle, a safant fel dwy ddoli bren. Daw'r* BARNWR CYNTAF *i mewn trwy Ddrysau'r Ardd, yn araf, gydag urddas teilwng.*)

BARNWR I : Gadawer y cwbl yn awr. (*Try'r* YSGRIFENYDDION *i fyned allan.*) Yr wyf am lonyddwch i fyfyrio.

YSGRIFENNYDD I : (*wrth fynd*) : Myfyr hen-gyfarwydd fydd hi ! (*Ânt.*)
(*Wrth i* BARNWR I *droi, gwêl* BARNWR II *yn dod i mewn trwy'r Drws Dirgel i'w gyfarfod.*)

BARNWR II : Credais fod yr ardd yn wag, a deuthum . . .

BARNWR I : Yr oeddwn innau'n credu bod yr ardd yn wag, ac y cawn ymdroi ynddi heb neb i darfu ar ei thawelwch. Lle godidog yw gardd !

BARNWR II : Nid rhyfedd i'r Arglwydd osod Paradwys ei hun mewn gardd.

BARNWR I : Ni ddichon dim anghyfiawn ffynnu ynddi.

BARNWR II : Ac eto, yn Eden ardd y syrthiodd dyn gyntaf. Efallai mai rhith dros anghyfiawnder oesol yw tlysni gardd, ac mai ynddi hi y ceffir anghyfiawnder. Yr oeddit *ti* yma hanner dydd ddoe o'r blaen.

BARNWR I : Cawsom yr anrhydedd o rodio'r llwybrau gyda'n gilydd ddoe. Heddiw trachefn y mae Joacim wedi arlwyo bord yn llwythog o fwyd a llun. Onid gwell yw iti fod yno ?

BARNWR II : Iraist fy mhen ag olew. Fy phiol sydd lawn. Daioni a thrugaredd yn ddiau a'm canlynant. A da a fyddai preswylio yn nhŷ Joacim yn dragywydd. Dilyn di'r wledd. Wrthyt ti y maent yn disgwyl.

BARNWR I : Rhaid imi fyfyrio yma ar gyfiawnder tros ennyd. Dos di rhag iddynt ein cael yn brin mewn moesau da.

BARNWR II : Ti a ddechreuodd ganmol y wledd. Dos iddi. Gwell gennyf innau fydd darganfod trosof fy hun y tlysni y tynnaist fy sylw ato ddoe yn dy ymadroddion doeth —sef y cysgodion sydd yn trochi yn y llyn.

BARNWR I :   Nage, ar fy ngwir, ti a ddylai fod yn y . . .
BARNWR II :   Nage, ti.   Nid oes reswm yn y byd tros i mi . . .
BARNWR I :   Yn bendant, rwyf am i ti beidio â cholli . . .
BARNWR II :   Ar bob cyfri, rwyf yn erfyn arnat ti . . .
BARNWR I :   Nage, yn enw pob . . .
BARNWR II :   Ie, ar fy ngair . . .
BARNWR I :   Ti sydd . . .
BARNWR II :   Ti a ddylai . . .
BARNWR I :   Dim o . . .
BARNWR II :   Na . . .

> BARNWR I *yn agor ei geg, a'i chau.* BARNWR II *yn agor ei geg, a'i chau ; yna chwardd.*)

BARNWR I :   O ddifri, mae gennyf reswm pendant tros ofyn iti fy ngadael yma wrthyf fy hun. Mae achos dirgel ynglŷn â'r ardd hon ni allaf ei fynegi i ti yn awr.   Erbyn diwedd y cinio deallaf ef yn well, a mynegaf ef i ti'r pryd hwnnw.

BARNWR II :   Achos dirgel ni allaf ei fynegi sy'n fy nghadw innau. Y mae a fynno'r cysgodion yn y llyn ag ef. Dos di, ac ar ôl cinio mynegaf yn llawnach . . .

BARNWR I :   Nid am ddim y buom yn cyd-farnu cyhyd yn Israel.

BARNWR II :   Bryd hynny yr oeddem yn deall ein gilydd heb amlder geiriau.

BARNWR I :   Deallasom lawer achos dirgel gyda'n gilydd yno.

BARNWR II :   Er mawr foddhad i ni ill dau—a thrugaredd â merched Israel.

BARNWR I :   Gellid eto rannu dirgelwch yr ardd hon.

BARNWR II :   A'r cysgod sy'n trochi yn y llyn ? A gwneuthur trugaredd ag un o ferched Juda ?

BARNWR I :   Nid wyf yn hoffi'r awgrym yn dy lais fy mod i. . .
BARNWR II :   Ti sydd yn awgrymu fy mod i . . .
BARNWR I :   Nid yw fy llygaid i wedi sylwi ar . . .
BARNWR II :   Nid arhosodd fy nychymyg ar . . .
BARNWR I :   Ofer iti feddwl . . .
BARNWR II :   Ffolineb yw dy . . .
BARNWR I :   Gwelais di . . .
BARNWR II :   Ti oedd . . .
BARNWR I :   Nage . . .
BARNWR II :   Ie . . .

> BARNWR I *yn agor ei geg.* BARNWR II *yn agor ei geg, ac yn chwerthin.*)

BARNWR I :	O'r gorau. Ni all dim ond un fod yn dod i'r ardd ganol dydd i ymdrochi yn y llyn.

BARNWR I :   O'r gorau. Ni all dim ond un fod yn dod i'r ardd ganol dydd i ymdrochi yn y llyn.

BARNWR II :   Cywir. Dim ond un. Ac y mae honno yn rhagori ar holl ferched Israel. Da oedd ein gwahodd i Juda.

BARNWR I :   I aros yn nhŷ Joacim yn dragywydd.

BARNWR II :   Y mae Susanna yn wledd wedi ei harlwyo.

BARNWR I :   Wrth fwrdd y wledd honno y mynaswn innau fod ar yr awr ginio hon. Ped elit a'm gadael . . .

BARNWR II :   I mi y mae pigion danteithion y wledd. Felly, pe gadewit fi . . .

BARNWR I :   Myfi yn hytrach a ddylai heddiw gyfarfod â hi . . .

BARNWR II :   Heddiw myfi sydd i'w gweled . . .

BARNWR I :   Daliaf fy ngafael yn fy hawl . . .

BARNWR II :   Fy haeddiant i yw cael . . .

BARNWR I :   Nid wyt yn fodlon . . .

BARNWR II :   Nid oes iti . . .

BARNWR I :   I mi . . .

BARNWR II :   Fi . . .

       (BARNWR I *yn agor ei geg ac yn ei chau.* BARNWR II *yn agor ei geg ac yn ei chau; yna chwardd.*)

BARNWR I :   Nid ydym yn ennill dim wrth ddadlau'n ffals. Difa cyfle'r naill a'r llall yr ydym. Y mae Susanna yn friwsionyn rhy foethus i'w golli fel y cyll dau aderyn to eu tamaid.

BARNWR II :   Wele dithau'n farnwr call trachefn ; y gŵr ni allodd na gwyryf na gwraig yn Israel warafun iddo ddim a erchai ganddynt.

BARNWR I :   Gall nad yw merched Juda mor barod.

BARNWR II :   Pa ferched sydd heb fod yn barod bob amser—yn Juda fel yn Israel ? Ac y mae gorchymyn barnwr i'w cymell heblaw hynny.

BARNWR I :   Nid gorchymyn barnwr sy'n eu cymell, yn gymaint ag ofn colli eu henw-da ar air barnwr. Fe rown ei dewis i Susanna hefyd.

BARNWR II :   Yr un dewis ?

BARNWR I :   Mae ei morynion yn dod ! Ie, yr un dewis.
       (*Cilia'r ddau'n gyflym i lwybrau'r ardd tuag at y llyn.*)

BARNWR II :   Ffordd hyn i'r dde o dan y ffawydd.

BARNWR I :   Nage. I'r chwith, o dan y deri.
       (*Y mae ansicrwydd amlwg i'w ganfod ynglŷn â dewis y llwybr.*)

BARNWR II :   Ffordd y ffawydd sydd orau.

BARNWR I :   Nage'r deri ! (*Ânt o'r golwg.*)
(I sŵn miwsig ysgafn synhwyrus daw MORWYN *i mewn gan ddwyn ffrwythau ; plyg wrth ochr chwith grisiau'r frawdle. Yna daw* MORWYN ARALL *yn dwyn rhôl ; plyg hithau wrth ochr dde grisiau'r frawdle. Daw* SUSANNA *trwy Ddrysau'r Ardd, ac asbri ieuenctid a llawenydd yn ei cherddediad ysgafn. Cyfyd y* FORWYN ARALL *i godi'r gorchudd oddi ar wyneb* SUSANNA *ac i dderbyn y gûn llaes a ddisgyn yn rhwydd hyd at ei chanol gan ddangos ei hysgwyddau noeth prydferth—a'i gosod i eistedd ar risiau'r frawdle yn y canol. Cilia, plyg. Cyfyd y* FORWYN *ar y chwith, ac estyn y ffrwythau i* SUSANNA. *Cilia, plyg. Cyfyd y* FORWYN ARALL *ac estyn y rhôl, wedi ei hagor, i* SUSANNA. *Cilia, plyg. Bwyty* SUSANNA *beth o'r ffrwyth, a bwrw golwg tros y rhôl.)*

SUSANNA :   Clowch ddrysau'r ardd. *(Â'r* FORWYN ARALL *i'r gorchwyl hwnnw. Clywir sŵn y drysau'n cloi. Dychwel hithau. Plyg.)* Yna dygwch imi olew a sebon a thywelion, fel yr ymolchaf. Tramwywch drwy'r Drws Dirgel.
(Cyfyd y MORYNION, *ymgrymant o'i blaen, ciliant tros y grisiau i gyfeiriad y Drws Dirgel. Am ysbaid y mae* SUSANNA'N *darllen yn ddistaw o'r rhôl. Yna ymron mor ddistaw, clywir ei geiriau.)*

SUSANNA :   *(gan ddarllen)* : Dyma lais fy anwylyd ! Wele ef yn dyfod, yn neidio ar y mynyddoedd, ac yn llamu ar y bryniau. Tebyg yw fy anwylyd i iwrch neu lwdn hydd. Fy anwylyd a lefarodd ac a ddywedodd wrthyf, Cyfod fy anwylyd, a thyred di fy mhrydferth, canys wele'r gaeaf a aeth heibio, y glaw a basiodd ac aeth ymaith. Gwelwyd y blodau ar y drain. Daeth amser i'r adar ganu ; clywyd llais y durtur yn ein gwlad. *(Yna, gydag ochenaid, y mae'n myfyrio i'r pellter ac yn sugno'r ffrwyth. Wedyn ail-ddechrau, ar ei thraed, ac un ysgwydd yn noeth.)* Y ffigysbren a fwriodd allan ei ffigys irion, a'r gwinwydd â'u hegin grawn a roddasant arogl teg . . .
(Ond daethai'r DDAU FARNWR *o'r tu ôl iddi yn ddistaw heb iddi eu canfod. Safant un o bob tu iddi, ac adrodd yr un mor brydferth â hithau ar y cyntaf.)*

BARNWR I :   Cyfod ti f'anwylyd, a thyred ti fy mhrydferth.

BARNWR II :   Fy ngholomen, gad imi weled dy wyneb, gad imi
               glywed dy lais ; canys dy lais sydd beraidd, a'th olwg
               yn hardd.
               (*Try* SUSANNA *a'u gweld.   Tyn y gorchudd tros ei hwyneb.*)
SUSANNA :   (*â chri fach ysgafn o ofn a dolur*) : Foneddigion, ni
               wyddwn fod neb yn yr ardd !
BARNWR I :   Na tharfer di. Clywsom y gân, ac ni allem na nesaem
               atat. Dy lais sydd mor beraidd !
BARNWR II :   Yr wyt tithau cyn brydferthed â'r dlos yng nghân
               serch y bardd. Darllen inni eto.
SUSANNA :   Rhaid imi fyned at fy morynion. Esgusodwch fi.
BARNWR I :   Ond y mae'r gân i gyd mor odidog. Ni allaf adael
               iti fyned heb gael clywed rhagor.
BARNWR II :   Ni chei ddianc, fy mhrydferth.
BARNWR I :   Wele di yn deg, fy anwylyd, wele di yn deg.
BARNWR II :   Neu'n annheg ! Tro dy lygaid oddi wrthyf, canys
               hwy a'm gorchfygasant.
BARNWR I :   Dy wallt sydd fel diadell o eifr.
BARNWR II :   Dy ddannedd sydd fel diadell o ddefaid a ddaw i
               fyny o'r olchfa.
BARNWR I :   Dy arleisiau rhwng dy lywethau sydd . . .
SUSANNA :   F'arglwyddi ! Gedwch imi fyned. Y mae'n well
               gennyf.
BARNWR I :   Nid ydym ond yn adrodd y gân iti—y gân sydd yn dy
               law.
BARNWR II :   Pa faint gwell yw dy gariad na gwin, ac arogl dy olew
               na'r holl beraroglau. Ffynnon y gerddi, ffynnon y
               dyfroedd byw—paid â'n gadael.
SUSANNA :   Nid wyf yn deall ystyr eich ymadroddion. Onid barn-
               wyr yn Juda ydych, a gwahoddedigion yn nhŷ Joacim,
               fy mhriod ?
BARNWR I :   (*â gwên fingam*) : Gwahoddedigion wrth fwrdd ei wledd.
BARNWR II :   A dysgodd y bardd ni fod dy fronnau fel grawnsypiau.
BARNWR I :   Ie, fel . . .
SUSANNA :   Peidiwch ! Peidiwch ! Anfoesgarwch nid wyf yn ei
               haeddu yw hyn. (*Ceisia redeg at y drysau, ond yn ddeheuig
               safant yn ei ffordd.*) O wae, gwae, gwae, gwae. Beth
               a ddarfu ? Mae fy morynion ?
BARNWR II :   Nid yw wiw iti geisio dianc. Oni orchymynnaist ti dy
               hun i'th forynion gau'r drysau, a'u danfon trwy'r
               Drws Dirgel ? Erbyn hyn y mae hwnnw hefyd tan
               glo, fel na all neb wybod.

SUSANNA :   Gwaeddaf. Clywir fi yn y tŷ, a gwaradwyddir chwithau.
BARNWR I :   Dy waradwyddo dy hun a wnei. Barnwyr yn Juda
                 ŷm ni, gwahoddedigion yn nhŷ Joacim dy briod, ym
                 Mabilon. Ni fynnem orfod dadrithio hwnnw am foesau
                 ei briod lân ; fel y câr fod wrthi ei hun heb ei morynion
                 bob awr ginio, yno'n noeth i ymdrochi, â'r drysau i
                 gyd tan glo.
SUSANNA :   Gŵyr hynny oll. Gŵyr mai fy arfer yw ymolchi yn y
                 llyn bob hanner dydd.
BARNWR II :   A wŷr efe dy fod yn ôl dy arfer, pan yw'r ardd yn wag,
                 ac yntau yn y wledd, yn cwrdd â llanc gosgeiddig yno,
                 ac yn ôl dy arfer yn . . .
SUSANNA :   Anwiredd yw hyn oll, i'm cael yn ysglyfaeth i'ch
                 nwydau chwi. Ni chred neb chwi.
BARNWR I :   Llanc gosgeiddig, hardd, cyhyrog, glân ydyw.   Y
                 mae Joacim yn fusgrell wrtho. Nid rhyfedd os cred
                 efe dy fod ti yno dan y deri.
SUSANNA :   Nid oedd neb yma. Ni welsoch neb. Ni ellir credu.
BARNWR I :   Mor gryf ydoedd, a chanddo gymaint nerth, fel iddo'n
                 trechu ni a dianc. Bydd yn anodd i Joacim, druan,
                 beidio â chredu.
BARNWR II :   (â gwawd) : Dyma lais fy anwylyd. Wele ef yn dyfod,
                 yn neidio ar y mynyddoedd ac yn llamu ar y bryniau
                 . . . Pa henwr llesg na chred fod yn well gan ei briod
                 ifanc hwnnw na'i fusgrellni ef ?
SUSANNA :   Credais mai barnwyr cyfiawn oeddech, ac nid . . .
BARNWR I :   Barnwyr cyfiawn ydym—mor gyfiawn hyd onid aeth
                 y sôn amdanom o'n blaen i Juda ; hyd oni wahoddodd
                 Joacim ni i'w dŷ i weithredu barn ym Mabilon.
BARNWR II :   A hyd oni chred pawb oll ein geiriau blin am bechod
                 ei briod, yn yr ardd.
SUSANNA :   Cynllwyniasoch anwiredd cyfrwys i'm herbyn. Och
                 fi ! Nid oes modd imi ddianc rhagoch.
BARNWR I :   Y mae modd iti.
BARNWR II :   Mae'r ardd tan glo, y wledd ar ei chanol, a chysgod
                 y ffawydd . . .
SUSANNA :   Rhoddasoch ddewis imi ! Rhwng fy nghyhuddo o
                 bechod nis cyflewnais, a phechu gyda chwi . . .
BARNWR I :   Yn hytrach, rhwng mwyniant pechod *cudd* ar y naill
                 law, a diflastod dy gyhuddo ar *goedd* o bechod ar y
                 llall.

BARNWR II : Onid gwell yw pechu heb dy ddal na chael pobl yn credu ar gam dy ddal mewn pechod ?

SUSANNA : (*yn ochneidio'n flin*) : Yr ydwyf mewn cyfyngder o'r deutu. Os hyn a wnaf, marwolaeth yw i mi. Os minnau nis gwnaf, ni allaf i ddianc o'ch dwylo chwi. Eto y mae yn ddewisach gennyf i syrthio yn eich dwylo chwi heb ei wneuthur na phechu ger bron yr Arglwydd. Dewisais.

BARNWR I : Y ffôl ! Taw, a gwrando arnom. Ni fethodd merched Israel, neb ohonynt, ddewis yn wahanol. Neu a wyt ti'n credu y trugarhawn ni wrthyt ?

BARNWR II : Dy ddal yn euog yn nychymyg dy bobl, hynny yw'r pechod y mae cyfraith Moses yn gorchymyn marwol-aeth amdano : nid cyflawni gweithred lle ni bydd neb i ganfod nac i adrodd.

SUSANNA : Dewisach gennyf farw na phechu ger bron yr Arglwydd. (*Gan weiddi.*) Joacim ! Help ! !
(*Rhed* BARNWR II *tros y grisiau i agor y Drws Dirgel. Deallodd* BARNWR I *fod* SUSANNA *wedi gwneuthur yr achos yn gyhoeddus trwy ddal i weiddi a churo Drysau'r Ardd, lle syrthiodd yn sypyn. Fe'i gesyd ei hun yn barod gan hynny i'w phrofi'n euog. Daw o hyd i'r rhôl a syrthiodd o law* SUSANNA. *Daw* DANIEL *yn gyntaf drwy'r Drws Dirgel, ac â i godi* SUSANNA *a'i hymgeleddu. Daw* YSGRIFENNYDD I *a myned i agor Drysau'r Ardd.*)

DANIEL : (*wrth frysio i mewn*) : Dyma wyrth. Methodd yr helgwn.

YSGRIFENNYDD I : (*yn fwy hamddenol*) : Gwyrth ! Ni chredais i fod merch yn Juda na ddewisai'n groes. Hynny yw'r wyrth.
(*Erbyn hyn y mae Drysau'r Ardd yn agored. Daw* JOACIM *yn gyntaf, ac â i gysuro* SUSANNA. *Â'r* HENADUR *yn araf i'w le ar y Frawdle. Dychwelodd* BARNWR II, *ac erys y* DDAU FARNWR *un wrth bob ochr i'r Frawdle. Ciliodd* DANIEL *ac* YSGRIFENNYDD I *i sefyll rhwng Drysau'r Ardd a'r Frawdle i gadw'r* DORF *rhag gwasgu gormod i mewn trwy'r drysau. Saif* SUSANNA *a* JOACIM *ar y chwith isaf.*)

JOACIM : (*wrth ddod i mewn*) : Susanna. Susanna, fy mwyn. Beth sydd ? Beth a'th gythruddodd, fy anwylyd ? F'annwyl, fy nheg, ymdawela. Ni all niwed ddigwydd iti yn yr ardd hon. Fy ngardd i yw. Ymdawela, fy nhirion.

(*Pan yw efe'n ei chysuro try hithau'n sydyn. Cerdda'n
gadarn, gan sefyll o flaen y fainc ychydig i'r chwith.*)

SUSANNA :   Chwi farnwyr yn Israel ac yn Juda, nid oes i'ch
llesteirio rhag llefaru.

BARNWR I :   Susanna, ferch Chelcias, priod Joacim, henadur yn
Juda, yng ngŵydd dy dylwyth a'th geraint, yr ydym,
yn ôl cyfraith Moses, ac o flaen yr Arglwydd, yn dy
gyhuddo di. Y mae'r achos sydd i'th erbyn i farwolaeth.

JOACIM :   (*gan symud ati*) : Pa achos hyd farwolaeth a all fod i'w
herbyn ? Onid fy mhriod i yw, cannwyll fy llygad ?
Ni wnaeth gam â neb erioed. Mynegwch, ac nid oes
neb a gred un drygair yn ei herbyn.

BARNWR I :   Nid heb bryder a gofid y dygwn yr achos hwn i'w
herbyn. Y mae sôn am ei rhieni ; eu bod yn gyfiawn ;
magasant hi a'i dysgu yng nghyfraith Moses.

BARNWR II :   Ond er iddi wybod y gyfraith o'i hieuenctid, dewis-
odd gyflawni trosedd y mae'r gyfraith honno yn hawlio
marwolaeth erddi.

BARNWR I :   Y mae Joacim, yntau, yn anrhydeddusach gŵr na
neb arall, ac iddo gyfoeth lawer ac urddas ymhlith y
bobl.

BARNWR II :   Ond er hyn oll, ni thybiodd y wraig hon ei bod yn
gwarthruddo enw da ei phriod trwy syrthio i bechod
marwol yn yr ardd hon—yr ardd y gweithredir
cyfiawnder ym Mabilon.

BARNWR I :   Gŵyr pawb hefyd ei bod yn dyner, yn landeg, ac yn
brydferth iawn i edrych arni.

BARNWR II :   Ei glendid a fu'n dramgwydd iddi ; a'r gair da amdani
a fu'n gochl tros ei hanwiredd. Tynner ymaith y
gorchudd oddi ar ei hwyneb fel y cenfydd pawb oll ei
chywilydd hi.
(*Tra fo un o'r* MORYNION *yn gwneud hyn bydd sŵn wylo
anfodlon yn y* DORF, *a thrwy'r sŵn wylofus daw geiriau.*)

YSGRIFENNYDD I :   Gŵr doeth ydyw. Nid rhaid i lendid wrth ddiweir-
deb.

LLAIS I :   O na ! Cywilydd !

LLAIS II :   Ni ddylid . . . !

DANIEL :   Mynnodd borthi ei chwant aflan â'i thlysni . . .

LLAIS III :   Ei gorchudd !

LLAIS IV :   Pa achos hyd angau ?

YSGRIFENNYDD I :   Dylasai dynnu'r llall oddi ar ei hysgwyddau. Gŵr
doeth yw.

95

Y DORF :   Cywilydd ! Nid oes achos ! Marwolaeth ! Gwae !
YR HENADUR :   Gosteg ! Yr ydym yn gwybod eich bod chwi ill deu-
                  oedd yn farnwyr cyfiawn yn Israel ; eich bod wedi
                  eich gwahodd i dŷ Joacim i lywodraethu'r bobl. Gwy-
                  ddom nad yn ysgafn y dygwch yr achos hwn yn erbyn
                  Susanna. Os bernwch hynny'n dda, gosodwch eich
                  tystiolaeth o flaen y fainc.
BARNWR I :   Pan oeddem ni yn rhodio ein hunain yn yr ardd daeth
                  hi, Susanna, a dwy law-forwyn gyda hi. Caeodd
                  ddrysau'r ardd, a danfon ei morynion ymaith.
YR HENADUR :   Ai gwir yw hyn ?
SUSANNA :   Ie. Danfonais fy morynion i gyrchu olew a sebon a
                  thywelion fel yr ymolchwn yn y llyn yn ôl fy arfer.
JOACIM :   Y mae yma dystion i brofi bod hyn oll yn ôl ei harfer.
BARNWR II :   Yna daeth gŵr ieuanc ati. Am hynny y mae cyfraith
                  Moses yn ordeinio bod marw.
YR HENADUR :   Y mae gennych dystion i'r camwedd hwn ?
JOACIM :   (*yn gwylltio*) : Ofer ! Gau ! Anwiredd ! Celwydd !
                  Ni chred neb chwi. Mae eich tystion ?
                  (*Y mae berw anfodlon yn y* DORF.)
LLAIS I :   Ie, ofer . . . Anwiredd . . .
LLAIS II :   Gau . . . Celwydd . . .
LLAIS III :   Ni chred neb . . . Tystion . . .
LLAIS IV :   Mae eich tystion ? . . . Tystion ! !
Y DORF :   (*gyda berw anfodlon*) : Ofer . . . Gau . . .
                  Anwiredd . . . Celwydd . . . Tystion !
BARNWR I :   Gŵr ifanc, talgryf oedd.
BARNWR II :   Ac nid yw urddas a chyfoeth henwr yn gweddu cystal
                  i wraig ifanc ag yw glendid corff a ieuangrwydd
                  gwaed.
JOACIM :   Twyll ! . . . Celwydd ! . . .
                  (*Y mae'r* DORF *yn cydfynd ag ef, gyda murmuron anfoddog.
                  O'r berw daw lleisiau.*)
LLAIS I :   Ofer a gau . . .
LLAIS II :   Twyll . . . Celwydd . . .
YSGRIFENNYDD I : Cyfoeth henwr, manblu ; traed oer henwr, gwaed yn
                  rhew.
LLAIS III :   Nid oes dystion . . . Twyll . . . Celwydd . . .
DANIEL :   Pwy a ddichon ysigo pen sarff Eden ?
JOACIM :   Susanna, gwrando. Nid wyf yn credu.
Y DORF :   Nid yw yn credu . . . Ofer . . . Gau . . . Anwiredd
                  . . . Celwydd . . .

JOACIM : Susanna.   O ! Susanna.   Yr wyt yn gwadu hyn ?
Pwy yw'r llanc ? Ym mhle y mae nad yw yma ?
Twyll yw hyn oll.

BARNWR I : Gŵr ifanc oedd, a phan welsom eu hanwiredd rhed-
asom atynt, ond ni allasom ei ddala ef.

BARNWR II : Agorodd y Drws Dirgel a dianc, ac ni allasom ei
ddala ef am ei fod yn gryfach na ni.

DANIEL : (*yn isel*) : Gwenwyn Sarff !

JOACIM : (*ag angerdd dwys*) : Fy chwaeth ! Ha-ha ! Fy nghyfoeth !
Ti, henadur penwyn, a'm twyllodd. Cytunasoch oll
i'm twyllo ! Nid oes iawnder na chyfiawnder yn
Juda. Dim ond twyll. Twyllo yr ydych chwi, chwi
farnwyr. Dyma wledd—ei glendid hi. Ei hieuangrwydd
—dyna arlwy fras ! Tithau, twyllaist fi. Pwy yw efe ?
Pwy ? Nid oes neb. Twyllo henwr yr ydych. Pwy yw
efe ?

BARNWR I : Wedi inni ddala hon holasom hi pwy oedd y gŵr
ifanc, ond ni ddangosai hi i ni.

JOACIM : O ! wae, gwae, gwae. Gwae imi ganfod dy degwch
di erioed i'm twyllo. O ! Susanna, fy anwylyd, fy
anwylyd, fy nhlysni, pam . . . ? Rhoddais iddi'n hael
o bob cysuron. Megais hi, anwylais hi fel plentyn imi.
Fel yr ymhyfryda gŵr yng nglendid lili, felly yr ym-
hyfrydais innau yn ei phrydferthwch.
(*Dim ond murmur di-eiriau'r* DORF *a glywir, a daw
geiriau* YSGRIFENNYDD I *yn gliriach nag y tybiasai.*)

YSGRIFENNYDD I : Y gwirion ! Nid gwely blodau a fynnodd hi.

JOACIM : Beth ? Beth a ddywedaist ti'r taeog ?

YSGRIFENNYDD I : Dim, f'arglwydd—dim ond ei bod hi yn gain fel gwely
blodau.

JOACIM : Dal dy dafod. Neu a wyt tithau yn eu hysgol gelwydd
hwy, ac yn ysgol dwyll fy ngwraig ? A yw pob corgi
o was hefyd . . . ?

YR HENADUR : Susanna ferch Chelcias, yr wyt yn clywed tystiolaeth
y ddeuwr santaidd hyn i'th erbyn. Gwraig a ddelir
mewn godineb, llabyddir hi â cherrig. A wyt ti yn
ateb y cyhuddiad hwn ?

SUSANNA : Yr oeddwn yn yr ardd fel arfer. Wedi iddynt gau'r
Drysau aeth fy morynion trwy'r Drws Dirgel ar neges-
euon. Yr oeddwn, i'm tyb i, wrthyf fy hun yn
darllen.

YR HENADUR : Yn darllen ? Ym mhle mae'r rhôl y darllenit ynddi ?

BARNWR I : Wele'r rhôl. Ni ddylasai gwraig rinweddol ei darllen hi. Cân nwydlon yw. Bernwch chwi. Dyma'r geiriau a ddarllenai pan oedd y gŵr ifanc ar ddyfod : Ac yn awr dy fronnau fyddant megis grawn-ganghennau y winwydden, ac arogl dy ffroenau megis afalau.

BARNWR II : A gwaeth. (*Gan gydio yn y rhôl.*) Y mae'r geiriau anllad yn cyffesu ei hanwiredd trosti. (*Darllen.*) Eiddo fy anwylyd ydwyf i, ac ataf i y mae ei ddymun- iad ef. Tyred fy anwylyd ac awn i'r maes. Bore- godwn i'r gwinllannoedd ; edrychwn a flodeuodd y winwydden, a agorodd egin y grawnwin, a flodeuodd y pomgranadau : yno y rhoddaf fy nghariad iti.

SUSANNA : Nid yw wiw i mi f'amddiffyn fy hun. Y mae fy mod yn yr ardd yn noeth i ymolchi, fy mod yn darllen cân un o'n beirdd ni ein hunain, yng ngenau'r ddeuddyn hyn yn fy mhrofi'n euog. Gwenwynasant enaid fy mhriod i'm herbyn. I chwi oll y maent yn wŷr duwiol, ac ni chredech fi. Deuwr santaidd ydynt, ac ni chredech fi. Eto yr Arglwydd a wrendy arnaf. Arno ef y llefaf. (*Â'i dwylo ynghyd, a'i llygaid ynghau.*) O Dduw Tra- gwyddol, i'r Hwn y mae pob dirgelwch yn hysbys, a'r Hwn a wyddost bob peth cyn ei ddigwydd. Ti a wyddost gamdystiolaethu ohonynt yn fy erbyn ; ac yn awr y mae yn rhaid imi farw, er na wneuthum i'm hoes y pethau y mae'r gwŷr hyn wedi eu drwg-ddych- mygu i'm herbyn.
(*Y mae dadwrdd yn y Frawdle, rhyw furmur berw yn gyntaf, ac yna'n raddol yn torri'n eiriau—geiriau dwyblaid, o blaid ac yn erbyn* SUSANNA.)

LLAIS I : Euog . . . Cyfraith Moses . . .

LLAIS II : Di-euog . . . Tystion . . .

LLAIS III : Cabledd . . . Diala'r Arglwydd . . .

LLAIS IV : Celwydd . . . Di-euog yw . . .

YSGRIFENNYDD I : Bydd merched Juda mor gall â merched Israel cyn bo hir.

LLAIS I : Cyfraith . . . Cosber hi . . .

LLAIS II : Deuwr santaidd . . .

DANIEL : Di-euog yw.

YSGRIFENNYDD I : Euog yw—o groesi blys y barnwyr.

LLAIS III : Cosber hi . . . Rhaid iddi farw . . . Cyfraith Moses . . . Marwolaeth . . .

LLAIS IV : Euog . . . Cosb . . . Marw . . .

DANIEL :   Etyb yr Arglwydd trosti.
YSGRIFENNYDD I :   Go brin y bydd Efe ei Hun yn mentro croesi'r barn-
                      wyr cyfiawn hyn.
LLAIS I :   Cosber . . . Lleddir . . . Difethir . . .
LLAIS II :   Marwolaeth . . . Putain . . . Twyll . . .
LLAIS III :   Rhagrith . . . Cabledd . . . Daliwyd hi . . .
LLAIS IV :   Tlysni . . . Tramgwydd . . . Marwolaeth . . .
                      (*Tyfodd berw'r* DORF *yn farn gadarn yn erbyn* SUSANNA.
                      Y maent yn gweiddi am ei gwaed.)
YR HENADUR :   Gosteg !
                      (*Yn raddol y daw gosteg. Pan ddaw, y mae tawelwch
                      llethol. Cyfyd* SUSANNA *ei phen wrth eiriau'r* HENADUR ;
                      hynny yw'r unig symud.)
YR HENADUR :   Gosteg ! Susanna ferch Chelcias, **ar** air a chydwybod
                      y ddeuwr santaidd, ac yng ngŵydd dy geraint oll,
                      yr ydym yn dy ddedfrydu'n euog o fawr-ddrwg yn
                      erbyn Joacim dy ŵr, yn erbyn Juda, yn erbyn yr
                      Arglwydd ac yn erbyn cyfraith ei broffwyd ef, Moses,
                      ac yn erbyn dy enaid dy hun. Y mae'r gyfraith . . .
DANIEL :   (*gan ennill canol y llwyfan*) : Gwirion wyf i oddi wrth
                      waed y wraig hon.
YSGRIFENNYDD I :   Paid ! Paid ! Ni chredir di.
YR HENADUR :   Beth yw hyn ? Beth yw'r ymadrodd hwn ?
JOACIM :   A ddichon bod gobaith ganddo ? Ni fynnaf gredu ei
                      obaith mwy. Twyll yw'r cwbl.
BARNWR I :   Nid oes i hwn hawl i lefaru yn y frawdle. Gwas cyflog
                      yw.
BARNWR II :   Dichon mai efe a welsom ni.
YSGRIFENNYDD I :   Ni welsoch hwn. Ni welsoch neb. Nid gwas cyflog
                      yw.
BARNWR I :   (*yn annerch* YR HENADUR) : Pwy yw hwn i siarad yn
                      ein herbyn ni ?
BARNWR II :   Nid oes i was cyflog farn yn Juda.
YSGRIFENNYDD I :   Y mae efe yn perthyn i lys y Brenin ym Mabilon.
                      Y mae iddo hawl. Daniel ydyw.
DANIEL :   Gŵr o Iddew ydwyf, un o feibion Juda. Daniel yw fy
                      enw.
YSGRIFENNYDD I :   Daniel ydyw—neb llai.
YR HENADUR :   *Daniel ?*
                      (*Y mae murmur o syndod yn y* DORF.)
LLAIS I :   Nid *y* Daniel . . . ?
LLAIS II :   Pa Ddaniel ? . . .

LLAIS III :   Y cyfiawn yn y llys . . . !
LLAIS IV :   Yn llys y Brenin . . . !
Y DORF :   Daniel ! Daniel ! ! Daniel ! ! !
                 (*Cyfyd* SUSANNA *ar ei thraed. Try pawb i edrych ar y
                 gŵr ifanc y clywodd pawb am ei ddoethineb.*)
YSGRIFENNYDD I : Efe yn unig sydd yn barnu'n gyfiawn.
JOACIM :   Y mae eto obaith . . .
BARNWR I :   (*gan ddechrau ofni*) : Twyllo y mae. Nid Daniel yw . . .
BARNWR II :   Y mae Daniel yn llys y Brenin. Nid Daniel . . .
                 (*Ond cerdda* DANIEL *yn gadarn ymlaen i'r frawdle ;
                 try ar y ris isaf i annerch y* DORF. *Disgyn distawrwydd
                 dwfn, a thyr geiriau* DANIEL *yn glir ar draws protestiadau'r*
                 DDAU FARNWR.)
DANIEL :   Gwrandewch, O ! Israeliaid. A ydych chwi mor an-
                 synhwyrol â gadael yn euog ferch o Juda heb lwyr-
                 chwilio a gwybod y gwirionedd ? Tystiolaeth celwydd
                 a wnaethant i'w herbyn hi.
                 (*Tyr berw'r* DORF *y distawrwydd a ddilyn eiriau* DANIEL.
                 Tyf y berw'n eiriau.)
LLAIS I :   Tystiolaeth celwydd a wnaethant . . .
LLAIS II :   A wnaethant i'w herbyn hi . . .
LLAIS III :   Llwyr-chwilier . . . Mynner gwybod y gwirionedd . . .
LLAIS IV :   Gadael yn euog ferch o Juda . . . Mor ansynhwyrol . . .
Y DORF :   Llwyr-chwilier . . . Mynner gwybod . . . y gwirionedd
                 . . . Tystiolaeth celwydd . . . i'w herbyn hi . . .
BARNWR I :   Nid wyf i yn ateb i hwn. Pwy a'i edwyn ef ?
BARNWR II :   Nid oes iddo farn yn Juda. Gwas cyflog yw.
YSGRIFENNYDD I : Adwaen i ef. Daniel yw.
Y DORF :   Daniel ! . . . Daeth Daniel . . . i farn yn Juda . . . Y
                 cyfiawn ! . . . Daniel ! . . . Daniel ! . . . Daniel ! ! ! . . .
YR HENADUR :   Gosteg ! Gosteg yn y Frawdle ! (*Daw tawelwch.*)
                 Gosteg fel y gweithreder cyfiawnder. A elli di, O
                 Ddaniel, ddangos barn i ni ? Llefara.
BARNWR I :   Yr wyf i yn gwrthod ufuddhau i hwn. Deuwr sant-
                 aidd ydym ni . . .
BARNWR II :   Gwahoddedigion yn nhŷ Joacim. Nid wyf innau'n
                 ateb i hwn. Barnwyr yn . . .
DANIEL :   O chwychwi hen mewn drygioni, yn awr y daeth eich
                 pechodau a wnaethoch o'r blaen yn eich erbyn, a'ch
                 camfarnau yn gadael yn euog y gwirion ac yn rhydd-
                 hau'r anwir. Gwnaethoch hyn o'r blaen â merched

Israel, ond merch Juda nid arhoai eich anwiredd chwi.
Am hynny y tystiolaethoch ar gam i'w herbyn hi . . .

BARNWR I : Yr ydym yn gwrthod ateb i hwn . . .

BARNWR II : Nid oes iddo hawl i farn arnom ni . . .

Y DORF : Daniel ! . . . Distawer hwynt . . . Daniel ! . . .
Daeth Daniel i farn yn Juda . . . Daniel ! . . .
Daniel ! ! . . .

YR HENADUR : O Ddaniel, y mae iti hawl i lefaru.

DANIEL : Ymneilltuer hwynt oddi wrth ei gilydd ymhell, ac
mi a'u holaf hwynt.

YR HENADUR : Ymneilltuer hwynt.
(*Eir ag un allan. Gadewir y llall. Bydd sŵn cynhyrfus
trwy'r* DORF, *a hithau am osod dwylo ar* BARNWR II, *a
ddygir allan.*)

YR HENADUR : Gosteg !

DANIEL : O farnwr cyfiawn yn Israel ac yn Juda, ateb. Os
gwelaist ti hon, dangos dan ba bren y gwelaist ti hwy
ynghyd.

BARNWR I : Nid wyf yn ateb. Twyll yw hyn. Nid Daniel yw . . .
Ni ddangosaf . . .

DANIEL : (*yn ei ddistewi ag arwydd ei law, ac ag urddas ei osgo a'i
wynepryd*) : Ateb !

YR HENADUR : Rhoddwyd iddo hawl i holi.

BARNWR I : (*gan godi ei ysgwyddau*) : O dan y deri . . . (*Eithr
sylweddola fod* BARNWR II *yn debyg o ddywedyd mai o dan
y ffawydd. Fe'i cywira'i hun.*) O dan y ffawydd . . .

DANIEL : Yr wyt yn sicr ? O dan y ffawydd ?

BARNWR I : Ie, o dan y ffawydd. Ffei ar bawb ! Beth yw diben
yr holl gwestiynau hyn? Y mae hi'n euog. Euog . . .

DANIEL : Ti sydd euog. Gwych y dywedaist gelwydd yn erbyn
dy ben dy hun. Dyger y llall yma !

YR HENADUR : (*gan gyhoeddi*) : Dyger y llall **yma.**
(*Saif* BARNWR I *yn ei unfan. Dygir* BARNWR II *i mewn,
a dodir ef i sefyll ar ochr chwith y Frawdle gyferbyn â*
BARNWR I, *sydd ar y dde. Tyf berw yn y* DORF, *ond etyb*
DANIEL *ei hun ef â'i law.*)

DANIEL : Gosteg ! Nac ynganer gair gan neb. Heddiw yr
Arglwydd a ddial anwiredd hiliogaeth Canaan, ac a
weithreda farn yn Israel ac yn Juda.

BARNWR II : (*wrth ei ddwyn i mewn*) : Nid atebaf iddo. Y mae efe
mewn cynghrair â hi. Efe a welsom ni . . .

DANIEL :   (*gan ei ddistewi yntau ag arwydd ei law ac urddas ei osgo a'i wynepryd*) : O gnaf ! tegwch a'th dwyllodd di a chwant a lygrodd dy galon. Neu os amgen, dangos dan ba bren y gwelaist ti hwy ynghyd.

BARNWR II :   Nid atebaf. Pa hawl sydd ganddo ef . . . ?

YR HENADUR :   Rhoddwyd iddo hawl.

BARNWR II :   Gwrthodaf ateb . . .

DANIEL :   (*gan ei ddal â'i lygad*) : Ateb !

BARNWR II :   Dan y ffawy—(*Eithr dychmyga fod* BARNWR I *wedi dywedyd mai o dan y deri. Fe'i cywira yntau ei hun.*) O dan y deri.

DANIEL :   (*gan ddistewi'r* DORF, *a fyn weiddi*) : O dan y deri ?

BARNWR II :   Ie, o dan y deri. Pa holi ffôl yw hwn ? Euog yw. Gwelsom hi !

DANIEL :   Gwych y dywedaist tithau gelwydd yn erbyn dy ben dy hun.
    (*Tyr berw'r* DORF *bob argae, a mynnant waed y* BARNWYR. *Clywir geiriau.*)

LLAIS I :   Anwiredd . . . Gau . . . Celwydd . .

LLAIS II :   Rhagrith . . . Cabledd . . . Dial . . .

LLAIS III :   Cyfraith . . . Cosb . . . Etyb yr Arglwydd . . .

LLAIS IV :   Hiliogaeth Canaan, nid Juda . . . Cnaf . . . Chwant . . . Tlysni . . .

Y DORF :   Llabyddier hwy . . . Difether . . . Cosber . . . Dialer . . . Susanna, Joacim . . . Cyfiawnder . . . Daniel ! . . . Daniel ! ! . . .

YR HENADUR :   Gosteg ! Gosteg !

DANIEL :   Angel yr Arglwydd a dderbyniodd farn Duw. Y mae angel yr Arglwydd yn aros â'r cleddyf ganddo i'ch torri chwi yn eich hanner, ac i'ch difetha chwi eich deuoedd.
    (*Plyg y* DDAU FARNWR, *un bob pen i'r Frawdle, â'u pennau ar ris isaf honno. Try* JOACIM *at* SUSANNA *i'w hanwylo, ac i dynnu'r gorchudd tros ei hwyneb. Cyfyd* YR HENADUR *ei fraich fel i gyhoeddi symud y* BARNWYR.)

YSGRIFENNYDD I :   O Ddaniel ddoeth, gwyddwn y dôi barn trwot. Ond ym mhle y mae cael copi o'r gân yna ? Ha ! Ha ! Ha !
    (*Ac ynghanol hyn oll clywir canu ysgafn y Sallwyr. Cynhydda hwnnw nes boddi pob dim arall. Saif pawb yn llwyr-lonydd hyd pan orffenno mewn seiniau cyfoethog, llawn. Dechreued y Llen ddisgyn yn araf pan gychwynnir canu cymal olaf y Sallwyr. "Yna y llefodd yr holl gynulleidfa â llef uchel gan foli'r Arglwydd.")*

"Bendigedig wyt ti, Arglwydd Dduw ein tadau,/ i'th
foliannu, ac i'th dra-ddyrchafu yn dragywydd.
"Bendigedig wyt yn nheml dy sanctaidd ogoniant,/
a **thra-**chanmoladwy a thra-gogoneddus yn **dragyw-**
ydd.
"Cyffeswch yr Arglwydd am ei fod yn ddaionus ;/ am
fod ei drugaredd yn dragywydd.
"Pawb oll ag sydd yn ofni'r Arglwydd, bendithiwch
Dduw'r / duwiau ;/ molwch ef, a chydnabyddwch
fod ei drugaredd yn dragywydd."

Llen a Golau

Ynys Afallon

Drama Symbolau Un Act ar Hanes Cymru

RHAGAIR

A ragwelodd Melory y cyfnewid anhepgor, a'r rhaid oedd ar hen bethau i fyned heibio gydag uno Cymru â Lloegr yn nyddiau'r Tuduriaid?

Yn YR ATHRO, Mawrth 1931, y dysgwyd fi mai cof anwybod y Cymry yw Ynys Afallon.

Mr. Iorwerth Peate, (*Cymru a'i Phobl*), a'm dysgodd am weundir y mynyddoedd a gwastadedd y dwyrain. Gwelodd Ceiriog hefyd "fab y mynydd oddi cartref."

Eithr yr Athro Gwynn Jones biau "Ymadawiad Arthur". Rhyfyg ynof yw ei defnyddio mor hael i bwrpas y ddrama hon.

AMSER Y CHWARAE

Rhywbryd yn oes y Tuduriaid. Y dyddiad pwysicaf yw 1536

CYMERIADAU'R CHWARAE (yn nhrefn eu dyfod i'r llwyfan)

<table>
<tr><td>MILWR</td><td>LLYWARCH HEN</td></tr>
<tr><td>DYN</td><td>OLWEN</td></tr>
<tr><td>LLEIAN</td><td>Y FERCH FACH</td></tr>
<tr><td>RHIAIN</td><td>ARTHUR</td></tr>
<tr><td>YR AIL RIAIN</td><td>BEDWYR</td></tr>
<tr><td colspan="2">CÔR RHIANEDD AFALLON</td></tr>
</table>

GOLYGFA'R CHWARAE

Llannerch rhwng creigiau ar lan llyn. Hwyr o haf yw hi, a'r dydd yn marw'n dawel. Cyfyd y lleuad pan fo'r Côr yn canu tua'r diwedd.

GOLYGFA

Gwelir llyn glas rhwng creigiau, a llain esmwyth yn estyn ato yn y canol. Ar y creigiau ar bob ochr mae :

> Dibrin flodau'r eithin aur,
> Mal haen o gylch melynaur ;
> A'r grug fel esmwyth hugan
> O ffwr gwyrdd a phorffor gwan ;
> Gwrid yr haul a grwydrai hyd
> Y bau, bron, bob rhyw ennyd
> Yn newid lliw a dull hon,
> A'i hen weddau'n newyddion.

Saif Milwr yn pwyso ar y graig i'r dde, gan hogi ei gleddyf ar ddarn danheddog. Y mae amdano wisg draddodiadol milwr mewn cartŵn,—pan fyddys yn darlunio milwyr ein gwlad ein hunain,—helm a llurig a sandalau. Wedi ysbaid o hogi, o redeg bawd ar hyd y min, ac o drywanu'r awyr, daw Dyn yn ddisymwth ddistaw ymlaen. Gŵr bonheddig ydyw, wrth ei big, gyda'i esgidiau ysgafn, cot cwtws-fain, adenydd i'w goler a het uchel. Y mae yn dal, gyda gên bendant a thrwyn hir. Gŵr y bywyd cyhoeddus ydyw.

Pan ddealla'r milwr ei ddyfod try yn chwim, a sefyll ar osgo barod i drywanu . . .

MILWR :	Saf ! Ar dy einioes.
DYN :	(*gan sefyll yn hamddenol*) : Ha, ha. O'r gorau, 'ngwas i . . . Sut fin sydd ar dy gleddyf di ?
MILWR :	Saf neu cei ei deimlo,—yn dy berfedd. (*Yn craffu arno*). Rwy i'n dy nabod di, goelia i ?
DYN :	(*yn ddihidio*) : Wyt, debyg iawn. Adar o'r unlliw . . . (*gan gyfeirio at y frwydr ar y chwith*) . . . O'r unlle sy'n iawn, tro yma. Pam nad wyt ti ar Gamlan yn gwaedu gydag Arthur ?
MILWR :	(*yn distwn y cledd ac yn pwyso ar y graig*) : Ydw, ydw, rwy'n dy gofio di. Ti oedd yn arfer sgrifennu achau yn y llys, ac yn esgus caru'r merched. Roedd hi'n talu'n go dda iti. Byd go dda oedd eich byd chwi'r cyfreithwyr,

—chwi'r beirdd. Mêl a moethau i gyd. Ond ni fydd dim achau, ar ôl heddi. Ond mi ddylai fod mynd go lew ar farwnadau, e ? Maen nhw'n talu'n dda.

DYN : Bachgen, ni feddyliais dy fod ti a mi yn nabod ein gilydd cystal . . . Weldi, dwyt ti ddim yn credu bod gobaith i'th fath di a mi wrth ddilyn ar ôl Arthur ? Mae genny gynnig da i ti, was. (*Mae ei osgo yn awgrymu mwy na'i eiriau.*) Gwrando. Mae tywysogion pendefigaidd Cymru wedi eu difa . . .

MILWR : Wel ?

DYN : Fe'm gelwaist i yn gyfreithiwr. Cyfreithiwr wyf i mwyach i'r byd a'r betws, nid bardd bellach.

MILWR : Ti oedd yn dy alw dy hun yn fardd. Mae'r ddeddf yn talu'n well na'r awen . . . Gwell brawdlys na llys tywysog mwy.

DYN : Ie, wrth gwrs. Fe dâl y ddeddf yn well i tithau.

MILWR : Beth ? A wyt ti am wneud cyfreithiwr ohonof innau ? Gwarchod fi ! (*Ymsytha "at attention" : cleddyf "present arms". Neidia Dyn o'r ffordd rhag ofn.*)

DYN : Y dyn ! Un peryglus wyt ti. Rho'r peth yna lawr, a phaid â bod mor bigog. (*Daw yn ôl, pan wêl ddodi'r cledd yn y wain, gan wthio'i gyfrinach â'i gorff.*) Mae gen i well peth i ti na chyfreithia. Mae rhyfel yn dy waed . . . (*erys*) . . . ac yr wyf i yn cynnig iti ogoniant newydd rhyfel.

MILWR : Gogoniant newydd rhyfel ? Gogoniant rhyfel newydd wyt ti'n feddwl.

DYN : Nage, ddim. Gogoniant newydd sbon. Nid oes anrhydedd i neb yn rhyfeloedd bach y tywysogion. Fydd dim tywysogion bach ar ôl cyn hir, ychwaith. Ond y mae gogoniant mwy yn dy aros di, ond iti wrando arna i. Gogoniant rhyfeloedd brenin Lloegr. A wyddost ti beth, mae arna i chwant troi'n filwr, tramwyo byd, cerdded moroedd, tan gysgod enw Lloegr,—a thâl am hynny. Dyna yw'r gogoniant newydd.

MILWR : Ie, ond . . . Pam na throi di'n filwr, ynte ? Ofn cael dolur ?

DYN : Na, na, dwyt ti ddim yn deall. Mae ar frenin Lloegr angen dy wasanaeth di, a minnau. Ni wna i fawr o filwr, ond amdanat ti . . . (*a theimlo'r gewynnau tynn. Ymsytha'r milwr ac ymfalchïo.*) Llunieidd-dra corff a glendid cryfder, ti biau rheiny. Bechgyn fel ti, a chyrff glân, sydd eisiau ym myddin y brenin.

MILWR :   Dyna mae'r cigfrain a'r bleiddiaid yn 'i ddweud erioed.
DYN :   Ond gwaith pen, gwaith ymennydd, a ofynnir gennyf i.
MILWR :   Ar f'enaid i ! Ar dy fennydd rwyt ti wedi arfer byw. Ond
            os yw'r anrhydedd i mi wrth chwifio lluman Lloegr, a
            rhoddi'r byd yn ei le i'r brenin mawr yma, beth sydd ar
            ôl i'th ymennydd di wedyn ?
DYN :   Y machgen glân i, bydd raid i'r brenin gael cyfreithiau.
            A glywaist ti am Senedd Llundain ? A dim ond pobl y
            gall e ymddiried ynddynt y mae'r brenin am gael yno.
MILWR :   Dwyt ti ddim yn dweud ! Dyna pam mae e'n ei llanw hi
            â chyfreithwyr, debyg iawn. Ond wedyn, a'm bod i'n
            dod i'r fyddin . . . ?
DYN :   Cofia di fod y byd yn ehangach lawer na gororau Cymru.
            Elli di ddim gwella dim ar dy fyd yng nghwmni tywys-
            ogion bach Cymru. Ond tan frenin Lloegr, mi elli ddod
            yn ben ar fyddin fawr, yn gapten, yn dywysog, yn ŵr
            mawr. Cei golofn goffa o farmor wedi iti farw, pensiwn
            i'th blant am byth, a dysgir dy wrhydri yn yr ysgolion.
            Megir yno filwyr ifainc wrth y miloedd i'th ganlyn, a
            bydd gennyt ti lawer cyfandir helaeth i'w orchfygu cyn
            bo hir. Mae brenhiniaeth brenin Lloegr ar gynnydd
            gwyllt. Dyma gyfle iti ym mhedwar ban byd. A beth all
            sefyll o'th flaen ar dir, a môr ? Gyda ni mae'r llongau
            cyflymaf, a'r cyfoeth i berffeithio arfau. A welaist ti'r
            powdr newydd sy'n chwythu gwelydd cestyll yn chwil-
            friw ? Does dim a all sefyll o'th flaen.
MILWR :   Nid yw'r gwledydd eraill yn gwybod am y powdr ?
            Gyda ni y mae ef i gyd ?
DYN :   Nage, nage. Mi fydd pawb yn ei ddefnyddio.
MILWR :   O wel—
DYN :   Bydd raid i ni ddefnyddio mwy na hwy, dyna'i gyd.
MILWR :   A hwythau fwy na ninnau wedyn.
DYN :   A ninnau fwy drachefn.
MILWR :   Pwy sy i dalu ? Y Senedd ?
DYN :   Trefnu mae'r Senedd. Gwneud i weision ffermydd dalu
            y mae hi.
MILWR :   Diawst i, dyna dda ! A beth sy'n dod iti ?
DYN :   Dim byd, dim ond pwys cyfrifoldeb llywodraeth y
            brenin.
MILWR :   Bachgen, mae dy deyrngarwch di'n codi cywilydd arna i.
            Dim pres o gwbl ?
DYN :   Dim dime. Hynny yw, dim—

MILWR :   O rwy'n deall. Fe all cyfreithwyr brenin Lloegr gyn-
ffonna llawn cystal â beirdd tywysogion Cymru. Ar y
fencos i, mae'n rhaid i ti ddod ymlaen !

DYN :   Fe lwyddi dithau, ond iti wrando arna i. Y man gorau i
ni'n dau yw tan nawdd Tywysog Mwya'r Byd, ar fin y
cyfleusterau newydd i gyd. Beth wyt ti'n ddweud ?

MILWR :   Wn i ddim. Tra fydd Caledfwlch, wfft i'r powdwr, wfft
i'r senedd, wfft i frenin Lloegr.

DYN :   Gydag Arthur y mae'r cledd. Nid wyt ti gydag Arthur
yn ei angen.

MILWR :   (*gan bwyntio llaw i'r chwith*) : Rhoddais gip ar Gamlan
gynneu fach. Nid oedd neb ond Bedwyr yn sefyll gydag
Arthur. Fe sy'n cadw Caledfwlch hyd yn hyn; efallai—
pwy a ŵyr—

DYN :   (*yn deall*) : Ardderchog. Os enilli di Galedfwlch, beth a
all sefyll o'th flaen ? Caledfwlch, ysbryd tân y Cymry,
a llongau Brenin Lloegr. Dy nerth di a'm doethineb
innau—sut mae iti ddod o hyd i'r cledd ?

MILWR :   (*yn fwy gofalus*) : A ddywedais i rywbeth am hynny te ?
Cleddyf Arthur yw Caledfwlch.

DYN :   (*yn sylweddoli iddo ddangos gormod brys*) : Naddo, naddo,
wrth gwrs. Arthur biau Caledfwlch. Ond y mae Arthur
yn gwanhau. Dyna pam y dylet ti a fi ymuno i amddiffyn
buddiannau'r genedl. Dyna ddiben byddin Brenin
Lloegr. Amddiffyn. Ie'n wir, ti yw'r dyn i ofalu am
Galedfwlch. A dywedwn innau wrthyt beth i wneud ag
ef. Meddwl di am y peth eto. Ond ar fy ngair, ti yw'r
dyn—ti yw'r dyn.

MILWR :   Edrych, mae rhywun yn dod.

DYN :   (*yn troi*) : Dwy ferch. Bah ! Wyt ti'n eu hadnabod ?

MILWR :   Nac ydwyf—ddim o'r pellter yma.

DYN :   Lleian yw un, wrth ei gwisg. Beth sydd yn llaw'r
llall ?

MILWR :   Ni allaf weld. Crwth, debyga i.

DYN :   Gad inni guddio. Efallai y gallwn glywed rhywbeth
gwerth gwrando arno. Mae'n rhyfedd fel mae'r ofer-
goelion yma'n dilyn ei gilydd. (*wrth fynd*) : Caledfwlch
a'i rin, delwau'r crefyddwyr, a chanu ffôl penceirddiaid.
(*Gwelir y ddau'n clustfeinio droeon. Daw dwy Riain landeg
o'r chwith. Lleian yw un, yn dwyn y pader main am ei gwddf.
Llaeswisg dywyll sydd am y llall, a hugan lliw tros ei hysgwyddau,
yn debyg i urddau gradd Prifysgol. Y mae tresi hirion ei gwallt*

yn rhydd tros ei hysgwyddau. Ni welir ond wyneb y lleian, (Och, Dduw Tad, na chuddiwyd hwn). Rhodiant yn ben isel at lan y llyn, ac edrych trosto ennyd, a'u breichiau ynghlwm tu ôl. Yn araf trônt a dychwelyd gam o'r lan, a'r lleian yn rhifo'r pader main.)

LLEIAN :   Och, na fedrwn adrodd pader.

RHIAIN :   Ni allaf innau ganu yrhawg.

LLEIAN :   Y mae ansicrwydd am a fydd yn llethu ysbryd.

RHIAIN :   Ein cysur yw na fydd dim rhaid hir aros.

LLEIAN :   Awgrymodd y caem groesi'r llyn i hedd Afallon gydag ef.

RHIAIN :   Gorchmynnodd inni aros ar y marian hyd pan ddêl. "Efallai," ebe ef, " y cawn yn nhir Afallon wella o'n clwy".

LLEIAN :   Danfonodd Fedwyr ar neges at y llyn, ac ar a ddigwydd yno y saif ein tynged ni. Paham yr oeda Bedwyr cyd, na ddaw ?

RHIAIN :   A gorfu arnom adael Arthur er ei glwyfo'n dost. Gwae fyth ar Gamlan yn ei gwaed.

LLEIAN :   A melltith Eglwys Dduw ar Fodred fyth, a'i hil.

RHIAIN :   Ond pam yr oeda Bedwyr cyd ?

LLEIAN :   Ni wn.

RHIAIN :   Fe'i gwelaist ef yn dwyn Caledfwlch yn ei law ?

LLEIAN :   Do, a synnu. Ni fu'r glaif yng ngofal neb ond Arthur hyd yn hyn.

RHIAIN :   Nid oedd ond brenin a allasai ofalu am y llafn fflam a gemau glwys y dwrn.

LLEIAN :   Ni fedr Bedwyr drin y cledd, er cyn ddewred ydyw ef.

RHIAIN :   Os collir ef, nid erys dim o'r byd a adwaen i. Aeth heibio bob hen bethau.

LLEIAN :   Heb Galedfwlch, ni bydd Arthur, na llu na llys yn Arberth na Chaer Llion. Derfydd pob cwrteisi : derfydd dawn.

RHIAIN :   Fy chwaer, o chollwn ni Galedfwlch, anghofir ninnau hefyd. Â addysg y Penceirddiaid ar ddifancoll ; ni chlywir dy laswyrau na'th baderau di.

LLEIAN :   Mae ofn amdanom ni ein hunain ymron trechu ein ffydd. Dichon mai cuddio'r cledd tros dro mae Bedwyr, ei guddio rhag i Arthur yn ei wendid ofalu gormod erddo.

RHIAIN :   Odid y gellir hudo Bedwyr â'r gemau glân a'r ddeufin llym ?

LLEIAN :   Mae gwannach gwŷr na Bedwyr. Pe gwyddai rheiny ei guddio ef—*(Rhuthra Milwr allan yn wyllt. Daw Dyn ar ei ôl gan geisio ganddo arafu ei fyrbwylltra.)*

MILWR :   Mae'n rhaid imi ei gael ! Mi fynna i ei gael !
DYN :   Aros ! Gwrando. Dwyt ti ddim gwell. Aros. (*Cilia'r rhianedd at y llyn mewn braw.*) Garw na buasit wedi aros.
MILWR :   (*yn nesu yn fygythiol*): Fe wyddant ym mhle mae. Fe'u clywaist yn dywedyd ei fod wedi ei guddio ganddynt. Fe'u gorfodaf i gyffesu. (*Gafaela yn arddwrn y Lleian a chwifio ei gleddyf noeth o'i blaen a'i thynnu i ganol y llwyfan*) Ymhle mae Caledfwlch wedi ei guddio? Ym mhle mae'r cledd? (*Rhydd dro i'w harddwrn ac all hi ddywedyd dim gan boen*). Ym mhle mae'r cledd ? Wyt ti'n cyffesu ?
RHIAIN : (*a ddaeth i'r canol*) : Ni wyddom ni.
DYN :   Dyna ti—wedi difetha'r cwbl nawr.
MILWR :   Yr ydych yn disgwyl Bedwyr, yn ei ddisgwyl i guddio Caledfwlch. (*Teifl y Lleian oddi wrtho nes iddi droi drithro cyn cwympo yn erbyn y graig*.) Mae'n rhaid i mi ei gael. Mi chwilia i bob twll a chornel ar y traeth nes dod o hyd iddo. Y fi yw'r dyn ! Y fi yw'r dyn ! (*Ac â ymaith mewn sŵn a thrwst*.)
DYN :   (*yn chwerthin am ei ben*) : Y ffŵl gwirion ! Capten, wir ! Môr-leidr, mwy na thebyg. (*Try at y rhianedd yn fonheddig gan godi ei het*.) Eich pardwn'foneddigesau. Mae'n ddrwg gen i amdano fe. Fe'ch tarfodd chwi. Y mae wedi colli arno'i hun rwy'n ofni. Mae'n ddrwg gen i iddo eich trin chwi mor arw.
RHIAIN : Diolch i chi, syr.
LLEIAN : (*yn cyfri'r pader main*) : Diolch.
DYN :   Ond dywedwch, beth yw hyn am Arthur ? Ni allwn lai na chlywn rai o'ch geiriau. Nid yw'n debyg y collir yr hen gleddyf ? Gwaddol mwyaf anrhydeddus y genedl. Dylai pawb ymdrechu i gadw hwnnw ar bob cyfrif. Os yw Arthur yn rhy wan, dylid gwneuthur rhywbeth. Ffurfio pwyllgor efallai ? Rwy i'n cynnig—bydd yn iawn i ni'n tri fod arno—ni allasem gael gwell pwyllgor. Dyma'r eglwys, dyma hen addysg y wlad, addysg y Pen-ceirddiaid. Dyma finnau, bydd fy enw i'n gaffaeliad i'r pwyllgor. A chaf gyfle i bwysleisio pwysigrwydd diogelu'r hen ogoniant ym mhob gŵyl a ffair a chymanfa. Mae holl enaid y Celt yng Nghaledfwlch. Ellwch chwi ddim dywedyd ym mhle y mae yn awr ? I ni gael bod yn barod ? Ni ddylid gwastraffu amser ar achlysur fel hyn.
LLEIAN : Ni allwn ddywedyd dim. (*Yn cilio rhagddo*.)

DYN : (*yn canlyn*) : Ond gwyddoch fwy na neb arall. Os collir ef, os collir fflam ein bywyd, bydd arnoch gyfrifoldeb trwm.

RHIAIN : Ni allwn ddywedyd dim.

LLEIAN : Nid oes inni gennad i rannu cyfrinach â dieithriaid.

DYN : (*yn colli amynedd, ac yn tyfu at huotledd erbyn y diwedd*) : Dieithryn, ai e ? A ninnau wedi bod yn y llys gyda'n gilydd, ac yng nghwmni'n gilydd gymaint ? Cywilydd arnoch. Dywedwch y gwir, ni fynnwch gydweithio â mi. Mae eich pennau chwi'n y gwynt, ferched y gwŷr mawr ! Nid ydych chi am gadw Caledfwlch ! Beth ydych chwi ? Dim ond adfeilion hen bethau ; ysgerbydau slawer dydd. Mae'ch dydd chwi wedi hen ddarfod. Dof â merched glanach, merched iau na chwi yma. A ffarwel i chwi a'ch bath wedyn ! (*Gan hanner benderfynu gafael ynddynt, gwaedda*) : Gwell yw i chwi ddywedyd. Mae gen i awdurdod i'ch gorfodi ! Ble mae Caledfwlch ? Ble mae'r cleddyf ? Mae'n rhaid i mi ei gael. Ble mae ef ? (*Gwêl nad yw bygwth yn tycio a thry drachefn i watwar*) : Twyll. ! Gwagedd ! Esgusion gwag ! Wfft i chi, a ffafr y Tywysogion ! Myfi fydd dyn y bobl fawr, y bobl sy'n cyfrif. Darfu amdanoch, hen gysgodion oer y gorffennol. Pethau marw ydych—marw fel eich delwau gwynion chwi. Delwau gwynion marw. Symbolau anobaith Cymru na fynn newid ! Caledfwlch ? Beth yw Caledfwlch ? Pa golled fydd o'i golli ? Dim. Gorau oll po gyntaf y collir ef. Llesteirio geni'r byd newydd y mae, byd newydd concwest, byd darganfod, byd ymestyn i'r tu hwnt, byd yfory, fy myd i. Yn hwnnw ni fydd dim lle i deganau, teganau ffôl fel Caledfwlch, y crwth, y pader main a'r allor, yr iaith Gymraeg a phob sentimental-eiddiwch difudd, pob ofergoel. Hyn yw doethineb y gwastadedd. Daw un brenin, un ddeddf, un senedd, un iaith. Hon ydyw'r ffydd, a thrwyddi y mae llwyddo. Myfi yw'r dyn sy i ddod ymlaen, trwy gefnu ar eich crynswth ofergoelion. (*Blinodd y rhianedd a throi i wylio'r llyn. Try yntau i'w gadael, ond cyn iddo fynd o'r golwg gwaedda'r Rhiain, a thry yntau yn ôl i edrych.*)

RHIAIN : Ha, dacw Fedwyr. A weli di ef, draw ?

LLEIAN : (*yn dilyn cyfeiriad braich y* RHIAIN) : Ymhle ?

RHIAIN : Draw, ar y drum, a'r haul yn fflam ar lafn Caledfwlch. Edrych, i'r drum draw.

LLEIAN :   Fe'i gwelaf ef. O geinder lliw'r eirias lafn.
RHIAIN :   Paham y chwifia Bedwyr ef ? Och, edrych, gwêl y
torchau tân, y tân !
(*Daw golau llachar tros y llyn, o'r chwith, lle saif Bedwyr, a
boddi yn nŵr y llyn ar y dde. Saif y rhianedd yn eu hunfan, gan
guddio eu llygaid rhag y tanbeidrwydd.*)
DYN :   Mae rhywbeth rhyfedd wedi digwydd. Beth oedd y tân ?
Beth sy'n bod ? (*Ac i ffwrdd ag ef. Try'r rhianedd o'r llyn,
a gwelir bod y ddwy yn wylo.*)
RHIAIN :   Yr oedd gwirionedd ym mhroffwydo'r taeog ffôl.
LLEIAN :   Paid â cholli ffydd, f'anwylyd. Daw eto obaith gwell.
RHIAIN :   Pa obaith gwell all ddod ? Gwelaist Fedwyr wallgo'n
hyrddio'r cleddyf nerth ei fraich i'r llyn. Aeth gydag ef
anadl einioes ein hil ni, i ddwfn anghofrwydd bro trall-
odion. O Fedwyr drist, gwae'r dydd y collaist tithau ffydd !
LLEIAN :   Fy chwaer, bydd bwyllog. Gwrando. Gwelais innau'r
glaif yn disgyn at y dŵr, a gwyliais ef. Gwelais law wen
yn gafael yn ei ddwrn, a'i dynnu'n gryf o dan y dŵr. Nid
hap gwallgofrwydd hyn. Y mae rhyw ystyr hud annirnad
yn y llyn.
RHIAIN :   Wyt tithau'n wallgof ? Ai dim ond fi sy'n gall, a chennyf
bwyll ? O dynged flin !
(*Penlinia ar lawr wrth siarad, a dechrau canu'r crwth yn dyner
wylofus. Clywir ceinciau "Morfa Rhuddlan". Yn araf cyfyd
y Lleian ei phen a chlustfeinio. Daw llais merch yn canu
gyda'r tannau. Daw llong i'r lan o'r dde, a'i hwyl fel rhwyd
wedi'i hulio o wawn, a heulwen nawn wedi'i dal yn honno.
Disgyn rhiain mewn gwisg wen a cherdded tan ganu at y lleill.
Saif rhwng y ddwy ; penlinia'r Lleian hefyd ; rhydd yr ail
riain hon ei dwy law ar bennau'r naill a'r llall. Wedi iddi
orffen canu, safant ennyd fel y maent, yna estyn yr Ail Riain
law i'r ddwy a'u codi i'w cysur.
Llithra'r llong o'r golwg wrth raff tu ôl i'r creigiau.*)

YR AIL RIAIN :   Draw dros y don mae bro dirion nad ery
Cwyn yn ei thir, ac yno ni thery
Na haint na henaint fyth mo'r rhai hynny
A ddêl i'w phur, rydd awel, a phery
Pob calon yn hon yn heiny a llon,
Ynys Afallon ei hun sy felly. (*Cwyd y ddwy.*)

LLEIAN :   Nid ydym yn d'adnabod, ond y mae cysur yn d'eiriau.
                    Ai gwir bod bro dirion draw dros y don ?
YR AIL RIAIN :   Gwir. Mae yno dir lle nad ery cwyn.
RHIAIN :   Y tir soniodd Arthur wrthym amdano. Ac ni thery haint
                    neb yno ?
LLEIAN :   A fydd llawenydd yno yn dragywydd ?
YR AIL RIAIN :   Ynys Afallon ei hun sy felly. Cân dithau'r crwth, a
                    gwrando.
                    (*Cân eto*) :

                            Yn y fro ddedwydd mae hen freuddwydion
                            A fu'n esmwytho ofn oesau meithion ;
                            Byw yno byth mae pob hen obeithion,
                            Yno, mae cynnydd uchel amcanion ;
                            Ni ddaw fyth i ddeifio hon golli ffydd,
                            Na thro cywilydd, na thorri calon.

                    A ydych chwi yn deall ?
RHIAIN :   Fe'n dysgwyd am Afallon, a ni'n blant. Y mae fy enaid
                    yn hiraethu am yr hedd sydd yno.
YR AIL RIAIN :   Fe fûm unwaith ar fin colli ffydd, pan euthum i Afallon.
                    Deuthum heno i'ch dwyn yno gyda mi, i'ch iachau.
LLEIAN :   A oes dramwyfa rhyngom ni ag Afallon ?
YR AIL RIAIN :   Oes. Oddi yno y deuthum. "Yno mae hen freuddwydion
                    a fu'n esmwytho ofn oesau meithion". Am hynny y
                    dygwyd finnau yno gynt a dychwelyd heno i'ch dwyn
                    chwi gennyf.
RHIAIN :   Ni allaf ddeall. Pwy ydwyt ti, ynteu ?
YR AIL RIAIN :   Cyn dyfod y dyddiau blinion hyn yr oeddwn i yn Hen-
                    dŷ-gwyn ar Daf yng nghwmni Hywel Dda. Pan orfu
                    ar Gymru dderbyn deddfau estron, cipiwyd finnau i
                    Afallon. Heno gorfu ar Walia anghofio ei phaderau a'i
                    llaswyrau. Cei dithau (*wrth y lleian*) ddyfod i Afallon.
RHIAIN :   A edir fi fy hun ar ôl ?
YR AIL RIAIN :   Cei dithau hefyd ddyfod. Nid erys cof am grefft y
                    beirdd na sôn am addysg y penceirddiaid. Mynnir
                    deddf a defod, dawn a dysg, o'r gwastadedd hwnt i
                    weundir y mynyddoedd.
RHIAIN :   Ni allaf ddyfod, a gadael Arthur yn ei glwyfau wrtho'i
                    hun.
YR AIL RIAIN :   Bydd yntau hefyd yn Afallon. Daw epil Modred i
                    lordio'r byd o Lundain.
LLEIAN :   Ai Modred a orchfygodd heddiw yng nghad Gamlan ?

YR AIL RIAIN :   Archollwyd Arthur hyd at angau, ond yn Afallon fe'i
hadferir ef.   Nid oes fyth anghofio llwyr.   Yn nirgel
erwau'r bêr Afallon erys Arthur hyd pan ddaw eto'n
ôl mewn nerth.   Llef isel cyni eich enaid chwi a'm galwodd
i ; fe'i gelwir yntau.   Ond rhaid i mi ddychwelyd heno.
Nid yw Cymru'n barod.

LLEIAN :   Bro cof yr anwybod yw Afallon, lle mae pawb yn disgwyl,
yn disgwyl cael dychwelyd i'r ymwybod llawn.   Ai
felly mae ?

YR AIL RIAIN :   Mae rhin yn ei hawelon sy'n peri cofio ac ymegnïo.
(*Cymer y crwth a chanu eto*) :

  Yno mae tân pob awen a gano,
  Grym, hyder, awch pob gŵr a ymdrecho ;
  Ynni a ddwg i'r neb fynn ddiwygio,
  Sylfaen yw byth i'r sawl fynn obeithio ;
  Ni heneiddiwn tra'n noddo,—mae gwiw foes
  Ac anadl einioes y genedl yno.

(Tra bydd yn canu, daw LLYWARCH HEN *ac* OLWEN *yn dawel
ddigyffro o'r chwith a gwrando.   Ymddengys y clogyn llaes
sydd amdano fel toga Rhufeinwyr.   Y mae ei ben yn noeth a'i
wallt a'i farf hirllaes yn nodedig.   Glas ydynt,—ond glesni ir
ydynt, ac nid gwynder crin.   Y mae'n hen heb fod yn fusgrell.   Y
wisg Gymreig sydd am Olwen.   Mae'i het uchel yn ei llaw a
gwelir ei gwallt cyrliog tan y fonet.)*

LLYWARCH HEN :   (*wedi'r canu*): Gwir ydyw'r gair.   "Mae gwiw foes ac
anadl einioes y genedl yno."   Clywsom ganu, a dyfod
atoch.   Arhoswn, od oes groeso, hyd oni ddelo Arthur.
Pan ddêl, bydd raid cysuro Bedwyr.

RHIAIN :   Rhaid.   Rhaid.   Rhaid.   Mae'r gair anesgor ar dafodau
pawb.   Rhaid yw i ninnau fyned gydag ef.   Rhaid yw i
Fedwyr aros.   Ba raid sydd arno ?   Ba raid na ddeui
dithau, ddewin, i Afallon ?

LLYWARCH :   Fy nhynged i yw aros yng ngweundir y mynyddoedd.
Myfi, myfi fy hunan, sydd gynefin â phob newid.   Sylwedd
fy noethineb yw "Y treiddir trwy bob newid, bid fel y bo."
Aeth Hywel Dda i Afallon ac nid oes heddiw nemor neb a
ŵyr am ddeddfau'r Hen Dŷ Gwyn ar Dâf.   Ond clywais
alw ar gyfiawnder, a'th ddwyn di i Afallon.   Blinwyd
ar y newid fu ; bydd eto newid mwy.   Rhaid anorfod
newid a'ch dug chwi i Afallon.   "Di-fonedd fyd a fynnir".
Rhaid fydd eich myned chwi.

YR AIL RIAIN :	Ba raid sydd arnom adael Bedwyr ?
LLYWARCH :	Nid gwiw it geisio gwybod mwy na hyn yrhawg. Fe gredodd ef fod rhin ar grawc brân groch ar bren oedd grin, a gwrando honno rhagor gair ei lyw. Cuddiodd Galedfwlch ddwywaith yn y grug gan gredu y gellir rhyddid trwy y cledd ac Arthur yn ei glwyfau.
OLWEN :	Ai Bedwyr sydd yn dod ? (*Rhuthra Dyn i mewn a Merch ifanc gydag ef. Gwêl ddieithriaid, saif, tynn ei het yn fonheddig a nesu at y lleill. Ceidw'r ferch yn agos ato. Y wisg Biwritanaidd sydd amdani. Plentyn ydyw.*)
DYN :	(*gan foesymgrymu*): Rwy'n falch gweld cwmni gyda chwi. A wyf i'n adnabod neb ohonynt? Merch a fegais i yw hon.
RHIAIN :	Mae'n debyg mai dieithriaid ydynt hwy i ti. Bu'r ferch fonheddig hon o'r wlad yn hir. Ei llong sydd ar y llyn. Ni ellir disgwyl iti gofio Llywarch Hen ychwaith. Dylasit gofio Olwen.
OLWEN :	Gŵyr pwy ydwyf ac adwaen innau ef. Arferai ganu clodydd tywysogion yn y llys ac adrodd chwedlau ym mythynnod perfedd gwlad. Anghofiodd fi. Haws codi plant dieithriaid na chadw ffydd â mi.
YR AIL RIAIN	Nid oes a fynni di â gwerin Gwalia mwy ?
DYN :	Nid ydych yn deg â mi. Rwy'n siwr na wneuthum i ddim cam â hi erioed. Dim ond ysgafnder ieuenctid, dim mwy. Mae'n rhaid i ddyn ddefnyddio pob cyfle gaiff i ddod ymlaen yn y byd yma.
LLEIAN :	Rhy lwm oedd gwaddol Olwen i gyn ardderchoced gŵr â thi.
DYN :	Wel, mae Olwen o'r mynyddoedd ac yn dlawd. Ni allwn i ddod i'm safle barchus ; a byddai'm plant yn hen grintachod bach.
LLYWARCH :	Hyn yw tlodi. Dyn ni ŵyr fod rhoddi'n gyfoeth gwell na derbyn. Mynnit feddiannu popeth it dy hun, a dod ymlaen. Teilyngach gŵr i Olwen yw un a roddo'i einioes iddi hi i'w gadw, er iddo wybod bod ei gwaddol hi yn brin. Hwnnw yn y diwedd a fydd ffrwythlon.
DYN :	Megais ferch.
LLEIAN :	Ond estron a fydd hi.
DYN :	Gall dieithriaid ac estroniaid fagu plant digon da, gwell efallai na hen bethau eiddil na chaiff ddim cyfle i weld dim o'r byd ond mynyddoedd a chorsydd Cymru. Efallai dy fod ti'n anghofio mai dod yma wnaethost tithau o Rufain, onide ?

LLYWARCH :   Na ddigiwch bawb eich gilydd. Rhaid i newid fod.

RHIAIN :   Ni ŵyr yr anwar hon Gymraeg.

DYN :   Gan bwyll. Pwy wyt ti'n alw'n anwar ? Cofia di, y mae
               hi wedi gweld rhan fawr o'r byd. Yng Ngenefa y ganed
               hi. Teithiodd trwy'r Almaen, bu yn llys brenhinoedd
               Ffrainc ac y mae brenin Lloegr yn barod wedi ei chroes-
               awu. Gŵyr rai adnodau yn Gymraeg yn barod a gall
               ganu emyn neu ddau. Anwar wir !

LLYWARCH :   Ni ellir newid tynged. Fe dreiddir drwy bob newid, bid
               fel y bo.

MILWR :   (*yn rhuthro i mewn yn wyllt*) : Hei was, hei was, gwrando.
               (*Yna gwêl y lleill*) : O, dynion dierth, rwy'n gweld. (*Syll
               arnynt bob yn un ac un. Pan ddechreua lefaru myn y Dyn ei
               ddistewi, pe gallai.*) Lot o fenywod. Un, dwy, tair menyw
               a hen ddyn. Mennydd, ddwedaist ti ?

DYN :   Ust ! Ust !

MILWR :   Mennydd i glebran â menywod, a'n cyfle ni ar bwys.
               Mennydd ! Hy !

DYN :   Fy machgen mawr i, gad dy ddwli. Dyna beth yw
               clyfrwch fy ymennydd i.

MILWR :   Rwy'n gweld wir. Pe bae plant gyda'r merched yma,
               byddit yn eu cusanu debyg iawn.

DYN :   (*yn sibrwd pwysigrwydd*) : Os galla i ennill menywod a hen
               ddynion, ni fydd raid i ti ofni am ddigon o ddilynwyr
               byth.

MILWR :   Sut hynny ?

DYN :   Menywod yw mamau a chwiorydd a chariadon bechgyn,
               ai e ddim ? Ennill di'r menywod i gredu bod unrhyw
               ymladd yn gyfiawn, unrhyw ryfel yn anhepgor, a phopeth
               yn dda. Pa fachgennyn all wrthsefyll am bum munud
               berswâd di-drugaredd ei fam, ei chwaer, ei gariad ?
               Na, na, was. Y mae'n talu i gusanu babanod.

MILWR :   Diawst, rwyt ti'n gweld ymhell. Ond beth am yr hen
               farfog ?

DYN :   Y mae'n rhy hen i ymladd. Ni chaiff le mewn byddin
               byth. Nid oes berygl iddo ef gael ei ladd. Am hynny,
               try yn sentimental, a sôn wrth fechgyn iau nag ef am
               wrhydri pan oedd ef yn eu hoed hwy—mor ardderchog
               yw iddynt hwy gael marw tros eu gwlad. Hawdd llanw
               meddwl llanciau gleision â'i ddoethineb aeddfed ef. Ym
               mhle mae Bedwyr ?

MILWR :   Dyna pam y rhusiais atat. Mae ef ac Arthur yn dod
             ffordd hon. Dyma'r lle gorau i ymguddio, tu ôl i'r graig
             a'u dal yn ddiarwybod. Nid oes eisiau ofni Arthur. Mae
             ef wedi cyrraedd pen ei siwrne. Dal Bedwyr a dwyn
             Caledfwlch oddi wrtho. Ond dyma ti wedi difetha'r
             cyfan trwy grynhoi cymanfa i wrando arnat yn clebran.
             Af i'w gyfarfod ar y ffordd.

DYN :   Paid â gwylltio. Fyddi di ddim gwell. Ni weli di mo
             Caledfwlch rhagor.

MILWR :   Ddim gweld Caledfwlch ?

DYN :   Na weli, mwy.

MILWR :   Pam ? Beth wyt ti'n feddwl ?

DYN :   Y mae yng ngwaelod y llyn. Mae Bedwyr wedi ei daflu
             i'r dŵr.

MILWR :   Beth ? Caledfwlch wedi ei daflu i'r llyn ? Ddiawl, wyt
             ti'n credu fy mod i'n ffŵl. Nid mor wirion, was. Lle'r
             wyt ti wedi ei roi ? Hanner yn hanner yw'r fargen cofia,
             neu mi—(*a'i law ar ddwrn ei gledd. Bu Llywarch a'r rhian-
             edd ar lan y llyn. Try Llywarch a dychwelyd at y Dyn pan
             yw'r Milwr yn ei fygwth. Tra fo'r ymgom y mae'r rhianedd yn
             tynnu'r llong i dir wrth y rhaff.*)

LLYWARCH :   Onid oes anrhydedd ymysg lladron ? A raid i'r fyddin
             droi a difa senedd wâr y brenin ? Na ato Duw, a'r cledd
             yn nyfnder eitha'r llyn.

MILWR :   Ond pam ?

LLYWARCH :   Yno y mae diogelwch iddo.

MILWR :   Ond y cleddyf hwn oedd unig ddiogelwch Gwalia.

DYN :   Efo oedd enaid ei gogoniant hi. I ba beth y bu y golled
             hon ?

LLYWARCH :   Suddas ! Gwell oedd colli ei hunig obaith ac enaid ei
             gogoniant na'u cadw tan eich gofal chwi.

MILWR :   Ni ellir mwy, heb y cleddyf, amddiffyn gwlad.

LLYWARCH :   Ni ellit ti, pe cait y cleddyf, fyth mo'i hamddiffyn hi. O
             golli Arthur gwell oedd colli'r cleddyf hefyd.

DYN :   A glywaist ti frawd ? Nid oes gen ti ond dyfod gyda mi
             yn awr. Gad inni fynd, heb ddim o'r hen orffennol i'n
             llesteirio ni.

MILWR :   Un da wyt ti am ladd ar hen bethau. Gad i minnau
             gael prentisiaeth yn y grefft (*yn tynnu ei gleddyf ar Llywarch*)
             Mae yntau'n fyw yn llestair arnaf.

YR AIL RIAIN : (*a'r Milwr ar fin taro Llywarch*) : Ha, dacw Arthur, ar
             ysgwydd gadarn Bedwyr.

*(Syrth y rhianedd ar eu gliniau i'w dderbyn. Ymgryma Llywarch
iddo. Daw Bedwyr i'r golwg o'r chwith, "a'r pwysau yn
tanio'i wyneb, tynhau'i ewynnau". Gwisg marchogion sydd am
y ddau ond bod pen Arthur wedi ei glwyfo. Pan ddônt i'r
golwg daw côr o rianedd, oll mewn gynau duon, o fwrdd y llong.
Wrth iddynt ddisgyn a llunio cylch am y llwyfan y maent yn
mwmian nodau miwsig "Dafydd y Garreg Wen" heb ddim
geiriau.*

*Try'r Milwr fin ei gleddyf ar Arthur a Bedwyr, ond ymdawela
wrth i'r Dyn sibrwd "Gad lonydd". Ânt i bwyso ar y graig,
un i'r dde a'r llall i'r chwith. Pan fu'r rhianedd yn tirio'r
llong gadawyd y Ferch Fach yn ddisylw, a bu hithau yn rhannu
ei sylw rhwng blodau'r graig a mwstwr y Milwr a'r Dyn.
Mae'r Rhianedd duon yn gylch ar dair ochr. Y mae'r lleill ar
lun triongl yn y canol. Llywarch yw'r pegwn yn y cefn ; tua
hanner y ffordd y mae Olwen ar un ochr a'r Ail Riain ar y llall ;
ar onglau gwaelod y triongl y mae y Rhiain ar y chwith a'r Dyn,
a'r Ferch Fach nid nepell oddi wrtho, wrth y graig ar y dde.)*

ARTHUR :   *(wedi i'r canu orffen)* : Rianedd bonheddig, fe'ch clywaf yn
gwahodd. Rwyf yn dyfod. Rwyf yn dyfod. Gedwch
imi'n gyntaf fwrw lludded ar y draethell. *(Doir â chlust-
ogau glwth o'r llong iddo. Moesymgryma a dychwela'r rhianedd
a'u dug. Dyd Bedwyr ef i eistedd. Daw Llywarch ymlaen ac
ymgrymu i'r Brenin. Saif Bedwyr ar y chwith a Llywarch ar y
dde.)*

LLYWARCH :   F'arglwydd Frenin, dy gennad im lefaru.

ARTHUR :   Fy nghennad it, O Lywarch. Na fydd yn hir dy eiriau.

LLYWARCH :   *(yn cyflwyno Olwen iddo, wedi amneidio arni. Wedi iddi
foesymgrymu, saif rhwng Bedwyr a Llywarch)* : F'arglwydd,
hon yw Olwen. Merch y werin yw, a geilw gweundir y
mynyddoedd arni hi yn ôl. Hi yn unig o'r rhianedd a
adewir. Pan gaffo'r lleill dy gwmni di yn Afallon, ni
fydd hi ond atgo, a gobaith dy ddychwelyd eto dro.
Dy fendith iddi cyn iti ddianc i Afallon.

ARTHUR :   Yn llawen rhof fy mendith iddi hi. *(Plyg hithau i'r llawr
o'i flaen)* : Boed hithau beunydd yn barod im derbyn pan
ddychwelaf. Olwen, ferch y werin, cyfod. *(Rhydd
Bedwyr ei law i'w chyfodi)* : O Fedwyr hoff, dy nodded
dithau rho i Olwen.

BEDWYR :   F'arglwydd Iôr, erglyw. Cedwais bob gorchmynion,
cyflawnais bob gorchwylion. Dof innau i Afallon gyda
thi.

ARTHUR :   Ni elli ddyfod, Fedwyr, eto ennyd. Rhaid sydd arnat ti i
            aros.   Nid erys neb ond ti a all amddiffyn Olwen.

DYN :   (*yn nesu gam*) : Gwrando, Syr Bedwyr. Pa synnwyr bod
            dyn ifanc fel tydi'n pendroni am Afallon ? Chwedlau
            hen wrachod yw bod neb yn dychwelyd oddi yno byth.
            Gad Afallon i hen bobl. I ti yn irder dy ddyddiau y mae
            ehangder byd i'w goncro. Dos gyda'r milwr acw, a
            minnau. Pan fyddwn ni farw cawn fedd parchus mewn
            eglwys gadeiriol heb ddim ffwlbri am anhedd y dychwel-
            edigion o dir y meirw i ddrysu'r byw. Gad yna'r dwli a
            dos gyda ni.

LLYWARCH : O daeog, bydd ddistaw. Syr Bedwyr, a fynni di dorri
            eto lendid yr hen ffyddlondeb ? A fynni dithau hefyd
            ddilyn pob twyllwr tros Glawdd Offa ? (*gan edrych ar y
            Dyn*). A oes rin ar grawc pob brân i ti ?

BEDWYR :   Digon ; rhag blino'r Brenin. Syr, mynnwn ddyfod i
            Afallon gyda thi.

ARTHUR :   Rhaid sydd arnat ti i aros. Rhaid it ddewis it dy hun y
            ffordd yr elych.

LLEIAN :   Mae gennyt ffydd yng ngair y brenin. Gwrando arno, a
            dewis, rhag peri iddo ragor poen.

RHIAIN :   Mae gennyt eto waith i'w wneuthur. Erys Olwen unig yn
            disgwyl am dy nodded.

YR AIL RIAIN : Fe fyddwn ni wrth law, a down yn ôl i'th nerthu dro a
            thro.

LLYWARCH : Fe ddychwel Arthur hefyd, o bydd plant i Olwen gain
            a thithau yn ei ddisgwyl. Sancteiddiaf peth yw glân
            briodas gwerin wâr a thras y pendefigion.

DYN :   Gwna fel y mynni. Rwyf i'n mynd. Hei, filwr, a wyt ti'n
            barod i gerfio ymerodraeth gyda mi ? Gad Afallon a'i
            ffolineb iddynt hwy.

MILWR :   Cei di'r clod am gerfio ymerodraeth os caf innau bres ar
            dir neu fôr, drwy ladrad neu drwy deg. (*Wrth groesi'r
            llwyfan ar y ffordd allan tua'r dde, gwêl y Ferch Fach*) : Beth
            yw hon ? Ti piau hi, onide ?

DYN :   Gad iddi, yn y fan lle mae. Mae hi'n ddigon hen i ffendio
            trosti ei hun bellach. Dichon mai ei hamddiffyn hi fydd
            y gorchwyl cyntaf a gei di gan y brenin. (*Â'r Milwr
            allan ym mlaenaf gan ddywedyd "Left, Right" yn eglur. Wrth
            i'r Dyn ei ganlyn tyn ei het yn fonheddig iawn. Ânt i'r dde.*)

LLYWARCH : (*Pan wêl Olwen yn troi at y Ferch Fach a'i chysuro*) : Da y
            gwnaethost gydymdeimlo. Odid na chofia hithau dy

dosturi maes o law. Pan fo iaith ar ballu ar dy fin, daw cysur iti o'r emynau—un neu ddau—a ddysgodd hi.

ARTHUR : (*wrth Fedwyr*) : Daeth yr awr. Rhaid arnaf fyned. Dwg fi ymaith.

YR AIL RIAIN : "Awn ag ef o'i gyni i gyd i Sanctaidd Ynys Ienctyd".

(Daw'r rhianedd duon yn gylch am Arthur, a llunio ffordd at y llong. Wedi i Fedwyr godi Arthur daw'r Rhiain a'r Ail Riain i'w gynnal. Cychwynna'r osgordd araf drefnus tua'r llong—y Lleian yn begwn i'r Côr rhianedd duon. Saif Olwen a'r Ferch Fach ar y canol, yn edrych tua'r llong, a Bedwyr a Llywarch o bobtu iddynt.

Wrth fyned, cân y Rhianedd Salm-dôn yn null y desgant, a'r Lleian yn canu'r alaw. Cenir y geiriau Lladin tra fyddant yn cyrraedd y llong, ac yn eu trefnu eu hunain ar y bwrdd, ac wedi hynny y geiriau Cymraeg. Na foed bwlch rhwng y ddwy iaith—un gân ydyw. Symuder yn araf [ond nid fel angladd]. Gosoder Arthur ar orsedd yn y canol. Eistedded y Rhiain ar un ochr iddo, y Lleian ar y llall, a safed yr Ail Riain tu ôl i'r Brenin, a'r côr yn gylch o bob tu.

Pan orffenno'r geiriau Lladin symuded y pedwar arall at lan y llyn, Bedwyr wrtho'i hun yn gyntaf, yna Llywarch ac Olwen gyda'i gilydd, a'r Ferch Fach yn olaf. Safant ar y lan yn edrych ar y llong a'i llwyth. Try Bedwyr tra parhao'r canu a diosg ei lifrai marchog. Yna plyg o flaen Olwen heb yngan gair. Plyg hithau gydag ef. Saif Llywarch rhyngddynt a'r llyn â'i gefn arno. Saif y Ferch Fach ychydig ar un ochr. Dyma eiriau'r Salm-dôn [geiriau Lladin y Fwlgat gan bwysleisio'r cwestiwn]) :

"Dyrchafaf fy llygaid i'r mynyddoedd, o ba le y daw fy nghymorth. Fy nghymorth a ddaw oddi wrth yr Arglwydd yr hwn a wnaeth nefoedd a daear".

LLYWARCH : (*Gyda bo'r canu yn gorffen, yn galw'r Ferch Fach ato, a hithau yn sefyll wrth ei ochr*) : A thithau, f'un fach i, a arhosi di gydag Olwen a Bedwyr yng ngweundir y mynyddoedd ?

Y FERCH FACH : (*Yn canu'n ysgafn a chyflym, ac fel pe bai'n ateb cwestiwn y salm-dôn, eiriau pennill Edmwnd Prys*)

> Disgwyliaf o'r mynyddoedd draw,
> Lle daw im help wyllysgar,
> Yr Arglwydd rydd im gymorth gref,
> Hwn a wnaeth nef a daear.

LLYWARCH : "Treiddier trwy bob newid, bid fel y bo".

LLEN

Y Tri Dyn Dierth

DRAMA UN ACT

CYMERIADAU

LEISA

RHYS

LIAS

NANS

DYN DIERTH I

DYN DIERTH II

DYN DIERTH III

CEIDWAD I

CEIDWAD II

JAC

MARI

DAFYDD

HUW

GOLYGFA

Golygfa : Cegin ffermdy ar lethrau Bannau Brycheiniog.
Amser : Dechrau'r bedwaredd-ganrif-ar-bymtheg

Mae'n Noson Lawen mewn tyddyn ar Fannau Brycheiniog. Cyplau yn dawnsio i mewn ac allan, a ffidil a/neu bibgorn yn cyfeilio. Pan ddaw diwedd y gainc, gwahanant, rhai yn sychu chwys . . .

LEISA : Nawr te, bobol bach, rhowch heibio ddawnsio mwy. Cymerwch stolion. . . . Awr gyfan o ddawnsio ! Mi fyddwch yn bwyta fel bytheiaid. Symudwch y ford 'na, rai ohonoch chi, i ni gael gweld y tân.
*(Dau yn mynd i ufuddhau—*RHYS *a* LIAS *efallai.)*

JAC : Daro, na ddawns net. Pam oeddech chi'n moyn ein stopo ni, Leisa ?

LEISA : Am nad ych chi'n gwybod faint sy'n dda i chi'r tacle.

RHYS : Mae Leisa ofn na wyddoch chi ddim faint sy'n dda i'r pantri. Peth ofnadwy yw dawnsio i roi blas ar fwyd.

MARI : Wel, dych chi ddim yn gallu llymeitan gormod, ta beth, wrth ddawnsio.

LIAS : Jig net yw honna, ynte, fechgyn ? Ond mae 'nghorn i mor sych â chorcyn.

RHYS : Pa gorn ? Nid dy bibgorn di—mae hwnnw'n ddigon gwlyb. Rwyt ti wedi chwythu dy boeri i gyd i hwnnw. Mi ddylte wisgo brat y babi dan dy ên.

LEISA : Dyma Dafydd yn dod â llond jwg yn ffres i ti.

JAC : Ie, i Lias yn gynta, i ni gael dawns arall.

LIAS : Dim ond fi sy'n gweithio yma *(yn cymryd llestr o fedd oddi wrth* D.*)*

DAFYDD : *(ar ôl gosod dwy jwg fawr fel piseri o fedd ar y ford)* : Nawr te, mhobol i, dewch ymla'n . . . yfwch i iechyd da y babi.

LEISA : Ie, dewch ymla'n. A doed rhai ohonoch chi at y tân.

LIAS : Yr arswyd, Leisa, mi gaiff y neb a fyn y tân gen i, ond i mi gael diod. *(Maent yn rhannu'r ddiod o amgylch).* Iechyd i'r babi !
(Pawb yn dymuno'n dda mewn geiriau addas, a'r medd yn mynd o o fin i fin.)

RHYS : Ie, Iechyd da ! *(Ac yn y blaen).*

JAC : Pob lwc i'r un bach !

MARI : Wfft faint o iechyd ddaw iddo o'r sŵn 'ma i gyd !

NANS : Mae'i iechyd e'n burion os yw e'n gallu cysgu trwy'r cwbwl.

LEISA : Falle cofith e ben mis cynta'i oes fach. *(Mae rhai yn awr yn eistedd ar y sgiw ac ar y cadeiriau a'r stolion.)*

127

DAFYDD : Wel, os na wnaiff e, mi wnawn ni, ac mi fydd gyda ni ddigon i
ddweud wrtho am y rhialtwch pan dyf e.
RHYS : (*wrth ei wraig*) : Diawst i, Mari, rwyt ti mor chwimwth dy droed â
phan oet ti'n groten.
MARI : Nawr Rhys, cymer gâr, dyw pawb ddim yn gwybod am faint
rwy wedi dy ddiodde di'n damsgyn ar 'y nghyrn i.
DAFYDD : Mae'i thafod hi 'run mor ystwyth hefyd. (*Chwerthin o gyfeiriad
y rhai ifainc.*)
RHYS : Gan bwyll, 'y mhlant i, mi ddowch chithau i ddeall maeslaw
'ma, os cedwch chi mlaen fel ych chi heno. (*Mae* JAC *a* NANS *yn
eistedd yn garidaus iawn.*)
MARI : Maen nhw'n siwr o gadw 'mlaen, Rhys bach. A bod crocbren o
flaen pob ffenest, mi fydd y cryts yn bownd o ddod i gnoco ar
y merched.
LIAS : Chodwch chi ddim ofan ar Jac.
LEISA : Beth ma nhw'n wneud yn y cysgod fanna ?
DAFYDD : Wel, dyna gwestiwn twp. Dere 'ma (*yn cydio ynddi.*) Mi ddan-
gosa i i ti. (*Rhoi cusan iddi.*) Felna.
LEISA : O cer o'na di ! (*Pawb yn chwerthin.*)
JAC : Y ddiod sy'n codi i'w ben e ' falle.
RHYS : Mae'n ddigon cryf i godi i ben unrhyw un.
NANS : Does dim iws i Lias gael rhagor 'te, neu fydd dim dal arno i
gadw amser.
JAC : Dewch ymlan â'r ddawns nesa. Ble mae dy gorn di, Lias ?
DAFYDD : Wel wir, mae'n dda mai mewn yn y tŷ 'rym ni. Mae hi'n
noswaith enbyd maes. (*Mae ef yn dod yn ôl â rhagor o fedd.*) Dw'i
ddim yn cofio'i gweld hi'n bwrw cynddrwg ers tro.
NANS : Hei, mae'n bryd i ni ddawnsio neu rywbeth os yw Dafydd yn
mynd i ddechrau sôn am y tywydd.
JAC : Dewch ymlaen 'te. (*Lias yn dechrau tiwnio.* JAC *a* NANS *yn paratoi.*)
RHYS : (*yn codi*) : Mae noswaith fel heno'n 'y ngneud i'n falch mai
cloddiwr w' i, fel bo tipyn bach o gysgod i'r 'nifeiliaid sy'
maes. (*Mae'r cyplau'n eu trefnu eu hunain. Dechrau y miwsig a dechrau
ffigwr agoriadol y ddawns. Pan fo popeth yn mynd yn hwyliog, dyma
gnoc uchel ar y drws. Saif pawb.*)
LEISA : Pwy sy ' na, wn i ? (*Roedd hi a* DAFYDD *wedi dechrau dawnsio.*)
DAFYDD : Dyn dierth, siwr o fod. (*Yn dechrau symud at y drws yn araf.*)
RHYS : Mae'n noswaith enbyd i neb fod maes.
DAFYDD : (*Yn troi i ateb.*) Odi, mae. (*At y drws eto.*) Dewch i mewn. (*Egyr
y drws a daw* DYN DIERTH *i mewn, tal, tywyll. Ei ddillad yn wlyb.
Tyn ei het dros ei lygaid a bwrw golwg dros y cwmni. Wedyn, tyn ei het.*)
DAFYDD : Dewch i mewn o'r glaw.

D.D. :   (*mae ganddo lais melodaidd*) : Mae'n bwrw mor drwm, gyfeillion, fel y mentrais i droi i mewn.

DAFYDD :   Siwr iawn, ddyn dierth. A rych chi wedi taro ar getyn da i alw— mae gyda ni dipyn o hwyl ar droed, welwch chi.

LIAS :   (*yn dod ymlaen*) : Ar achlysur digon teilwng hefyd, ŵr dierth. Er nad oes neb am i hynny ddigwydd rhy amal mewn un teulu chwaith.

LEISA :   Ddim amlach nag unwaith y flwyddyn, ta beth.

RHYS :   Ond mi ddylai ddigwydd bob pen blwyddyn, i gael noswaith fel hon, bobol.

MARI :   Dylai. Mae dyn yn codi ei deulu a dibennu ag e, wedyn, a mae'r drafferth drosodd ynghynt.

D.D. :   A beth sy'n peri'r hwyl, os byddwch chi gystal â dweud. (*Clywir sgrech y babi.*) O hwnnw, iefe ?

DAFYDD :   Ie. Glywch chi e ? Mis oed yw e heno.

D.D. :   Mae ganddo ddigon o lais i fod yn bum mis. Does dim rhyfedd ei bod yn Noson Lawen yma . . . Mae gen i deulu fy hunan. (*Mae wedi symud mlaen ychydig.*)

LEISA :   (*yn serchog*) : Oes e, wir ? . . . Dafydd, gofyn i'r gŵr dierth ddod ymlaen.

DAFYDD :   Ie wir, dewch. A chymrwch ddiferyn o hwn. (*Cynnig y llestr medd.*)

D.D. :   (*ei gymryd*) : Diolch. Ga innau ddymuno Duw'n rhwydd i'r un bach. (*Yf*) A gobeithio na chewch chi ddim o'ch trafferthu ormod naill ffordd na'r llall—hynny yw, na ddôn nhw ddim rhy amal na rhy anamal, ddweda i.

RHYS :   Ie wir.

DAFYDD :   Da iawn.

D.D. :   (*yn rhoi'r llestr ar y ford yn araf, a rhyw eco rhyfedd yn ei lais*) : Ac y cewch chi ddigon i'w codi nhw.

DAFYDD :   'Run peth i chithau, syr . . . Ond dewch i eistedd. (*Â'r* D.D. *at gornel y sgiw.*)

RHYS :   Mae'n go hwyr arnoch chi'n trampo'r Bannau ' ma, odi hi ddim, ar noswaith fel heno ?

D.D. :   Odi wir, mae'n hwyr, rych chi'n dweud y gwir, gyfaill. (*Eistedd*). Ga i fod fan hyn, meistres ? Rwy dipyn yn ddamp, yr ochr oedd maes at y glaw.

LEISA :   (*yn serchog*) : Cewch, wrth gwrs. Rych chi bownd o fod wedi gwlychu yn domen. (*Estyn ef ei goesau at y tân.*) O ! Eich traed yn y sgidiau yna !

D.D. :   Ydyn, ma nhw'n fregus braidd. Mae hi wedi bod yn go dynn arna i'n ddiweddar—dim llawer o ddewis beth gawn i i wisgo. Mi fydd rhaid i mi gael pâr newydd pan ddechreua i i weithio.

LEISA :   Un o ffordd hyn ych chi 'te, a 'mod i mor ewn ?
D.D. :   Na, nid yn hollol . . . fwy o'r wlad.
LEISA :   Rown i'n meddwl. O'r wlad w' innau hefyd. Mae'ch siarad
            chi'n debyg iawn i ni. O'n hardal ni rych chi'n dod falle.
DAFYDD :   Mi fydd Leisa wedi mynnu gwybod cyn bo hir !
D.D. :   Falle. (*Yn gyflym*) Ond fyddech chi ddim yn 'y nghofio i. Rwy'
            flynyddoedd lawer yn hŷn na chi, mistres.
RHYS :   Bachgen, rych chi'n gwybod sut i drafod y merched ' ma'n
            iawn.
MARI :   Dyna fwy na ddysgaist ti erioed, ta beth.
LIAS :   Mi gewch gymaint allwch chi ddal o fedd gan Leisa am hynna,
            mi fentra i.
LEISA :   Faint a fynnoch chi. (*Yn cynnig iddo.*)
D.D. :   Dim rhagor o fedd, diolch. Dim ond un peth wy'n brin arno
            nawr, neu mi fyddwn yn gwbwl ddedwydd.
LIAS :   Merch ifanc i ddawnsio gyda chi, falle.
RHYS :   Gofynnwch am fenthyg Nans ; mae Jac yn dechrau blino.
JAC :   Na, cheith e mo Nans. Fy nghariad i yw Nans.
MARI :   Am heno.
JAC :   Ie, heno, a drwy'r nos.
MARI :   Jac, Jac, paid â bod mor ffyrs yng ngŵydd pobol ddierth.
D.D. :   Ddwga i ddim o Nans, (*gan edrych arni*) ddim nawr, ta beth. A
            chadwn i ddim ohonoch chi rhag dawnsio . . . pe cawn i
            flewyn o faco.
LIAS :   Baco ? Bachgen, cymrwch ! (*Yn cynnig iddo.*)
RHYS :   Siwr iawn. Dyma chi.
DAFYDD :   Gan bwyll, fechgyn. Fi yw gŵr y tŷ. Smocith neb ddim ond
            'y maco i yma heno. (*Y lleill yn rhoi ffordd.*)
D.D. :   Rych chi'n od o garedig.
DAFYDD :   Dewch, mi lanwa i'ch pib chi.
D.D. :   Rwy'n ofni bod rhaid i mi gael benthyg pib hefyd gyda chi.
            (*Â* DAFYDD *i hôl pib glai a'i llanw.*)
RHYS :   Bachgen, mae'n od eich bod chi heb bib, a chithau'n arfer
            smoco.
D.D. :   Mi collais hi ar y ffordd, rwy'n ofni.
DAFYDD :   (*yn estyn ei bib iddo*) : Dewch weld eich bocs baco ; mi lanwa i
            hwnnw hefyd, tra bo fi wrthi.
LIAS :   (*A'r* D.D. *yn chwilio ei bocedi*) : Dych chi ddim wedi colli hwnnw
            hefyd, does bosib !
D.D. :   Mae arna i ofan 'y mod i. (*Yn tanio'i bib yn y gannwyll.*) Rhowch
            e mewn tipyn o bapur, os gwelwch yn dda. (*Ymestyn yn esmwyth
            yn ei gornel, gymaint wrth ei fodd fel na fyn siarad mwy.*)

LIAS : (*yn cydio yn y ffidil*) : Wel, nawr te, beth am y ddawns yna ?

DAFYDD : Ie, mae'r amser yn mynd ymlaen. (*Unwaith eto y mae paratoi at y ddawns fel o'r blaen. Ond cyn bo nodau y gainc yn dechrau bron, daw ergyd caled ar y drws.*)

LIAS : Wel, beth ddiain nawr eto ? . . . (*Teifl y* D.D. *olwg gyflym ar y drws a throi i grynhoi'r pentewynion.*)

DAFYDD : (*yn edrych o'r naill i'r llall, a llai o groeso yn ei lais*) : Dewch mewn. (*Ond cyn clywed y gwahoddiad bron, daw'r* AIL DDYN DIERTH i *mewn. Os rhywbeth yn wlypach na'r cyntaf. Gŵr cadarn, hŷn na'r cyntaf, a'i wallt yn gwynnu. Detyd ei got fawr hir gan ddangos dillad llwydion a sêl drom loew swydd wrth ei goler. Ysgydwa'r dŵr o'i het galed gorun-uchel.*)

D.D. 2 : Mae'n rhaid i mi fegian cysgod am dipyn bach, ffrindiau, neu mi fydda i'n wlyb hyd y croen ymhell cyn cyrraedd Aberhonddu.

DAFYDD : Croeso, syr. Ond does dim pum milltir oddi yma i'r dre.

LEISA : Lle go lawn sydd yma, a mae'ch cot chi'n wlyb.
(*Ciliodd y gwragedd gan dynnu godre eu gwisgoedd lliw yn dynn amdanynt. Eithr tynnodd efe ei got a'i hongian wrth hoelen, fel pe trefnasid honno o bwrpas iddo. Yna cerddodd ac eistedd gyferbyn â [neu wrth ochr] y dyn cyntaf.*)

D.D. I : Nos da. (*Estyn y llestr medd yn groes i'r ford. Yf yntau ac yf, heb gymryd gwynt.*)

LEISA : O, hei !

D.D. 2 : Rown i'n gwybod ! Wrth ddod at y tŷ a gweld y cychod gwenyn 'na'n rhesi, meddwn i, "Lle ceir gwenyn, fe geir mêl, a lle bydd mêl, mae'n rhaid bod medd." Ie, dyna own i'n ddweud. Ond bobol annwyl—feddyliais i ddim—freuddwydiais i ddim am fedd fel hwn. Mae hwn llawn cystal â medd 'slawer dydd. Odi wir. (*Cymer ddracht arall.*)

DAFYDD : (*hytrach yn sych*) : Falch eich bod chi'n ei fwynhau.

RHYS : Rhaid cydnabod ei fod yn fedd penigamp.

LEISA : Mae'r medd yn burion ; tipyn o drafferth sydd i'w wneud e. A dwy ddim yn credu y gwna i ragor chwaith.

D.D. II Beth ? A chithau'n gystal llaw arni ? (*Yf drydydd llwnc.*)

LEISA : Mae mêl yn gwerthu'n dda nawr. Mi wnawn ni'r tro ar fedd-bach yn rhwydd.

D.D. II : Allsech chi byth fod mor greulon. Mae gallu gwneud medd fel hwn cystal â mynd i'r Eglwys ar Ddydd Sul, neu helpu'r sawl sy â'i fyd yn gul.

D.D. I : Ha, ha, ha ! Bardd i'r cwmni ar noson lawen.

D.D. II : Ie, medd ardderchog.

MARI :   Ond mae e'n gryf ofnadwy i'w yfed fel y gwnaethoch chi
            Fydd eich coesau ddim yn ffit i siwrne faith am sbel heno.

D.D. II :   (*a'r medd yn effeithio arno*) : Wel, wel, fel own i'n dweud, i Aber-
            honddu wy'n mynd ac i Aberhonddu mae'n rhaid i mi ei
            chychwyn hi. Mi fyddwn yno erbyn hyn yn go agos onibai am
            y glaw. Ond wir, does dim drwg gen i am y glaw—medd da
            oedd hwnna.

DAFYDD :   Yn Aberhonddu ych chi'n byw, te ?

D.D. II   Na, ddim hyd yn hyn. Ond pwy a ŵyr—cyn bo hir falle.

RHYS :   Mynd i weithio eich crefft ych chi ?

MARI :   Ond yw hi'n ddigon hawdd gweld bod modd gyda'r gŵr
            bonheddig. Rwy'n siwr nad oes dim eisie crefft arno fe.

D.D. II   Na, meistres, rwy'n gweithio, a gweithio sy raid i fi. Os bydd
            hi'n hanner nos arna i'n cyrraedd Aberhonddu, mi fydd rhaid
            i fi gychwyn arni bore fory am wyth o'r gloch. Gwlyb neu
            hindda, eira neu rew, newyn neu ryfel, bydd rhaid i fi weithio
            'niwrnod gwaith fory.

MARI :   Druan gŵr !

RHYS :   Mae e'n waeth ei fyd na ni, wedi'r cwbwl.

LIAS :   "Trwy chwys dy wyneb" yw hi ar y rhan fwyaf ohonom ni wir.

D.D. II :   Nid fy nhlodi yn gymaint, ffrindiau bach, â natur 'y nghrefft i
            . . . Ond yn 'y ngwir i, rhaid i fi ei mwstro hi. Ddaw Aber-
            honddu ddim yn nes, mae'n debyg . . . Ond mae gen i amser i
            un bach arall, er mwyn ffrenshibeth . . . ac er mwyn ffrenshi-
            beth mi yfwn e ar unwaith . . . ta'r llester 'ma heb fod yn
            wag.

LEISA :   Dyma gwpaned o fedd-bach i chi. Ma fe cystal bron â'r llall.

D.D. II :   Na, dim diolch. Wnawn i ddim lladd y cynta trwy gymryd yr
            ail. Dim diolch, meistres. Wnawn i ddim, ar fy llw.

DAFYDD :   Fe sy'n iawn, Leisa. 'Dyn i ddim yn cael plant bob dydd, a nid
            bob dydd mae dynion dierth yn galw ' ma. Mi lanwa i'r
            llester eto.

LEISA :   (*yn anfodlon, yn ei ddilyn*) : Wel wir, Dafydd, wn i ddim pa eisie
            sy.

RHYS :   Pwy ych chi 'te ?

MARI :   Beth yw'ch crefft chi ?

LIAS :   Ie, ac o ble daethoch chi ? Rych chi'n ddyn od dros ben.

D.D. II :   Wel, wel, wel, alla i ddim ateb tri cwestiwn ar y tro.

MARI :   Atebwch un 'te. Beth yw'ch crefft chi ?

D.D. II :   (*wrth* RHYS) : A beth oedd eich cwestiwn chi ?

RHYS :   Pwy ych chi ?

D.D. II :   A chithau ? (*Wrth* LIAS.)
LIAS :   O ble daethoch chi ?
D.D. II :   Ie wel, nawr te (*Ond dyma* DAFYDD *a* LEISA'N *ôl â'r medd.*) A! Un
             funud. (*Ond mae* LEISA *wedi gofalu mai cwpan sydd ganddi.*) O !
             Meistres ! (*Ond cymer y cwpan a'i yfed.*)
D.D. I :   Os mai holi am grefft ych chi, does dim ofn arna i ddweud wrth
             neb beth yw 'nghrefft i . . . Mendio olwynion yw 'ngwaith i.
RHYS :   O wir. Canto olwynion certi iefe ?
DAFYDD : Crefft net yw honno ffordd hyn hefyd.
D.D. II :   A mi all pawb gael gwybod beth yw 'ngwaith innau, os oes
             ganddyn nhw synnwyr i ddeall.
RHYS :   Mae dwylo dyn fel rheol yn dangos ei waith e. Mae'n rhai i mor
             llawn o ddrain ag yw pincas o nodwyddau. (*Yn sydyn rhydd*
             D.D. I *ei ddwylo yn ei bocedi. Try at y tân.*)
D.D. II :   Eitha gwir. Ond y peth od am 'y nghrefft i yw hyn : yn lle
             gadael ei ôl arna i, marcio nghwsmeriaid i mae hi.
             (*Daw* JAC *a* NANS *yn ôl o rywle ; rhaid trefnu man iddynt fynd*
             allan ynghynt.)
NANS :   Beth ych chi'n wneud yma te ?
JAC :   Ie, os na ddawnsiwch chi, pam na ganith rhywun neu rywbeth ?
DAFYDD : Ie, dewch, cân fach. Rhys, dechreuwch chi, mi ddaw'r bobol
             ifainc 'ma wedyn.
D.D. II :   A thra bo nhw'n dod yn barod, ac i godi hwyl fel petae, mi gana
             i gân i chi, ac ateb eich cwestiynau yr un pryd falle. Canwch
             chithau'r llinell ola'n gytgan. (*Gesyd un llaw yng nghesail ei*
             wasgod, a chyda'r llall yn yr awyr dechreua.)

> Crefft, fy nghrefft—un anghyffredin yw
> Ffrindiau doniol bach
> I'w churo hi rhaid mynd ymhell
> Clymaf ddynion law a throed
> A'u codi'n uwch na'r coed—
> A'u hebrwng nhw i wlad sydd well.

(*Cyfyd arswyd cynyddol yn y cwmni yn ystod y canu.*)
Nawr te, y cytgan
(*Ond dim ond* D.D.I *sy'n ymuno ynddo.*)
Y DDAU : (*yn canu*) : A'u hebrwng nhw i wlad sydd well.
DAFYDD : Beth mae e'n feddwl ?
MARI :   Dyna gân od.
D.D. I :   Yr ail bennill, ŵr dierth.

Ḋ.D. II :   (*Ar ôl gwlychu ei gorn*)

> Fy offer—syml ddigon ŷnt
> Ffrindiau doniol bach—
> Ond offer teilwng ar y diain
> Dim ond rhaff os ca i bwyth
> A brigyn i ddal llwyth
> Ie, offer teilwng iawn, myn brain.

Y DDAU :   "Ie, offer teilwng iawn, myn brain."

LEISA :   Rhaff ! . . . O chi yw'r . . . O !

NANS :   (*ar lwgu yn syrthio i gadair*) : O gwae !

RHYS :   Yn Aberhonddu bore fory . . .

LIAS :   Y cwirwr clociau 'na druan. O dyna drueni !

MARI :   Mas o waith oedd e, druan bach, a'i deulu bron llwgu.

LEISA :   Ie, dyna pam y dwgodd e'r ddafad.

JAC :   Ond mae'n rhaid parchu'r gyfraith, wedi'r cyfan.

NANS :   Un ddafad rhag newynu.

MARI :   Ac yng ngolau dydd glân, ar ochor yr hewl fawr.

DAFYDD :   A bore fory ma nhw'n ei grogi fe.

LIAS :   A *fe* sy'n mynd i wneud y crogi. Pwy ddiwrnod y claddwyd y crogwr o'r blaen.

LEISA :   O, mae crogi'n gosb rhy drwm am ddwyn dafad, pan mae'ch teulu chi'n diodde eisie bara.

JAC :   Ond mae'n rhaid parchu'r gyfraith, cofiwch chi.

LEISA :   Drato'r gyfraith !
(*Yn ystod hyn bu'r* D.D. II *yn yfed rhagor a chododd* D.D.I *ei gwpan i'w ateb.*)

D.D. I :   Oes 'na ddim trydydd pennill, syr ?

D.D. II :   Oes, fe'i cewch nawr.
(*Daw cnoc ar y drws ; araf ac ofnus, tra bu'r ddau yn yfed i'w gilydd.*)

DAFYDD :   Un arall eto. (*Arswyd ar bawb.*)

LEISA :   Gad e fanna. Paid ateb.

DAFYDD :   Na, gwell gweld pwy sy 'na. (*Pan egyr y drws, daw'r Trydydd* DYN DIERTH *i mewn. Dyn byr mewn dillad tywyll talïaidd.*)

D.D. III :   Os gwelwch yn dda, ellwch chi ddweud wrtho i'r ffordd i . . .
(*Daw ymlaen ychydig a gweld y ddau arall, ac nid yw'n gorffen ei gais . . . ond ar yr un funud, mae'r* D.D. II *yn taro'r trydydd pennill yn hwyliog. Sylla'r Trydydd ar y ddau arall fel pe wedi ei barlysu ag ofn, i gymaint graddau fel y mae llygaid pawb arno, ac ni sylwant ar* D.D. I *yn dal ei lygad â'i fys ar ei wefus yn gorchymyn distawrwydd. Hyn i gyd yn ystod y 3ydd pennill*)

D.D. II :   Yfory yw' niwrnod gwaith
                    Ffrindiau doniol bach—
                    Mae fory gen i'n ddiwrnod gwaith
                    Fe ddanfonir gŵr o'i boen
                    Am iddo ddwgyd oen—
                    Duw'n rhwydd i'r truan ar ei daith.

Y DDAU :   "Duw'n rhwydd i'r truan ar ei daith."
           (*Ar y nodyn olaf, try'r* D.D. III *a dianc heb air pellach. Ni welodd*
           D.D. II *ef, gan fod ei gefn ato a'i sylw ar y gân.*)
DAFYDD : Mae e wedi dianc.
RHYS :   Beth oedd e, dyn neu fwci ?
LIAS :   Dyna un bach od, ontefe—mwnci, gwlei.
NANS :   Arhosodd e ddim i wybod y ffordd.
LEISA :   Does dim rhyfedd. Cael ofan yr hen gân yna wnaeth y dyn
           bach.
           (*Yn llwyr annisgwyl torrir ar y siarad gan sŵn gwn yn rhwygo'r awyr.*)
D.D. II : (*yn neidio ar ei draed*) : Go darro ! . . .
RHYS :   Beth yw hwnna ?
DAFYDD : Ie, beth yw e ?
D.D. II : (*yn gyffrous*) : Carcharor wedi dianc o'r carchar, dyna beth
           yw e.
LIAS :   Carcharor ?
MARI :   Dianc ?
LEISA :   Chlywais i erioed shwd beth (*Ac eistedd gan y shoc. Ergyd eto.*)
D.D. I :   Mi glywais eu bod yn tanio gwn ar brydiau felny, ond dwy ddim
           yn cofio i mi ei glywed yn fy myw o'r blaen.
D.D. II : Wn i ai fy nyn i yw e ?
DAFYDD : Siwr o fod. A rŷn ninnau wedi ei weld e.
RHYS :   Wrth gwrs—y dyn bach 'na wrth y drws nawr !
LIAS :   Roedd e'n crynu fel deilen pan welodd e chi, ŵr dierth, a chlywed
           y gân yna.
JAC :   Roedd ei ddannedd yn clatshan a fe ddiangodd fel bollten.
D.D. I :   Oedd, roedd e'n crynu fel deilen a'i ddannedd yn clatshan.
           Mae hynny'n wir . . . A mi ddiangodd fel bollten.
D.D. II : Sylwais i ddim.
LEISA :   Roeddech chi'n canu'r hen gân yna.
DAFYDD : Fe oedd e, druan bach, ma'n rhaid. (*Sŵn y gwn drachefn.*)
D.D. II : Oes cwnstabl yma ? Os oes e, doed ymlaen.
JAC :   (*yn dod ymlaen, a* NANS *yn wylo*) : Oes.
D.D. II : Rych chi'n gwnstabl, wedi'ch tyngu ?
JAC :   Odw, syr.

D.D. II :   O'r gorau. Ar ôl y dyn yna te, ar unwaith. Mynnwch rai i'ch helpu a dewch ag e'n ôl fan hyn. Dall e ddim bod wedi mynd ymhell.

JAC :   (*yn bur grynedig*) : Gwnaf syr . . . nawr syr . . . ar ôl i mi gyrraedd fy ffon. Mi a i gartre i'w mofyn hi nawr, syr, a dod nôl fan hyn . . . ac mi awn gyda'n gilydd, syr.

D.D. II :   Ffon ! Gedwch eich ffon. Mi fydd y dyn wedi ei baglu hi.

JAC :   Ond alla i ddim gwneud dim heb y ffon, alla i ? Dafydd . . . Rhys . . . Lias . . . Na alla, wir, achos mae coron y brenin arni a'r llew. Hynny sy'n gwneud bod ergyd ohoni yn ergyd yn ôl y ddeddf. Allwn i byth fentro bwrw dyn heb y ffon— dim byth—ddim heb nerth y ddeddf tu ôl i fi. Falle bwre fe fi.

D.D. II :   Rw i'n was i'r brenin, a digon o awdurdod gen i i hyn. Nawr te i gyd. Ydych chi'n barod ? Oes lanterni gyda chi ?

JAC :   Ie. Oes lanterni gyda chi ? Rw i'n gorchymyn.

D.D. II :   Ie, pob gŵr cryf sydd yma . . .

JAC :   Ie, pob gŵr cryf . . . bob un ohonoch chi . . .

D.D. II :   Oes pastynau a phigffyrch gerllaw ?

JAC :   Ie, pastynau a phigffyrch . . . yn enw'r gyfraith. Gwnewch fel rŷm ni sy mewn awdurdod yn gorchymyn.

DAFYDD :   Mae pethau felna yn y sgubor—ddigon, siwr o fod. Dewch fechgyn, gwell i ni fynd, neu fe gawn ein drwgdybio.

RHYS :   Diaws i, fe oedd e, mae'n rhaid gen i.

LIAS :   Does dim llawer o le i amau. Ac os na awn ni ar ei ôl e, fe gawn ni ein crogi falle.

JAC :   Ie, mae'n rhaid parchu'r gyfraith. Cyfraith yw cyfraith. (*Ond ef yw'r olaf yn mynd allan. Mae'r mwstwr yn deffro'r babi.*) *Â* D.D.I *gyda hwy.*)

MARI :   Mi af i lan i dawelu 'r un bach, Leisa. (L. *yn brysur gyda rhyw-beth.*)

LEISA :   Ie, cerwch, Mari. Mi ddo i nawr. (*Â allan i'r gegin fach. Â* NANS *i'r drws.*)

NANS :   (*wrth* L. *yn dod 'nôl*) : Dych chi ddim yn meddwl y caiff Jac niwed, odych chi ?

LEISA :   (*yn dod 'nôl*) : Niwed ! Na chaiff, wrth ddal y sildyn bach 'na . . . druan ag e !

NANS :   Ma Jac mor ddewr !

LEISA :   Os yw'r stori 'na'n wir, am y dyn bach yn dwyn y ddafad ganol dydd, a dan drwynau pawb, mae fe'n ddewr ei wala hefyd. (*Ar ei ffordd i'r llofft.*) Mi fydd yn drueni ei grogi e am beth mor lleied.

(*Â'r ddwy i fyny'r grisiau, ac mae'r gegin yn wag am rai eiliadau. Yna, daw pen* D.D. I *i'r golwg yn y drws yn edrych yn wyliadwrus. Pan wêl y lle'n wag, daw i mewn ac edrych o amgylch. Cydia mewn cwlffyn o fara brith ; arllwys gwpanau o'r medd a bwyta ac yfed yn awchus. Ymhen ennyd, daw* D.D. II *yn ôl.*)

D.D. II :   (*gyda syndod*) : O rych chi yma ! Rown i'n credu eich bod chi wedi mynd gyda'r helfa.   (*Edrych o gwmpas am y llestr medd.*)

D.D. I :   Rown innau'n credu eich bod chithau wedi mynd.   (*Nid yw'n bwyta mor awchus.*)

D.D. II :   Mi gychwynnais . . . ond o ail feddwl, mi benderfynais fod yna ddigon heblaw fi . . . ar noswaith fel hon.   Duw caton pawb, mae'n wlyb nid esgus.   A pheth arall, gwaith y llywodraeth yw edrych ar ôl ei charcharorion.   Nid am hynny ma nhw'n fy nhalu i.

D.D I :   Eitha gwir.   Ac rown innau'n teimlo, fel chi, bod 'na ddigon hebddo i, ac nid fy lle i oedd rhedeg . . .

D.D. II :   Dw i ddim am dorri 'magle yn carlamu dros y Bannau 'na.

D.D. I :   Na finnau chwaith . . . rhyngom ni'n dau.

D.D. II :   Ma'r tacle yna'n gyfarwydd â phob craig a thwll, ac yn leicio'r sbort yn iawn.   Mi fyddan wedi ei gael e'n barod yn fy nisgwyl i erbyn y bore, heb i fi drafferthu dim.

D.D. I :   Gwnan', fe'i dalan 'e heb ddim trafferth i ni o gwbwl, gobeithio . . . er eich mwyn chi ynte ?

D.D. II :   Siwr iawn.   (*Yn sychu'r jwg.*)   Wel, i Aberhonddu mae'n llwybyr i, a chymaint a all fy nghoesau i wneud fydd 'y nghario i yno heno.   'Run ffordd ych chi'n dod ?

D.D. I :   Nage wir, fel mae gwaetha'r modd.   Mi leiciwn i'ch cwmni chi'n fawr . . . ond mae rhaid i mi fynd adre.   A chymaint a all fy nghoesau innau wneud fydd fy llusgo i yno.

D.D. II :   (*yn estyn ei law*) : Wel, pob hwyl ! A Duw'n rhwydd i'r daith.

D.D. I :   I chithau hefyd.   Gobeithio y cewch chi eich dyn cyn y bore. Tipyn o siom yw colli diwrnod o waith.   (*Ânt gyda'i gilydd, yn foesgar dros ben.   Y llwyfan eto'n wag am eiliad, yna daw* LEISA *o'r llofft, a* MARI *ar ei hôl.*   L. *i'r gegin fach ac yn ôl.*)

MARI :   Wel wir, gwedwch chi fynno chi, mae hi'n od am y dyn bach 'na.   Ddalan' nhw e 'sgwn i ?

LEISA :   Ma nhw'n siwr o wneud.   Chadd e fawr o flaen arnyn nhw.

MARI :   Mae'n biti os gwnan nhw.   Wnaeth e ddim ond dwgyd dafad.

LEISA :   A'i deulu fe'n trengi.

MARI :   Ond dyna fe, dyna'r gyfraith a ma hi'n cosbi.

LEISA :   Drato'r gyfraith.   Y crogwr 'na leiciwn i weld yn cael ei grogi.

MARI :   Dyn bach net oedd yr un cynta 'na.

LEISA : (*yn codi'r jwg sy'n wag*) : Ie. Yfodd e ddim gormod chwaith.
(*Daw ergyd drom ar y drws, a llais awdurdodol.*)
LLAIS : Agorwch ! . . . yn enw'r gyfraith !
LEISA : Go drato'r gyfraith ! (*Ergyd arall*).
MARI : Gwell i chi agor y drws.
(*Ond cyn i* LEISA *ei gyrraedd, agorwyd ef a daw dau ddyn—ceidwaid y carchar—i mewn ac i ganol y gegin.*)
CEID. I : Nos da, wreigdda. Peidiwch â chael ein hofan ni.
CEID. II : Yn enw'r gyfraith ŷm ni yma.
LEISA : Mi'ch clywais chi, wir. Chi a'ch cyfraith.
CEID. I : Mae dyn wedi dianc o'r carchar.
LEISA : Nid 'y musnes i yw hynny.
CEID. II : Gan bwyll, meistres. Does dim eisie i chi wylltu . . .
LEISA : Chi sy'n gwylltu . . . i gau drws y stabal ar ôl bod y march wedi dianc.
CEID. I : Rŷn ni'n gwybod ei fod wedi dod i'r cyfeiriad yma. Ddigwyddoch chi ddim gweld neb ?
LEISA : Mae'r tŷ wedi bod yn llawn drwy'r nos.
CEID. II : O ? Rhywun dierth ?
MARI : Ma'r lle wedi bod yn pingo o ddynion dierth heno.
CEID. I : Ble ma nhw nawr ?
MARI : Ma gwŷr yr ardal ' ma ar ôl un ohonyn nhw—mas ar y Bannau 'na rywle.
CEID. I : Ar ei ôl e ?
LEISA : Ie, mi glywsom ni'r ergyd, a fe ddaeth y dynion i gyd ar ei ôl e. Roedd hi'n Noson Lawen yma gyda ni—dyn help. Yna fe alwodd y crogwr ar ei ffordd i'r dre, a fe wnaeth iddyn nhw fynd.
CEID II : O da iawn eu bod nhw ar ei ôl e. Falle bod yna hen ddigon i'w ddal. Nôl yma byddan nhw'n dod ?
LEISA : Ie. (*Maent yn eistedd yn awr.*)
CEID. I : O wel, mae'n wlyb iawn mas 'na . . .
CEID. II : Tu fas *mae* hi'n wlyb. Rwy'n ddigon sych ymhobman arall ar ôl rhedeg y pum milltir yna o Aberhonddu. Does dim sut beth â . . . (*Codi'r jwg a'i chael yn wag*) O wel, dyna beth yw anlwc !
CEID. I : Mae'n siwr o fod rhagor o lle daeth hwnna—ar noson lawen a chwbl.
LEISA : Na, fe sychodd gwŷr y gyfraith y faril. Ag wfft sut noson lawen a'ch siort chi ar hyd y wlad !
(*Daw* DAFYDD *a* RHYS *yn ôl.*)

DAFYDD : Ma nhw wedi ei ddal e, Leisa, yn ddigon saff. Y llipryn truan !
RHYS :   A phe clywsech chi Jac yn rhoi'r ddeddf i lawr . . . Hylo !
          rhagor o bobol ddierth, myn caib i !
MARI :   O'r carchar yn y dre.
CEID. I : Nos da, ffrindiau. Mae'n dyn ni'n saff 'te ?
          (*Egyr y drws a daw* JAC *i mewn yn gwthio* D.D. III *o'i flaen.*
          (LIAS *ar ei ôl.*) *Adnebydd wŷr y gyfraith a'u cyfarch.*)
JAC :   Foneddigion, dyma fi wedi dala'r dyn i chi . . . nid heb gryn
          drafferth a pherygl . . . gwneud fy nyletswydd fel cwnstabl
          ynte ? Dyma fe—y corgi bach . . .
CEID. I : Pwy yw hwn ?
JAC :   Y dyn. Y dyn ddihangodd.
CEID. I : Duw caton ni ! Nage. Ar fy llw—nage !
RHYS :   Nage ?
DAFYDD : Nid hwn yw e ?
LIAS :   Hwn ddalon ni, mynno.
CEID. II : Rych chi wedi dala'r dyn rong.
JAC :   Y dyn rong ? . . . Pam oedd cymaint o ofan arno 'te, pan
          oedd y crogwr yn canu, os yn ni wedi dala'r dyn rong ?
CEID. I : Falle leiciech chi grogi hwn, ond gŵr tal tywyll sydd eisie arnom
          ni—dyn golygus, a llais canu 'te ! Anghofiech chi ddim ohono'n
          hawdd.
DAFYDD : Hei ddynion ! Y dyn ar gornel y sgiw oedd e. (*Wrth y lleill*)
          Fe ddaeth yma gynta.
RHYS :   Wedyn fe ddaeth crogwr newydd Aberhonddu.
JAC :   A hwn ddaeth 'ma ddwetha.
LEISA :   Hyd nes i chi ddod. A wn i ddim pwy ddylai gael ei grogi fwya
          ohonoch chi i gyd.
CEID. I : Wel, dyma beth yw cawl. A mae'r dyn iawn wedi cael dianc ?
          I ble oedd e'n bwrw hi ?
DAFYDD : Wyddon ni ddim
D.D. III : Ydw i'n rhydd, te, syr ?—gan nad wy' wedi gwneud dim drwg ?
CEID. I : Chi ? Ydych. Cerwch i . . . (*Yn rhoi hwb iddo. Â yntau i
          eistedd yn dawel a diflas o'r ffordd*). Nawr Mr. Cwnstabl, rhaid
          dala'r dyn arall yna. Gorau i gyd po gynta cychwynnwch chi.
CEID. II : Ie. Rych chi'n nabod y wlad yn well na ni. Mi awn ninnau nôl
          i'r dre i adrodd yr helynt. Popeth yn eich llaw chi, Cwnstabl.
JAC :   Ie, syr. Popeth yn dda.
CEID. I : Ni awn ni 'te. Nos da.
CEID. II : Nos da. Dewch ag e lawr pan ddalwch chi e. (*Ânt allan.*)
LEISA :   (*ar eu hôl*) : Nos da ! (*Â chlep i'r drws fel pe'n falch cael eu cefnau.*)

DAFYDD : Dŷn nhw ddim yn bwriadu bod mas drwy'r nos.

LIAS : (*yn eistedd*) : Na finnau chwaith. Mae un ras ar y Bannau 'na'n ddigon am heno.

MARI : Odi, neno'r annwyl. Fu'r ddau walch yna ddim yn hir cyn ffeindio esgus. Gadewch hi hyd y bore.

RHYS : Fydd dim llawer o flas mynd yn y bore chwaith. Roedd e'n edrych yn ddyn bach nobl.

LEISA : Ac i feddwl mai fe oedd i gael ei grogi ! Am cyn lleied peth !

DAFYDD : Dwedwch y gwir, sut oedd e'n gallu canu mor ddidaro !

RHYS : A phwy eisie iddo ddweud mai canto olwynion certi oedd ei waith e ?

LIAS : Ddwedodd e ddim o hynny. Dweud wnaeth e mai mendio olwynion oedd e—olwynion clociau oedd e'n feddwl wrth gwrs.

D.D. III : Ie, mendiwr clociau oedd e . . . a ffaelu cael gwaith.
(*Try pawb yn syn i'w glywed ef yn siarad.*)

DAFYDD : Pam, oeddech chi'n nabod e', te ?

D.D. III : Roedd e'n frawd i fi. (*Pawb yn syn.*) Mi cychwynnais hi o gartre ar y bore bach heddiw i gerdded i Aberhonddu, gan obeithio ei weld e a dweud ffarwél cyn . . . cyn . . . cyn bore fory. Ond fe ddaeth y glaw a mi gollais fy ffordd. Wedyn, mi welais eich golau chi a throi i mewn i holi . . . Pan agorais i'r drws, pwy welwn ni fanna o mlaen i ond 'y mrawd rown i am weld cyn . . . cyn bore fory . . . dan y fantell fanna . . . yn canu cân y crogi am yn ail â'r dyn oedd i fod i'w . . . Welodd neb ohonoch chi fe'n edrych arna i a'i law e ar ei enau . . . roedd eich llygaid chi arna i . . . Rown i'n cael gwaith sefyll . . . a wyddwn i ddim beth i'w wneud ond troi a dianc.

RHYS : Wyddoch chi ble mae eich brawd nawr ?

D.D. III : Na wn i. Welais i mohono wedi i mi dynnu'r drws ar fy sodlau gynnau.

LEISA : Gobeithio na ddalan nhw byth mono fe.

RHYS : Ie, gobeithio ceith e glawdd gweddol yn gysgod heno, ddweda i. Af fi ddim ar ei ôl e.

DAFYDD : Na finnau.

JAC : Ond beth am y gyfraith ? Mae'n rhaid parchu'r gyfraith . . . a rw' i'n gwnstabl . . . (*Ond gwannaidd yw ei lais*).

NANS : O Jac, paid â mynd mas heno ragor.

LIAS : Diawst i, Jac, fe aeth e â Nans oddi arnat ti am sbel go lew wedi'r cwbwl.

MARI : Mae ei waeth e'n fyw o lawer. Dyna lais canu !

LEISA : Ych-y-fi, yr hen gân 'na !

LIAS :   Oes rhywun yn ei chofio hi ?
UN O'R DYNION :   Rw i'n cofio'i llinell ola hi (*Cân*) "Duw'n rhwydd i'r
            truan ar ei daith."
LEISA :   (*yn troi at y drws*) : Ie wir, Duw'n rhwydd iddo !
PAWB YN CYDGANU :   "Duw'n rhwydd i'r truan ar ei daith".

(*Disgyn y llen yn araf tra fyddant yn canu*)

Cwm Glo

(Drama mewn Tair Act)

"Gwelsom y Dwyfol Grochenydd
A'i Olwyn gan ddagrau yn llaith."
Cynan.

Cwmni'r Pandy a berfformiodd *Cwm Glo*, o'r chwith i'r dde (cefn): Isaac Williams, Richard Benjamin, Mair Rees, Morris Williams, Islwyn Bowen; (blaen) Letitia Harcombe, yr awdur, a Kate Roberts

(Llun: o'r 'Daily Mirror', Mai 30, 1935)

Golygfa o *Cwm Glo* a berfformiwyd gan Gwmni'r Pandy, 1935. O'r chwith i'r dde: yr awdur yn portreadu'r prif gymeriad; Mair Rees (golygydd y gyfrol) yn actio Bet; Kate Roberts (Mrs. Davies); a Letitia Harcombe, chwaer yr awdur, fel Marged, y rhan a dynnodd sylw'r wasg!

I
S.M.P.
a ddododd fy nhroed ar lwybr llenyddiaeth ;
ac i
Gymdeithas y Ddrama Gymraeg, Abertawe,
a berfformiodd "Cwm Glo" am y tro cyntaf,
Chwefror 7, 1935

CYMERIADAU

MORGAN LEWIS	Goruchwyliwr Gwaith Glo, tan ei 40 oed.
BET LEWIS	Ei chwaer, tua 27 oed.
IDWAL	Glöwr ; cariad Bet, tua 30 oed.
DAI DAFIS	Glöwr, canol oed.
MRS. DAVIES	Ei wraig, tua'r un oed.
MARGED	Eu merch, 15 oed.
RICHARD IFANS	Glöwr, hen ŵr.
BOB	Crwtyn o löwr.

LLEOEDD AC AMSERAU

Yr Act Gyntaf :

Golygfa 1 : Partin Tan-Ddaear. Amser Brecwast.

Golygfa 2 : Cegin Tŷ Glöwr. Yn hwyrach yr un bore.

Yr Ail Act :

Golygfa : Gardd o flaen Tŷ'r Goruchwyliwr. Canol haf ymhen tair
blynedd.

Y Drydedd Act :

Golygfa 1 : Hewl fawr o flaen Tŷ'r Goruchwyliwr. Hwyr o Hydref
ymhen blwyddyn.

Golygfa 2 : Cegin Tŷ Glöwr (fel yn Act 1 (2)). Ymhen pythefnos.

NODIAD.—Unrhyw gwm diwydiannol yn Ne Cymru yw "Cwm Glo," a
gall y chwarae ddigwydd rywbryd ar ôl hanner olaf y "nineteen-
twenties."

YR ACT GYNTAF

GOLYGFA I

Partin tan-ddaear. Amser brecwast.

Pethau a ddigwydd bob dydd, ym mhob "Cwm Glo" yn y Sowth, yw defnydd y chwarae hwn. Y cwbl a ofynnir yw cyfnod o bedair blynedd, i hadau'r ddwy olygfa gyntaf brifio : aeddfedant i'w priod ffrwyth yn ddiymod.

Pan gyfyd y llen y mae'r llwyfan mewn tywyllwch a llwch glo mân, ond bod un lamp glöwr, sydd yn hongian wrth un fraich pâr o goed yn agos i ganol y llwyfan, yn creu cylch clir o olau, fel gnotai, am ben y glöwr hwnnw. Wrth i'r llygaid gynefino â'r tywyllwch gallwn ninnau amgyffred yn well mai partin tan-ddaear sydd o'n blaen a bod pâr o reilffyrdd gloyw yn rhedeg ar draws y llwyfan o'r chwith uchaf i'r dde isaf. Rhed ohonynt ddeubar arall i mewn tua'r ffos sydd yn rhywle ar y dde.

Cliria'r llwch a gwelwn mai DAI DAFIS, *gŵr ar ei ganol oed, sydd yn eistedd wrth droed y coler coed, a'i fod yn bwyta ac yn ceisio darllen papur yr un pryd.*

Heb godi ei ben o'r papur, estyn ei law i'r tomi bocs ac at y jac bob yn ail, ac ni newidia ei osgo ddim pan glywn ninnau ei lais :

DAI : Hei, dere mlân, Dic. I bwy wyt ti'n gweithio te ? Ma hi'n bryd bwyd. Teilwng i'r gweithwr ei fwyd. Dere o'na, Bob ; gad y bocs 'na i fod nawr.

BOB : *(o'r twnnel uchaf)* : Reit ! Rwy'n dod, nawr. *(Ymhen ennyd daw* RICHARD IFANS *o'r twnnel isaf. Gŵr tua 60 oed yw, a chanddo wyneb rhadlon, pryfoclyd bron. Gwisg ei got amdano wrth ddod ymlaen. Daw* IDWAL, *bachgen ifanc tua 30 oed, o'r un man ag ef, ond try yn ei ôl i dynnu ei got oddi ar hoelen mewn coler arall a'i thaflu tros ei ysgwyddau. Daw* BOB, *crwtyn 16 oed, o'r twnnel uchaf ac â ar ei union i'r man lle y mae* DAI *a* DIC *yn eistedd.)*

DIC : *(wrth gerdded ymlaen)* : Mae hast arnat ti bore 'ma o's e ddim ? *(Tyn ei watch o'i boced.)* Pum munud i naw yw hi nawr ; am naw r'ŷm ni'n arfer brecwasta. Mwy o hast i lanw dy grombil, spo, nag i lanw glo heddi 'to. *(Eistedd, ac wrth i* BOB *gyrraedd atynt)* : Ti, boi bach, sy'n codi glo i chi'ch dou, iefe ? *(Wrth fod* BOB *yn paratoi i eistedd atelir ef a'i gael ar ei ddeulin. Saif* IDWAL *wrth y coler â'i gefn at y lleill.)* Dere, gofyn fendith, ' ngwas i. *(Cyfyd* DIC *ei law ar osgo cyhoeddi bendith, a thry* DAI *ddalen o'i bapur yn ddigon stwrllyd.)*

BOB : (*yn syml*) : "O Arglwydd, bendithia ein bwyd, i'n cadw yn fyw, i'th wasanaethu Di, er mwyn Iesu Grist. Amen."

DAI : Du' cato pawb, Dic, rwyt ti wrth dy fodd yn twyllo'r plant 'ma. Be well ma neb o ofyn bendith, leicwn i wbod ? Nid bod gwahaniaeth gen i, wada di bant. Ond mi fydde'n well iti adel y crwtyn 'na i roi ei fwyd yn ei grombil na throi am bwytu i ofyn bendith. Dwy i na Idwal byth yn gofyn bendith, a dŷm ni ddim wedi trengi yto, e Id ?

DIC : Does dim llawer o wahaniaeth gen i beth ych chwi'ch dou yn gredu, ond mi all mwy o flas fod ar fara menyn dim ond gweud thenciw amdano fe, ond gall e, Bob ?

BOB : Shŵr o fod. Oni bai fod rhywbeth yn hynny fuase mo mam wedi trafferthu i'n dysgu ni i ofyn bendith, na dweud pader o ran hynny. A dyw Dic Evans ddim yn ddigon o ffŵl i wneud hynny am gymaint o flynydd-oedd os nad oes dim byd yn hynny. Pam na wnei di ddiolch am y bendithion 'ma, Id ?

IDWAL : (*wrth eistedd*) : Dwn i ddim wir, Bob, ond mwya i gyd ddarllena i, ac y meddylia i, lleia i gyd y galla i weld bod gyda Duw—serch pwy neu beth yw hwnnw —ddim byd i wneud ag e. Os gweithia i i gael cyflog mi ga i frecwast heb help neb. Os na cha i gyflog mi ga i drengi rwy'n ofni, heb i neb weld fy ngholli i.

DIC : (*yn bwriadu esbonio*) : Ond Idwal, yn shŵr i ti . . .

IDWAL : (*yn torri arno*) : A oes rhywbeth yn y papur na Dai ? Welais i ddim papur neithiwr, na dim o hanes y pleidleisio ar oriau gwaith y ffatrïoedd gwlân. Beth ddigwyddodd ?

BOB : (*yn chwerthin*) : Dyw Dai ddim yn hitio dim am senedd na pholitics na fotio, nac am oriau gwaith neb arall, nac am Ragluniaeth na Duw chwaith. Gest ti lwc ar dy geffyl ddoe Dai ?

DAI : (*yn codi ei ben o'r papur*) : E ? O do, was ; do, do ; os wyt ti am wybod ; 10 to 1, 'machan i. A mae gen i geffyl heddi 'ed ; snip 20 to 1. (*Sylwa, trwy daro'i law yng ngwaelod ei focs ac edrych, fod hwnnw yn wag. Cymer lwnc hir o'i jac, ac yna plyg i weld bocs Bob.*) Be sy gen ti bore 'ma ? Sandwitsh wy, myn diawl i. He, he, he, fyti di mo rheina i gyd. Gad weld . . .

(Estyn ei ddwrn crebachlyd a thynn o'r bocs ddwy dafell, a chymryd dwy gegaid heb aros.)

BOB : Hei, rho nhw nôl. I fi rhoth mam nhw, nid i ti.

DAI : Cer i grafu. *(Cymer ddwy gegaid arall.)* He, he, he.

DIC : *(wrth* BOB) : Gad y ffŵl i fod. Mae e mor ddigywilydd â mochyn. Weldi, mae gen i afal iti. *(Rhydd un iddo.)* A fyti di un, Id ? *(Teifl un i hwnnw.)* Cymer.

BOB : Thenciw.

IDWAL : Diolch. *(gyda'i gilydd.)*

DIC : Mi ddylai fod yn gas gan dy galon di, Dai.

DAI : *(yn fawreddog)* : Ie, falle ; ond does dim weldi. Gwrando Id, beth well wyt ti o foddrach am lywodraeth ac oriau gwaith ! Oes swllt gyda thi ? Rho fe i fi i roi ar Lucky Jim. Sure snip, 20 to 1.

DIC : Os yw'r gêm yna'n talu cystal i ti, pam wyt ti mor ddwl â dod lawr fan hyn ? Mae'n dda bod y bois ma'n gallach na thi. *(Try at* IDWAL.) Ar y radio neithiwr roedd e'n dweud i'r llywodraeth gario, a bod y bil yn saff hyd y committee stage.

IDWAL : Good. Rwy'n gobeithio . . .

DAI : *(fel pe heb glywed na* DIC *nac* IDWAL) : Dyma gyfle dy fywyd iti. Ceffyl first class ! *(Yn darllen o'r papur.)* "This gallop goes to show that Lucky Jim is now back on his best." Gordon Doni sy ar ei gefen e hefyd. "He went right away and finished ten lengths in front of Opojac." A dyna i ti frid, 'machan i. Pedigri ! Does dim ceffyl gwell nag e leni. A mi ges i'r tip o'r reit fan, mei boi. Good Luck oedd ei fam e, a Jim Crow oedd ei dad. Roedd Lucky Star a Starlight yn perthyn iddo ar un ochr, a My Jim a Croc Crow yn ei waed e ar yr ochr arall. Oes swllt gyda . . . Bah ! ! *(Sylwa nad yw* IDWAL *ddim yn gwrando arno. Y mae hwnnw, tra fu* DAI *yn clebran, wedi tynnu sialc o'i boced, ac ar focs glo yn ei law wedi torri diagram theorem Pythagoras. Edrydd y theorem wrtho'i hun gan ddilyn y llinellau, weithiau â'i fys trwy'r awyr, weithiau â'r sialc ar y diagram. Croesa* BOB *ato, a sylwi yn ddistaw arno. Pan wêl ei fod yn methu mynd ymlaen, ar yr un munud ag y bydd* DAI *yn gofyn am y swllt, gofyn iddo)* :

BOB : Beth wyt ti'n wneud ? Dangos hi i fi.

IDWAL : Dwyt ti ddim yn gwybod digon o Geometry i ddilyn

hon, mae arna i ofn.   Mae hi'n un o'r rhai anodda
sy gen i i'w gwneud.   Pythagoras Theorem.

BOB :   Rhywbeth am area'r sgwars na yw hi, iefe ddim ?
IDWAL :   Ie, wyt ti'n gweld y right angle triangle 'na ?
BOB :   Triangle ABC.   Odw.   (*Enwer y llythrennau bob tro yn
          Saesneg.*)
IDWAL :   Rwy i i brofi bod y sgwâr ar yr ochor hir 'na—AC
          yr hypotenuse, weldi e ? Sgwâr ACDE yr un area yn
          gywir â'r ddau sgwâr ar AB a BC gyda'i gilydd.
          The square on AC equals the sum of the squares on
          the other two sides.
BOB :   (*yn dilyn y diagram â'i fys*) : ACDE yr un area yn
          gywir â ABFG plus BCHK.
IDWAL :   Ie.   Dyna fe.
DAI :   Dyna ffŵl wyt ti'n cabarddylu dy ben gyda hen ddwli
          felna.
IDWAL :   O ca dy sŵn.   Meindia dy fusnes.   Cer mlaen â'th
          geffylau.
DIC :   Gad lonydd iddyn nhw, Dai.   Mae Idwal eisiau'r
          pethau ma erbyn ei sertifficet.   Wyt i'n gwybod ei
          fod e'n mynd i eiste ei ecsam yr haf 'ma ? Be' dda yw
          stwff felna, leiciwn i wybod.   Dwli pen hewl.
IDWAL :   Prove that the square on AC equals the sum of the
          squares on the other two sides.
BOB :   Ie, ond sut ?
IDWAL :   O'n rhwydd.   From B drop a perpendicular on AC
          cutting AC . . .
DAI :   (*gan blygu yn codi dyrnaid o lo mân gwlyb a'i daflu yn
          fflachter ar draws y diagram*) : Damo chi . . . He, he,
          he.   Dyna spoilo'ch sport chi nawr, ta beth.
DIC :   (*wrth* IDWAL, *sy'n codi ac yn bwgwth* DAI) : Gad na
          fe, Id, y mochyn dienaid sut ag yw e.   Der, byta dy
          fwyd.   Does gyda ni ddim gormod o amser i gael . . .
          Ac rwyt ti'n cael blas ar y taclau 'na ! Fuodd gen i
          ddim diddordeb ynddyn nhw arioed . . . Na fe,
          (IDWAL *wedi eistedd, mewn cywilydd at* DAI, *a rhyfeddod
          at ddoethineb* DIC) cwpla dy fwyd.
BOB :   (*yn torri'r tawelwch digysur*) : Wel, wir, brecwast go
          brin sy gen i heddi a ffido Dai a chwbwl.
DIC :   Hy, ie, wir, 'ngwas i ; ond mi fydd bola Dai rhy dynn
          i blygu, mi alli fentro.   Hwde (*estyn gylffyn o fara*

cyrens iddo), cymer y bara cyrens ma, alla i ddim ei gwpla fe.

DAI : Be gythraul sy'n bod arnat ti ? Fe allai dyn feddwl mai ti sy'n 'y nhalu i. (*Rhydd ei hun yn esmwyth fel i gysgu sbel.*) Rwy'n gwneud digon am yr arian rwy'n gael, myn asen i. Be well mae neb o chwysu'i enaid maes. Nhw (*gan bwyntio at y twnnel ar y chwith uchaf*) fydd yn cael y proffits i gyd, ac wfft faint o waith mae nhw'n wneud. Mae Dai yn gwybod digon o bolitics heb weirles na dim i ddeall cymaint â hynny, ta beth. Mi ddes i maes o'r ffas na bum munud o'ch blaen chi, a nawr rwy'n cael sbel fach, tra bo chi'ch tri'n cwpla. A falle bydd 'y ngharre i wedi torri, neu rywbeth, pan fyddwch chi'n mynd nôl—a mi ga innau'r minimwm dydd Gwener. Faint mwy gei di, a faint mwy geith Id, ar ôl iddo gabarddylu ei ben ?

IDWAL : Roedd hynna yn ôl reit nôl yn 1919, ond fe gei di dy ddal mor wir â'th fod ti'n fyw.

BOB : A mi ga innau'r hewl wedyn . . .

DAI : 'Y nal ! Gyda phwy ? Pwy sy'n mynd i'n nal i ? Pwy sy'n mynd i wybod mod i wedi cael pum munud fach cyn brecwast ? (*Dengys y lleill eu diflastod.*) Un peth leiciwn i nawr fyddai pinshed fach o faco. (*Tyn focs gwag o'i boced.*) Oes pinshed fach gen ti, Dic ?

DIC : Oes thenciw (*Ond nid yw yn anelu symud.*)

DAI : (*yn stwmp*) : Wel der â blewyn te !

DIC : O dyna gân arall nawr. (*Chwardd* IDWAL *a* BOB.) Pryd prynaist ti faco ddiwetha, Dai ?

DAI : Y diawl, yn gwneud sport ar 'y mhen i ! (*Tyn bibell glai o'i boced*). Mi leiciwn i gael mwgyn bach o hon nawr. (*Edrych y tri yn syn arno, ac yna tery* DIC *ei law yn ôl chwap ar draws ei geg, nes bwrw'r bibell i'r llawr a chael gafael ynddi, a'i dal i fyny ennyd.*)

DIC : Ti yw'r diawl. Sut y dest ti â honna lawr ? Ac rwyt ti mor wan â chath fach, ac yn ddigon dwl i'w thano hi. (*Briwia hi yn fân tan draed*). Dyna !

DAI : O reit, o reit, rwyt ti'n barticlar iawn. Doedd dim drwg yn hynna,—anghofio'i bod hi yn y boced 'ma wnes i. A rwyt ti wedi dod â gwaed i 'ngheg i.

BOB : Anghofio tynnu dy bib o dy boced ; ac anghofio rhoi baco i mewn. Good man, Dai.

IDWAL : A mi ddest ti off yn shêp â dim ond tipyn bach o waed o'th geg, my lad. A wyt ti'n gwybod y gellit ti gael jâl am hynna ?

DAI : (*try ei gefn arnynt*) : O ca dy lol.

DIC : Bob, faint o fwc sy'n dy dram di bore 'ma. Rwy'n siwr na ellit ti ddim llanw honna i gyd yn lân dy hunan ; a ti llanwodd hi fwya, gynta. Os cewch chi'ch dal am lanw glo brwnt, maes cewch chi fynd yn bendramwnwgwl.

BOB : (*gan edrych ar* DAI) : Wedes i hynny wrtho fe. Mae'r glo rwy i wedi roi ar y top yn iawn, ond . . . wn i ddim be sy'n ei chanol hi.

DIC : Petawn i'n ffeierman f'hunan, fydde gen i ddim byd i'w wneud ond gwneud hebddot ti, Dai.

DAI : Petai ti'n ffeierman mi fyddai raid i fi gael rhyw ffordd arall falle. Ond mae Ianto Lloyd yn olreit. (*gan godi ei law at ei geg*) Peint bach yn y "Lion." Myn asen i bois rych chi'n dwp.

BOB : Ond beth 'se Morgan Lewis y manager yn dod lawr ? Be ddigwyddai inni wedyn ?

DAI : Morgan Lewis ! Yr hen gi. Does gydag e ddim byd i weud. Os dwed e rywbeth mi ro i ei hanes iddo fe, reit inyff. Mae ei enw e'n drewi trwy Cwm Glo i gyd.

IDWAL : Ca dy geg Dai Dafis ! Pa hawl sy gen ti i ddweud dim byd am neb ? Ca di dy geg am Morgan Lewis.

DAI : O, rwyt ti'n teimlo, wyt ti ? Pam wyt ti'n teimlo te ? Pwy eisiau iti deimlo sy ?

DIC : Mae rheswm ar bopeth. Rwyt ti wrth dy fodd yn chwilio popeth gwael am bawb. Dim ond celwyddau dynion o dy deip di sy am Morgan Lewis. Mae'n well i chi ofalu neu fe gewch chi'ch hunan mewn twll y gŵr drwg maes o law.

DAI : O'r sant, sut ag wyt ti. Does dim raid iti fecso amdana i, mi alla i brofi popeth wy i'n weud.

IDWAL : Dai, os na ofeli di, mi ro i fonclust iti nawr, a bod yn falch o wneud un tro da am heddi ta beth.

DAI : Mi neiset ti Foi Sgowt go dda, siwr o fod. Dyna pam mae Bet Lewis yn dy leicio di fallai. Ar y fencoes i Id, mae gen ti cheek yr Hen Foi i hongian am bwytu tŷ'r Manager ac esgus caru ei chwaer. (*Yn crechwen.*) Fallai bod hi rywbeth yn debyg i Moc ei brawd.

DIC :   Er mwyn y Nefoedd, dal dy dafod, Dai.

IDWAL : Gedwch na fe, mi ddwed rywbeth heb fod yn hir y bydd raid imi roi whelpen iddo fe. Mi fydd hynny'n siwr o gau ei geg e. (*Cyfyd at ei waith wedi cael cas ar siarad* DAI.)

DAI :   Stic di at Bet, mei boi. Duw wŷr be gei di gyda'r hen Foc—ond dwy i ddim yn credu cei di Bet gydag e'n glou iawn. Fallai fod cwestiynau ar bethau felna yn yr ecsam. He, he, he.

IDWAL : (*yn troi yn ôl eto*) : Weldi ma Dai, dyna ddigon nawr. Cod lan i mi gael rhoi taw arnat ti. Cod lan, y blagard sut ag wyt ti ! (*Nid yw* DAI *yn symud. Neidia* BOB *o'r ffordd i roi lle i'r ymladd y carai ef ei weld.*)

BOB :   Go on, Id. Dere mlaen Dai. Rwyt ti'n bostio dy fod ti'n gallu ymladd. Nawr te, dere mlaen.

DIC :   Gad lonydd iddo, Idwal. Paid â gwneud sylw ohono. Dim ond dy bryfocio di mae e, i'th hela di'n grac. (*Try* IDWAL *ymaith.*) Ond wyddost ti Dai, rwyt ti'n haeddu'r goten orau gest ti erioed am siarad felna.

DAI :   (*yn chwerthin*) : Diaist i mae Idwal yn meddwl tipyn o Bet. Mi ges i beth o'i ofan e nawr. (*Â* BOB *yn ôl at ei waith a chlywir ef yn cynghori* IDWAL, *sydd yn hongian ei got a chrynhoi ei bethach.*)

BOB :   Mi ddylet ti fod wedi rhoi un iddo, reit ym môn ei glust a left-hook yn ei chops e.

IDWAL : Mae'n well iti ofalu na chlyw e di. Mi fydd raid i ti weithio gydag e o hyd, cofia.

BOB :   (*wrth fynd o'r golwg*) : O, does dim o'i ofan e arna i.

DIC :   (*wrth grynhoi ei focs, yn codi ar ei ben lin*) : Ddylet ti ddim siarad felna o flaen y bois 'ma.

DAI :   Arnyn nhw mae'r bai, nhw ddechreuodd. A mae Bob yn gwybod cymaint â finnau llawn.

DIC :   Mae gen ti ferch fach dy hunan cofia. Pa ddylanwad wyt ti'n ddisgwyl gael arni hi ? Druan fach o Mrs. Davies !

DAI :   Does dim eisiau iti foddrach amdanyn nhw. Does neb wedi rhoi hawl iti i fesan yn 'y musnes i, oes e, er dy fod ti'n esgus bod mor dduwiol ac yn gweddïo rownd abowt.

DIC :   Nagoes, nagoes. Ond druain bach ddweda i, yn dy ofal di.

DAI :   Pait di â becso dim amdanyn nhw. Maen nhw'n cael amser go dda. Ca di dy geg amdanyn nhw.

DIC :   A dyw Mrs. Davies ddim yn gryf iawn, ond nagyw hi ?

DAI :   Mae'r hen groten yn burion, does dim eisiau iti ffysan lot amdani hi. Mae lot o anal ynddi hi eto.

DIC :   A Marged fach, der weld, pedair ar ddeg yw hi nawr ?

DAI :   Nage, pymtheg.

DIC :   Mae'n ddrwg gen i amdani hi.

DAI :   Mae hi'n dda ddigon. Tra geill yr hen fenyw, cheith dim un gwyntyn croes ddrysu blewyn o'i gwallt hi. A mae'r cythraul bach yn gwybod sut mae troi ei mam am ei bys bach. Mae Bet Lewis, whâr y manager, yn estyn rhywbeth iddyn nhw bob dydd 'ed. Diawst i, mae hi'n dod yn hen groten fach lân, hefyd, my boi.

DIC :   Edrych ar ei hôl hi, er mwyn Duw, os nad oes gen ti ddim byd arall i fod yn falch ohono. (*Cyfyd, a sefyll ar ei draed gan edrych i lawr ar* DAI.) Dai, pob lwc iti. Mi ddylet ddod i benshwn am beidio â gweithio, neu am hau celwyddau. Yr unig biti yw fod y bois bach 'ma yn dy ofal di. Os na ofeli di mi fyddi wedi dwyn ei job oddi ar Bob a'i roi e ar yr hewl heb na dôl na dim. Ac os bydd e gyda thi'n hir mi fydd heb ei gymeriad hefyd mae arna i ofan. (*Y mae yn symud ymaith.*)

DAI :   Ym mhle wyt ti'n pregethu dy' Sul ? Mae'n well iti fynd lawr ar dy liniau nawr i gadw cwrdd diwygiad. Weldi, 'ma emyn newydd iti, newydd sbon :

    "Aeth croten fach ifanc o'r Rhyl . . ."

(*Clywir sŵn troed cyflym yn dod trwy'r twnnel chwith.*) Ma'r hen Ianto Lloyd yn dod. (*Try i edrych a gwêl olau coch ; mae yn gwylltio, yn neidio ar ei draed ac yn crynhoi ei focs a'i jac, ond y mae'r papur ar lawr yn agored ac yn anniben.*) Nage, myn yffern i, Morgan Lewis, y manager . . . (*Hawdd canfod ei fod mewn penbleth a gwylltineb.*)

LEWIS : Bore da, Dai.

DAI :   Bore da, syr. Mae hi'n fore ffein.

LEWIS : Sut mae pethau'n mynd ?

DAI :   Gweddol. Talcen go galed.

LEWIS : Ie, fel arfer, mae'n debyg. (*Mae* DAI *yn symud tua'r ffâs*). Pam wyt ti'n colli cymaint o amser nawr yn ddiweddar ?

DAI :   Dyw'r wraig yco ddim hanner iach, syr.

LEWIS : Dai bach, wyt ti wedi anghofio eich bod chwi'n byw o fewn ergyd carreg i'n tŷ ni ? Mi glywais dy fod wedi meddwi'n garn echnos. Ym mhle wyt ti'n cael arian i

dorri peth o'r syched ofnadwy 'na sy'n dy flino di ?
(*Gwêl y papur ar lawr a rhydd flaen ei ffon drwyddo a'i godi.*)
Rwyt ti ar y bŵs bob tro daw ceffyl adre mae'n debyg.
Mae gen ti ffitach gwaith i'th geiniogau, siwr o fod.
(*Â heibio i* DAI, *a heibio i'r dram lo ac i mewn tua'r ffâs, a
chlywir ei lais o bell yn cyfarch* BOB *yn siriol.*) Sut wyt ti,
boi bach ? Wyt ti'n cael digon o waith . . . Gofala am
y lamp yna.

BOB : Reit, syr.

DAI : (*wrtho'i hun, a chrechwen ar ei wedd*) : Dyma beth yw lwc
y diawl, a does dim cocso arno fe. (*Â at y dram lo.*)
A mae golwg shêp ar hon hefyd . . . . Yr hen grwt
bach y cythraul 'na. Damo, damo, damo . . . (*yn rhegi
tan ei ddannedd, fel na ddeëllir ei eiriau, ond darllenir ei osgo.*)

LEWIS : (*o'r tu mewn*) : Arnat ti neu Dai mae'r bai am yr holl
lo mân yma sy tan draed ? Rych chi braidd yn anniben
gyda'ch gwaith. Bydd yn fwy cryno, machgen i.
(*Daw yn ôl at y dram lo, a chwalu'r talpau ar ei phen hi â'i law :
edrych yn fwy craffus arni : dyd ei law i mewn rhwng y talpau,
a chodi dernyn o slag i'r golwg a'i daflu i'r llawr. Y mae* DAI
yn myned heibio iddo yn ôl i'w ffâs.)
Dysg y crwtyn yna i fod yn fwy cryno Dai, neu fydd e dda
i ddim byth ; mae'r lle 'na yn ddychrynllyd. (*Daw ei law
ar draws telpyn arall o slag a gesyd ef ar ymyl y dram, yn y
golwg. Wrth iddo alw ar* DAI *â heibio i du blaen y dram a
sefyll ar yr ochr isaf iddi. Pan ddaw* DAI *allan saif ef lle
safasai* MORGAN LEWIS.*) Dere yma Dai . . . ar unwaith !

DAI : (*o'r tu mewn*) : Reit. (*Wedi iddo ddod i'r golwg.*) Beth
sy'n bod, syr, dyma f . . .

LEWIS : (*yn torri ar ei draws*) : Rwy i wedi sylwi bod lot o fwc yn
cael ei dipio'r diwrnodau diwetha 'ma.

DAI : (*yn ansicr a ddisgwylir iddo ef ddywedyd dim*) : Oes e? O . . .?

LEWIS : Ac y mae lot o slag yn hon. (*Teifl y talpau sydd ganddo
ar ochr y dram i'r llawr.*) Dyw hyn ddim yn ddigon da.
(*Dyd ei law i mewn ym mherfedd y dram a thyn allan ddyrnaid
o lo mân gwlyb, a'i gario yn ei law i ganol y llwyfan. Mae
llygaid* DAI *yn ei ganlyn ac y mae ansicrwydd yn ei wedd.*)
Does dim rhyfedd nad ŷm ni'n gallu gwerthu glo. Beth
wyt ti'n ddisgwyl ond colli marchnadoedd â glo fel hyn !
(*Gad i'r glo ddripian rhwng ei fysedd i'r llawr.*) A thi a'th
short fydd y cynta i achwyn pan fydd y pyllau yma wedi
eu cau.

DAI :   (*fel llechgi*) : Y crwtyn na, syr. Bob . . . Bob, dere ma.

LEWIS :   Rwy i'n dy dalu di am ddysgu'r crwtyn na'n iawn. Sawl tram wyt ti wedi'i lanw heddi ?

DAI :   Hon yw'r gynta bore ma . . . Ond rwy i wedi bod yn disgwyl yr halier os amser nawr, syr.

BOB :   (*yn dod i'r golwg*) : Oet ti'n galw, Dai ?

LEWIS :   Does dim o'th eisiau di. Cer nôl at dy waith machan bach i . . . Na, ateb . . . Ti lanwodd y dram yma ?

BOB :   Fi rasodd ei thop hi, syr.

LEWIS :   A dim ond hon sydd wedi ei llanw gyda chwi'r bore ma ? Pam hynny ?

BOB :   Rwy i wedi bod wrthi â'm holl egni syr. (*Cilwg oddi wrth* DAI).

DAI :   Crwtyn eiddil yw e, a dyw e ddim yn credu mewn gweithio'n rhy galed.

LEWIS :   Bydd ddistaw. Paid â dweud dim rhagor o gelwyddau, da ti. (*Wrth* BOB.) O'r gorau, machgen i . . . (*â* BOB *gyda gwên o falchder na wêl y manager mohoni ; y mae efe'n galw i'r twnnel arall.*) Richard Ifans, chwi sy fanna, ynte fe ? Dowch yma am funud. (*Wrth* DAI.) Rwy'n ofni y bydd raid iti fynd, Dai.

DIC :   Hylo, bore da, syr.

LEWIS :   Bore da, Dic. Mae yna le go lew fan hyn, oes e ddim ? Faint ych chwi wedi'i wneud bore ma ?

DIC :   Newydd hela'r ail maes. Mae'r drydedd bron yn wag mewn yna. Dyw'r lle ddim yn ffôl. Rŷm ni'n gallu dod i ben ag e'n weddol nawr.

LEWIS :   Dyna oeddwn innau'n feddwl. A dim ond hon mae Dai wedi'i llanw. A mae hi'n ddychrynllyd. (*Saif pawb am ennyd anesmwyth.*) Mae'n ddrwg gen i am Mrs. Davies, ac am Marged fach, ond dyna fe, beth sy gen i i'w wneud ? Gwisg dy got !

DIC :   O ! Mr. Lewis !

LEWIS :   Beth arall alla i wneud ? Mae Dai yn colli yn agos hanner ei amser—ceffylau a chwrw ; mae e'n anniben, dyw e ddim gwerth ei halen ; a mae'r hyn mae e'n ei wneud yn fwy o golled na dim arall. Glywaist ti Dai, casgla dy dŵls.

DAI :   O, fel na, iefe. Rwy'n eitha bodlon mynd. He, he, he. Pwy sens sy mewn gweithio'n enaid maes fan hyn i chi gael y pres. Rwy i'n hen barod . . .

DIC :   Rhowch un cyfle arall iddo fe, Mr. Lewis.

LEWIS :   Beth well fydda i. Run peth yn union fydd e. Na, alla i
             ddim rhoi cynnig arall iddo fe.

DAI :   Does dim eisiau i ti, Dic, fegian trosto i. He, he, he,
             bachan pert yw e i ddannod ceffylau a chwrw i fi.
             Mae ceffylau a chwrw yn respectabl wrth rai o'r pethau
             mae fe'n eu henjoio. Mae gwinoedd a . . .

LEWIS :   O'r gorau, cer nawr cyn digwydd gwaeth iti. Galw am
             dy gardiau yn yr offis.

DAI :   Gobeithio y daw'r un lwc i chwithau bob enaid ! A mi
             ddaw, o daw, daw. Mi fydd y cwmni ma wedi cael
             y gorau maes ohonoch chwi cyn hir . . . a mi fyddwch
             chwi'n cael eich tipio maes i ben y tip yna—rhy hen
             a rhy stiff i blygu.

LEWIS :   A glywaist ti fi'n dweud wrthyt ti am fynd ? Nawr te !

DAI :   Do, do, mei boi. A glywaist ti fi'n dweud wrthyt ti
             a Dic ? Mae digon o fois ifainc ar yr hewl nawr i lanw'ch
             lle chwi . . . . Mi fydd Idwal yn fanager ryw ddiwrnod
             falle—os caiff e chwarae teg. He, he, he. (*Aeth* MORGAN
             LEWIS *i mewn i'r ffâs rhag clywed rhagor.*) Reit mei bois
             (*wrth fynd i'r twnnel ar y chwith.*) A gwnewch fel mynnoch
             chwi â'ch job ! Piclwch hi ! (*Â'r golau'n is.*)

DIC :   (*wedi i* DAI *fynd o'r golwg*) : Wel, wel . . . Mae byd pert
             o'i flaen e, druan ; a'i deulu hefyd . . . Wel, wel. (*Try
             i'w le. Â'r golau'n is.*)

LLEN

GOLYGFA II

Cegin Tŷ Glöwr. Yn hwyrach yr un bore.

Cegin dlodaidd yr olwg arni sydd o'n blaen ; y defnydd yn y gadair a'r soffa, a'r llenni ar y ffenestr sy'n awgrymu hynny. Eithr tlodi a welir ac nid diffyg gofal ; y mae'r cyfan yn lân a thalïaidd. Ar y chwith egyr dau ddrws. Â'r uchaf ohonynt i'r cefn, a'r llall at waelod y stâr i'r llofft ; trwyddo hefyd yr eir i'r heol. Yn y cefn y mae'r ffenestr, ac o tani y saif y soffa. Y mae llun teuluaidd neu ddau o bob tu i'r ffenestr. Ar y dde yn y gornel uchaf y mae cwpwrdd yn y wal. Yn y canol y mae'r lle tân a ffwrn ar un ochr iddo. Ar y fantell gwelir dau neu dri o ganwyllarnau pres, canister neu ddau a blychau tin. Bydd roden o tan y fantell, a lliain llestri un pen iddi, a lliain dwylo ar y pen arall. Saif dwy gadair freichiau un bob ochr i'r tân, —un isel esmwyth (rwyllog) ar yr ochr isaf, ac un â chefn uchel hen ffasiwn yr ochr arall. Ar ganol y llawr y mae bord ac arni dorth a llestri. Tu ôl i'r ford y mae stôl, a stôl o dan y talcen nesaf i'r tân. Tân bach sydd yn y grât.

MRS. DAVIES :   (*yn ffwdanu wrth arllwys dŵr poeth i'r tebot a gosod hwnnw ar y pentan, ac yna'n troi at y ford i dorri bara menyn ; nid oes ond tamaid bach o fenyn ar y plat*) : Mae Marged yn hwyr, odi hi ddim ? Chlywais i ddim o'r plant yn pasio gynnau te ? (*Try at y tân, a throi'r te yn y tebot â llwy.*) Mi ddaw nawr, mor oer ag wn i beth. (*Wedi ysbaid clywir cnoc drom ddiamynedd ar y drws.*) Dyma hi (*â i agor drws y ffrynt.*) Dere'n un fach i, rwyt ti bron â sythu.

MARGED :   (*yn dod i mewn o'i blaen dan dynnu cap a chrafat a chot fawr sydd yn rhy fach iddi a'u taflu'n bendramwnwgwl i'r stôl agosaf. Casgl ei mam hwynt a'u hongian yn eu lle priodol tra fydd* MARGED *yn rhoi ei bysedd yn y llygedyn tân ac yn taflu ei llygaid tros y bwrdd*) : Be sy ma i ginio ? Dim byd ond bara menyn ?

MRS. DAVIES :   Ie wir, cariad, does yma ddim byd arall i gael. Mi ffeiles i . . .

MARGED :   Hy ! Does dim blas dod adre i ginio. Dim byd ond bara menyn (*teifl gilwg ar y grât*) . . . a thân digon i godi arswyd ar fwbach. Pam na fuasech chi wedi gwneud cinio heddi ? A mae'r got na'n rhy fach i fi. (*Eistedd wrth dalcen y ford nesaf i'r tân.*)

MRS. DAVIES :   Odi, bach. Mi gei di un newydd erbyn yr haf. Cymer y te twym yma nawr, i ti gael twymo.

MARGED :   Lle mae'r tamaid cig moch na oedd ar ôl ddoe ?

MRS. DAVIES :   Mi rhoes i e ym mocs dy dad. Dim ond hwnnw oedd
                 gen i i roi iddo fe i frecwast yn y gwaith bore ma.
MARGED :   Mae fe'n cael y cwbwl. Pam na fuasech chi wedi cadw
                 hwnnw i fi ?
MRS. DAVIES :   (*wedi arllwys cwpanaid o de iddi ei hun, yn eistedd wrth ben
                 arall y ford. Tyrr gylffyn o fara. Cyrhaedda bownd o fargarîn
                 o'r cwpwrdd. Egyr ef a dodi peth ohono ar y bara, gan gadw'r
                 dafell ar ei phwys*) : A oes digon o fara menyn gen ti ?
MARGED :   Mae digon o fara gen i, ond does dim menyn arno.
                 (*Glanhâ'r plât menyn yn lân.*) Mae gyda chi lot o fenyn
                 fanna.
MRS. DAVIES :   Na, does, gen i ddim menyn i gael. Margarîn yw hwn,
                 a dwyt ti ddim yn leicio margarîn.
MARGED :   Oes yma ddim teisen i de ? (*Gwêl nad oes.*) Does yma
                 ddim byd i gael, a dyw Bet Lewis byth yn galw nawr,
                 chwaith.
MRS. DAVIES :   O ! dwn i ddim, wir. Alli di ddim dweud hynny. Hi
                 ddaeth â'r cig moch yna yma, a hi roddodd y menyn na
                 inni hefyd. (*Â* MARGED *ymlaen â'i bwyta, a'i mam yn troi
                 ei the am sbel fach.*)
MARGED :   Roen nhw'n rhoi sgidiau maes yn yr ysgol heddi.
MRS. DAVIES :   Oen nhw ? Gest ti rywbeth ? . . . Naddo, gynta ; pwy
                 ddiwrnod cest ti . . .
MARGED :   (*yn torri arni*) : Na dwy i byth yn cael dim byd o werth !
MRS. DAVIES :   O Marged, mi gest y got a'r cap a'r sgarff yna pwy
                 ddiwrnod.
MARGED :   A mae rheini i gyd rhy fach i fi !
MRS. DAVIES :   (*yn troi arni*) : Mae'n dda i ti eu cael nhw fel maen nhw,
                 gwlei !
MARGED :   Rych chi mam yn meddwl . . . (*ond daw cnoc ar y drws.*)
MRS. DAVIES :   Pwy sydd yna, wn i ? (*Ar ôl iddi fynd at y drws a'i agor.*)
                 O, Miss Lewis, chi sy na. Dewch mewn . . . Sut ych
                 chi ? (*Dônt i mewn ill dwy.*)
BET :   O, rwy i'n dda iawn, diolch, a chithau ?
MRS. DAVIES :   Rym ni'n weddol iawn, thenciw. Bwyta'n lowens, welwch
                 chi.
BET :   Ie ; a dyma lymaid bach o gawl i chi. (*Estyn jwg i* MRS.
                 DAVIES, *a honno yn ei chymryd.*)
MRS. DAVIES :   Ddylech chi ddim fel hyn o hyd.
BET :   Mae hynna'n alreit. Llymaid bach i Marged yw e.
                 Rwy i am iddi fynd ar neges i fi wedyn, os gwna hi. Mi
                 ddaeth rhywun at y drws, neu mi fuaswn i yma'n gynt.

MRS. DAVIES :   Gymeri di ddiferyn bach, Marged ? (*Y mae yn arllwys llond cwpan.*)

MARGED :   Dwy i ddim yn leicio cawl.

MRS. DAVIES :   Ond fe'th dwymith di. Cymer hwn, na good gel. Weldi, mae Miss Lewis wedi dod . . .

MARGED :   Dwy i ddim yn leicio hen gawl. (*Cyfyd o'i stôl a mynd i eistedd yn y gadair freichiau.*)

BET :   O'r gorau, Marged fach. Yr oeddwn i'n meddwl y buasai fe'n dda iti ; yn dy dwymo di dipyn ar yr oerfel yma. Ond does dim ots, fe yf dy fam e. Cymerwch chi e, Mrs. Davies.

MRS. DAVIES :   (*wrth friwo bara i'r cwpan cawl*) : Gwna i wir. Ond mae plant nawr mor wahanol i ni, slawer dydd. Teisen a jam a chacennau yw'r cwbl nawr. Ond . . . eisteddwch Miss Lewis ; dewch at y tân i dwymo'ch dwylo, maen nhw siwr o fod yn ddigon oer. (*Â â'r cawl gweddill wedi ei arllwys o'r jwg i fasin, a'i ddodi yn y ffwrn.*)

BET :   Rwy i'n iawn, Mrs. Davies.

MRS. DAVIES :   Mi ro i hwn heibio nes bod Defi'n dod o'r gwaith. (*Gan roi pwt bach ym pen-lin* MARGED *wrth iddi droi oddi wrth y tân*). Marged, glywaist ti Miss Lewis yn dweud ei bod hi am iti fynd i negesa trosti hi ?

MARGED :   (*yn ffwdanus, gan ofalu am dudalen y llyfryn y mae hi'n ei ddarllen*) : O bodder . . .

BET :   Mi leiciwn i i Marged fynd lawr i Gwm Glo yn fy lle i. Ei di, Marged ?

MRS. DAVIES :   Eith, wrth gwrs. Marged, dere, rho dy got a'th gap amdanat. (*Â i'w nôl yn ei lle a'u dal iddi eu gwisgo.*) Dere nawr.

MARGED :   O' reit. Rych chi mam yn fy nreifo i fel ci bach, w !

BET :   A ddoi di â phownd o fenyn i mi—nid yr un gorau ; un digon da i roi mewn teisen. Dwy i ddim yn leicio margarîn mewn teisen, Mrs. Davies.

MRS. DAVIES :   Na, mae menyn yn well, os gellwch chi ei gael e.

BET :   A hanner dwsin o siwgr. Dyma ddeuswllt iti ; fydd e ddim mwy na hynny.

MRS. DAVIES :   Cer mlaen nawr, calon fach. (*Â* MARGED).

BET :   Yfwch y cawl yna tra fydd e'n dwym, Mrs. Davies, neu fydd e ddim lles i chi. Cewch mlaen i eistedd fan acw wrth y tân a chymerwch un pum munud bach. (*Estyn y cawl iddi wedi iddi eistedd. Gafaela mewn basin mawr o'r cwpwrdd.*) Mae dŵr yn y tegell yma, oes e ddim ? A mae fe'n dwym ?

MRS. DAVIES :   Odi, mae fe'n dwym, ond peidiwch chi â thrwblu dim :
mi wna i rheina nawr. Eisteddwch chi lawr.

BET :   (*wedi arllwys dŵr i'r basin a chymryd lliain, yn hamddenol
yn golchi a sychu'r llestri*) : Nawr, nawr, eisteddwch chi
fanna'n dawel, i fwynhau hwnna, ac i gymryd cwpaned
arall o de'n dwym ar ei ôl e. Nawr.

MRS. DAVIES :   (*yn mwynhau'r moethusrwydd*) : Wel, wel, wir 'y merch i,
mi fyddwch chi'n ein spwylo ni i gyd yma.

BET :   (*yn chwarae'n chwerthingar â hi*) : Dim perygl. Chi sy'n
spwylo pobl yma. Rych chi bron difetha Marged, a
Dai Dafis hefyd. Rhedeg i'w tendio nhw, draed a dwylo,
a mae'r ddau yn gryfach lawer na chi. (*Yn dal i chwerthin*).
Rhag eich cywilydd chi, Mrs. Davies.

MRS. DAVIES :   Rwy'n ofni eich bod chi'n dweud y gwir, Miss Lewis.
Ond be sy gen i i'w wneud. Mae Defi mor od druan ; a
wedyn does gen i ddim ond Marged fach.

BET :   (*gad y golchi a'r sychu pan fydd yn gyfleus, ac eistedd wrth
dalcen y ford. Sieryd yn dawel, garedig, ond gydag awdurdod
un sy'n gyfarwydd ag ymresymu'n gall*) : Mrs. Davies, pam
na rowch chi rywbeth i Marged i'w wneud ? Mae hi'n
ddigon hen nawr i wneud y cyfan bron yn eich lle chi ar
hyd y tŷ ma. Yn lle hynny, chi sy'n trotian trotian
trosti hi rownd abowt. Hen hwlcen fawr felna ! A mi
fyddai lot yn well ar ei lles hi.

MRS. DAVIES :   O, mae hi'n lot o help. Dwy i ddim yn leicio'i llabyddio
hi, rhen un fach.

BET :   Mi fydd hi'n gadael yr ysgol nawr heb fod yn hir, a
fydd hi'n gallu gwneud dim, hyd yn oed trosti ei hunan.

MRS. DAVIES :   Dwy i ddim am iddi fynd i wasanaeth at neb os galla i.
Mi leiciwn i iddi gael lle mewn siop, neu rywbeth. Fydd
dim eisiau iddi ddwyno'i dwylo wedyn. Ond does dim
posib . . .

BET :   Ond, wnâi dysgu tipyn o waith tŷ ddim niwed iddi.
Fydd hi ddim yn hir cyn priodi, cofiwch chi.

MRS. DAVIES :   O, Miss Lewis fach, peidiwch â sôn am iddi briodi !
Dyna beth wnes i, priodi'n rhy ifanc. Mae hi'n wahanol
arnoch chi. Mae Idwal yn ennill yn dda . . .

BET :   (*yn troi arni*) : Ond mi fyddai dysgu gwaith tŷ'n dda iddi
—nes iddi gael lle mewn siop. Does dim llawer o gyfle
i'w chychwyn hi mewn siop nawr,— a phe bai hi'n
cael start, arian bach fydd siopwr mewn unman yn fodlon

roi iddi am flynyddoedd. Mi fyddai'n well lawer i chwi
feddwl am ei rhoi hi mewn gwasanaeth.

MRS. DAVIES : Wn i ddim. Mae lle yn y farchnad, mae'n debyg, ar
stondin lyfrau, i ferch fel Marged, ar nos Wener a dydd
Sadwrn. Falle . . .

BET : Faint fydd hi'n gael am hynny ?

MRS. DAVIES : Alla i ddim dweud. Dim llawer gynta. Swllt falle.

BET : Ac rych chi'n credu bod hynny'n well iddi na dysgu
gwaith tŷ ! (*Yn adennill ei hamynedd.*) Ond dyna fe, chi
sy'n gwybod. Meddwl oeddwn i y bydd Marged yn
ddigon anniolchgar i chi mewn blynyddoedd i ddod
am na ddysgoch hi nawr i wneud dim byd. Mewn beth
mae diddordeb gyda hi . . . (*yn codi'r llyfryn a adawodd*
MARGED *ar ganol y ford.*) Dyma mae hi'n ddarllen ? Nid
dyma'r stwff . . . (*Ond gwêl fod* MRS. DAVIES *yn codi ymyl
ei ffedog.*) Ond i beth gwna i roi mys mewn cawl nag yw'n
perthyn i mi ? Mae'n ddrwg gen i.

MRS. DAVIES : Bet fach, rwy'n gweld yn eitha eich bod chi'n dweud y
gwir. Chi sy'n iawn rwy'n gwybod. Dyna sy'n ddychryn-
llyd. A dyma fi yn treio cadw Marged yn ladi fach, lle
bod raid iddi hi fynd trwy'r pethau rwy i wedi weld.
Mae hi'n ifanc eto : plentyn yw hi. A mae hi'n blentyn
ffein.

BET : Ydyw, wrth gwrs ei bod hi'n blentyn digon ffein. Mae
Marged yn iawn—petae hi'n cael chwarae teg.

MRS. DAVIES : Ond does gen i neb arall.

BET : Fydd Marged ddim gyda chi'n hir iawn, a fydd hi
ddim yn diolch i chi maeslaw am ei babïo hi nawr.
(*Cnoc ar y drws.*) Ond dyma hi nôl. Maddeuwch imi am
siarad felna. (*Â* BET *i agor y drws, a chlywir ei llais.*) A
ddost ti nôl, Marged fach ? Da merch i. Ac mi gest y
cwbwl. Mae'r siwgwr na'n lled drwm o Gwm Glo i fan
hyn siwr o fod. (*Erbyn hyn mae'r ddwy yn y gegin.*) A mae'r
newid yn iawn gen ti, cadw di hwnna am fynd. Bydd
yn lodes dda a helpa dy fam nawr ; golch y basin na
. . . Mi â i nawr te, Mrs. Davies ; diolch yn fawr iti,
Marged. (*Ciliodd* MARGED *at y tân, ac eistedd yn y gadair
freichiau.*)

MRS. DAVIES : Ydych chi'n mynd, Miss Lewis ? Dyma'r jwg, a does
gen i ddim ond can diolch i chi fel arfer 'y merch fach i
—am bopeth. (*Y mae'n bwriadu agor y drws i* BET *pan
glywir cnoc ar hwnnw.*) Defi yw hwnna ; dyna'i gnoc ef.

(*Â heibio i* BET *i agor i* DAI, *a heibio nôl a sefyll ar y canol o
flaen y ffenestr heb yngan gair. Daw* DAI *i mewn yn ei ddillad
gwaith.*)
Hylo, Defi, rwyt ti gartre'n gynnar, wyt ti ddim ?

DAI :	Odw. (*Gwêl* BET). O, dydd da, Miss Lewis.

BET :	Dydd da . . . Beth sy'n bod ? Does neb wedi cael niwed,
eich bod chi gartre mor gynnar, oes e ?

DAI :	(*yn araf yn tynnu ei focs a'i jac o'i bocedi*) : Nagoes, neb wedi
cael dim niwed, am wn i.

BET :	O dyna jobin da ta beth. Mi ges i beth ofan am funud.

DAI :	(*gan edrych yn hir arni*) : Na, chafodd . . . neb . . .
ddim niwed !

MRS. DAVIES :	Beth sy'n bod 'te ? Pam dest ti adre cyn gynted ?

DAI :	Mi ges y sac.

MRS. DAVIES :	Y sac ! Defi !

BET :	Beth ? (*gyda'i gilydd*).

MARGED :	Nhad !

MRS. DAVIES :	Sut cest ti'r sac ? Beth wnest ti ?

DAI :	(*yn edrych ar* BET ; *y mae yn sefyll rhwng y ddwy ddynes*) :
Gofynnwch i'ch brawd ! Fe sy'n gwybod pam mae
eisiau llai o ddynion. Fe yw'r manager, a'i fusnes e yw
hynny.

MRS. DAVIES :	Defi ! Gobeithio na chest ti ddim dod maes ar gam. Pwy
roth y sac iti ? Nid Mr. Lewis ?

DAI :	Ie, Mr. Lewis. Fe sy'n gwneud strôcs felna.

MRS. DAVIES :	Defi !

DAI :	Dere o fanna, Marged, i fi gael twymo nwylo.

BET :	Wel, rwy i'n synnu at Morgan ni. A wnaethoch chi
ddim i gael y sac ?

DAI :	Naddo ddim.

MRS. DAVIES :	Wyt ti'n eitha siwr ?

DAI :	Odw.

BET :	Wel, mae e'n beth od i Morgan wneud tro fel hynna'n
ddiachos. Mae na fistêc, siwr o fod. A wnaethoch chi
ddim i Morgan ddweud wrthych chi am fynd ?

DAI :	Naddo, dim. Wnes i ddim !

BET :	Gwneud dim. (*Chwardd*). Rwy'n deall 'nawr. Wel,
mi â i nawr, Mrs. Davies . . . Prynhawn da.

MRS. DAVIES :	Prynhawn da, Miss Lewis, a diolch yn fawr. Mi dâl y
Brenin Mawr i chi rywbryd falle. (*Caiff* BET *agor y drws
ei hunan a'i dynnu ar ei hôl.*)

DAI : Ie, prynhawn da, iddi hi, ac i bob un o'r teulu. Pryn-
hawn da, a gwd-bei ; gwd-bei i chi i gyd, y diawled . . .
Ond am beth oet ti'n diolch iddi hi ? . . . Am fod ei
brîd hi wedi fy rhoi i ar yr hewl ?

MRS. DAVIES : Mi ddaeth â llymaid o gawl i Marged a thithau. Cer i
olchi dy ddwylo nawr ac mi cei e'n dwym.

DAI : (*heb symud*) : Der ag e yma ! Beth yw'r swanco 'na sy
arnat ti ?

MRS. DAVIES : (*yn cyrraedd y basin cawl o'r ffwrn*) : Ga i friwo tamaid o
fara ynddo i ti ?

DAI : Na chei.

MRS. DAVIES : Mae fe'n gawl ffein.

DAI : Odi, gynta, wir. Maen nhw'n gallu fforddio pethau da
ynddo fe. Maen nhw'n byw ar fraster y wlad ; braster
y wlad iddyn nhw, a'r sporion i finnau. He, he, fi a'n
short sy wedi ei ffido fe a'i griw am flynyddoedd ; mae
hi'n bryd iddyn nhw'n ffido i nawr glei . . . Mae'n hen
bryd, greda i.

MRS. DAVIES : Dyna anniolchgar wyt ti, Defi. Roedd Bet yn . . .

DAI : Anniolchgar, myn uffern i! Mae gen i lot i fod yn ddiolch-
gar amdano fe, oes e ? Rwyt ti cynddrwg â Dic Ifans.
Falle dy fod ti am i fi ddweud "Diolch iti, Arglwydd
tirion"—fel mae Dic yn gwneud : ond mai Moc Lewis
a'i deulu yw'r Arglwydd tirion i ti . . . Gyda nhw mae
'ngenedigaeth-fraint i, a finnau'n begian basnaid o gawl.

MRS. DAVIES : Ond dyn tlawd oedd tad Mr. Lewis, ac mi fuodd e i
hunan yn gweithio ar y glo,—trwy stydio a darllen y
daeth e'n fanager.

DAI : Roedd e'n rhy bwdwr i weithio, ac mi gwnawd e'n
fanager. Felny mae lot o'r managers ma wedi cael
eu lle !

MRS. DAVIES : (*heb fedru ymatal*) : Mae'r byd wedi newid, ond yw e ?
Mi gwnawd e'n fanager, ac mi gest tithau'r . . .

DAI : Ca dy geg. Dwyt ti ddim yn myned i ddechrau gwen-
wyno nawr ar unwaith, wyt ti ? Mae'n gynnar i ti
ddechrau eto gwlei !

MRS. DAVIES : Mae'n ddrwg gen i Defi. Ond mae hi'n ofnadwy i
feddwl amdanat ti fan hyn heb ddim i'w wneud trwy'r
gaea.

DAI : (*yn estyn y basin gwag iddi : dyd hithau ef ar y ford*) : Hwde,
cymer hwn ! (*Ymestyn a chyrraedd bib glai o'r silff-ben-tân,
ei llwytho a'i thanio'n hamddenol wrth siarad â* MARGED.)

MARGED :   A ych chi'n mynd i fod gartre bob dydd rhagor, heb
                 fynd i'r gwaith o gwbl ?

DAI :   Ydw. Pam ? Beth wahaniaeth fydd hynny i ti ?

MARGED :   A fyddwch chi yma amser brecwast . . . a chinio . . .
                 a the ?

DAI :   Bydda.

MARGED :   A ddim yn mynd i'r gwaith o gwbl ? Mi fydd pob dydd
                 fel dydd Sadwrn diwetha, a mam yn llefain, a chithau'n
                 tyngu a rhegi, yn ffaelu tynnu'ch sgidiau ; yn chwerthin
                 o hyd, ac yn mynnu i fi eistedd ar eich penlin chi.

MRS. DAVIES :   Gymeri di gwpanaid o de ?

DAI :   Cadw dy de. Rwy i'n mynd i'r gwely nawr.

MARGED :   Beth am fy nghot newydd i, os na fydd arian gyda ni ?

MRS. DAVIES :   Mi gei di got newydd, gobeithio, 'nghalon i. Defi, a
                 roest ti bapur mewn am lwyth o lo, wedyn ?

DAI :   Naddo fi, ddim !

MRS. DAVIES :   Does dim byd ar ôl yn y cwtsh. A mi ofynnais i iti am
                 wneud, os wythnos nôl.

DAI :   Pe bawn i wedi gwneud mi fentra i na fyddwn i ddim
                 wedi ei gael e. Mae'r hen Foc Lewis . . .

MRS. DAVIES :   I gael e ! Wrth gwrs y byddet ti wedi ei gael e. Ond
                 mae pawb sy'n gweithio yn ei gael e pan fydd eu tro nhw.
                 Os bydd raid i ni brynu glo ar yr hewl nawr bob yn
                 gant mi fyddwn yn y wyrcws bob un . . . Mae'n rhaid
                 iti gario peth lawr o'r lefel.

DAI :   Fi ! Fi ! Myn cebyst i. Beth wyt ti'n feddwl yw'r dôl
                 da ?

MARGED :   Mi gawn lot o arian maes o'r dôl, ond cawn ni ?

MRS. DAVIES :   Cawn, cariad bach, lot fawr, mi alli di fentro. Mae dy
                 dad yn meddwl y gallwn ni gael bwyd a dillad a phrynu
                 glo a chwbwl ar hynny . . . Heb sôn am dalu rhent !

DAI :   Beth gythraul sy'n bod arnat ti ? Os dwedais i am brynu
                 glo, ddywedais i ddim am fwyd na dillad na rhent, do fe?

MRS. DAVIES :   Sut ym ni'n mynd i gael rheini 'te ?

DAI :   Diain i, rwyt ti'n dwp, hefyd. Mi fydd yr hen Fari
                 Jones, Siop Fach, yn bodlon rhoi popeth sy eisiau arnom
                 ni lawr ar y llyfyr. Mi wnaeth hynny yn neintin-twenti-
                 wyn a twenti-sics—amser y streics. Pam na wnaiff hi
                 nawr, wyt ti'n feddwl ?

MRS. DAVIES :   Pam ? Am iddi wneud yn twenti-wyn a sics : a dyw hi
                 ddim wedi cael hanner rheini eto. Dyna pam i ti. Beth
                 yw chwe-cheiniog yr wythnos i dalu dyled o bunnoedd ?

DAI : Mi elli di newid y siop 'te !

MRS. DAVIES : Galla i ! Mi gei di dreio.

MARGED : Ond rwy i'n ffaelu gweld bod eisiau talu rhent. Mae un o'n hathrawon ni sy'n dysgu Civics wastad yn dweud mai arian wedi eu dygid yw arian landlords sy wedi codi tai mewn pentrefi fel Cwm Glo, a'u rhentu am ddwy a thair gwaith eu gwerth. Does dim eisiau inni dalu rhent iddyn nhw.

MRS. DAVIES : Falle bod dy athro Civics di yn reit, wir ; ond mae arrears ar ein llyfyr rhent ni nawr, ac os eith e'n fwy fydd gyda ni ddim tŷ i fod ynddo.

DAI : (*yn taflu golwg o'i amgylch*) : Fydd hynny ddim lot o golled.

MRS. DAVIES : Ond rwy i'n ofni na chawn ni ddim o'r dôl hyd yn oed. Mae gwaith i ti, spo, petaet ti yn bodlon ei wneud e'n iawn . . . A beth os eith un ohonom ni'n dost . . . (*yn edrych ar* MARGED). Allwn ni ddim byw yn hir heb ddigon o fwyd.

DAI : (*yn dal ei llygaid*) : Mi geith Marged fach fwyd yn yr ysgol, w. Mae'n rhaid i ti fynd lawr i'r ysgol i gael gweld beth alli di gael maes o'r hen sgwlyn ; mae fe a'i short yn cael cyflogau mawr, ar ein cefnau ni hefyd. Mae'n siwr o fod llaeth neu sgidiau neu rywbeth i blant dynion tlawd gydag e. Cer lawr ato fe prynhawn yma.

MARGED : A hen ddillad ail-law, di-shâp, hen-ffashiwn, brwnt yw popeth sy'n yr ysgol. Dwy i ddim yn leicio hen bethau o'r Fund.

DAI : Maen nhw'n rhoi llaeth i ambell blant, ydyn nhw ddim ?

MRS. DAVIES : A fi sy'n mynd i fegian, ie fe ?

DAI : (*yn codi'n haerllug*) : Rwyt ti'n mynd lawr prynhawn yma, a phaid ag estyn dim o dy dafod i fi sy orau i ti. . . . Mae'n bryd i ti, Marged, ddechrau ennill : rwyt ti'n bymtheg oed nawr. Gorffod i fi ddechrau flynyddoedd cyn mod i dy oedran di.

MARGED : (*yn fawreddog*) : O do fe ?

DAI : Mi ddylai fod gas gen ti, a'th fam ' ed, dy fod ti gartre fan hyn heb ddim byd i'w wneud.

MARGED : Beth alla i ei wneud ? A mi fyddwch chwithau gartre'n segur nawr hefyd.

DAI : Mynd maes i wasanaeth—neu siop, os yw'n well gan dy fam . . . Cer nôl i'r ysgol nawr o'r ffordd . . . a dwed wrth y sgwlyn fod dy fam yn dod lawr prynhawn ma.

MRS. DAVIES :   Ie, mae'n bryd i ti fynd nôl i'r ysgol nawr. (*Estyn ei dillad iddi, a'i helpu i'w gwisgo.*)

MARGED :   (*yn dodi'r llyfryn a ddarllenasai yn ei phoced*) : Prynhawn da ' te.

MRS. DAVIES :   Prynhawn da . . . (*â'r drws yn cau tu ôl i* MARGED) . . . druan fach ! A wyt ti am gwpanaid o de ?

DAI :   Nagw.

MRS. DAVIES :   (*wrth ddechrau clirio'r ford*) : Pam rhoth Morgan Lewis y sac i ti, Defi ? Beth oedd yn bod ?

DAI :   Wn i ddim, hen gythraul felna yw e erioed. A mae fe'n esgus bod yn gymaint gŵr bonheddig. Mae Bet yn cario bwyd i chi fan hyn beunydd, ac yn hela pob clecs amdana i, a'u hadrodd nhw wrtho fe wedyn. . . . Ti sy'n rhoi clecs iddi hi.

MRS. DAVIES :   Pa glecs, Defi bach ? Does dim o Bet yn cael dim clecs gen i. A dyw Bet ddim yn un sy'n . . .

DAI :   Ond dere di merch i, mae lot o glecs am bwytu fe yng Nghwm Glo hefyd,—a falle bydd mwy cyn hir. Ar yn ail y rhed y cŵn. Dere di, boio ! Mae pob mwydyn yn troi . . .

MRS. DAVIES :   Gochel di na chlyw e di'n dweud pethau felna heb ddim sail iddyn nhw, neu falle rhoith e di'n y jâl.

DAI :   Gad na fe. Mi cadwith y Brenin fi wedyn, ac mi gadwith y Plwy Marged fach a thithau. . . . Rwy i'n mynd i'r gwely am awr neu ddwy ; mae ffwtbol-matsh maes law.

MRS. DAVIES :   (*wrth iddo ymestyn*) : Mae llond tegil o ddŵr yn barod, a mae fe'n dwym fan hyn. Mi â'i moyn y badell iti nawr.

DAI :   Does dim eisiau'r badell arna i. Dwy i ddim yn frwnt ; fues i ddim lawr tan ddaear ddigon hir, w . . . Glywaist ti, gad na hi !

MRS. DAVIES :   (*yn mynd tua'r cefn*) : Ond mi rois i ddillad glân ar y gwely i gyd bore ma, a mi dwyni nhw i gyd bob tamaid.

DAI :   Gad lonydd i'r badell na, wedais i wrthyt ti. Wyt ti'n clywed ?

MRS. DAVIES :   (*yn cario'r badell a'i gosod ar yr aelwyd ac yn cydio yn y tegil*) : Dyma fe weldi. Fyddi di ddim dwy funud i gyd. A mae dillad glân ar y gwely (*yn arllwys y dŵr.*) Dere mlaen nawr.

DAI :   (*yn tynnu ei got a'i wasgod*) : Gad dy fodder. Does dim o hono i yn mynd i molchi nawr, dim ond golchi nwylo (*yn dechrau gwneud hynny.*) Dwy i ddim yn frwnt. (*Y mae* MRS. DAVIES *yn gorffen clirio'r ford tra bydd ef yn tasgu'r dŵr* dros y lle. Sylweddola bod y mwffler am ei wddf.) Weldi, datod y mwffler ma. (Gwna hithau hynny.) Ble mae'r tywel ? (Ond gwêl ei fod yn ei ymyl.) O . . . Dyna fe. Rwy i off i'r gwely nawr . . .

MRS. DAVIES : Off â thi, te.

DAI : (ar waelod y stâr) : Rwyt tithau'n dod, cofia. (Saif MRS. DAVIES yn ddiymadferth, â DAI yn dringo'r grisiau, i'w hadennill ei hun a chydag "O wel" fe'i llabyddia ei hun yn cario'r badell tua'r cefn. Ymhen ennyd feichiog dychwela i gyrraedd y sebon a'r wlanen. Pan fydd ar ganol y llawr clywir DAI o'r llofft.)

DAI : Hei ! Shapa hi ! (Saif MRS. DAVIES yn ei hunfan, yna try i edrych yn llesg a digalon at y grisiau.)

LLEN

Diwedd yr Act Gyntaf

Gardd o flaen Tŷ'r Goruchwyliwr.
Canol haf—ymhen tua thair blynedd.

Aeth yn agos i dair blynedd heibio, a throi MARGED *o fod yn blentyn, a llunio ohoni ferch ifanc, ddeunaw oed, lân a gosgeiddig tros ben.*

Gwisgoedd ysgafn haf sydd am y merched oll, ond gellir canfod y wahanol gymdeithas y perthyn BET *iddi rhagor* MARGED *wrth ddeunydd y gwisgoedd hynny, a'r toriad gwahanol sydd arnynt. Dillad brethyn golau sydd am* IDWAL, *a dillad gwynion tennis sydd am* MORGAN LEWIS *ond bod coler a thei am ei wddf.*

Ar dde'r llwyfan saif ffrynt tŷ'r Manager—drws hardd a ffenestri glân bob ochr iddo. Ar y cyntedd o flaen y drws saif cadair freichiau wiail a bord a sgiw wiail (celfi'r lawnt). Ymestyn y lawnt yn ôl i'r cefn gan ymdoddi i'r prysgwydd a'r mân-lwyni tan gyfaredd hwyr o haf.

Y mae'r fynedfa o'r heol i'r lawnt ar y chwith uchaf.

Pan ddechreua'r chwarae, BET *ac* IDWAL *sydd yn eistedd gyda'i gilydd ar y sgiw wiail, ynghanol dadl eirias.*

BET :	Na, Idwal. (*Yn codi*) 'Dall e ddim bod. (*Croesa'r tu ôl iddo*). Beth ddwedai pobl petai nhw'n dod i wybod ?
IDWAL :	(*yn ddadleugar*) : Sut maen nhw'n mynd i wybod ; a beth wahaniaeth petai nhw yn gwybod . . . yn wyneb y lles yw'r peth i'n profiad ni ? Hwnnw sy'n cyfri mewn gwirionedd ; nid beth mae neb arall yn ei feddwl.
BET :	Mae hynna'n swnio'n burion. Ond rwyt ti'n gwybod nad yw e ddim yn wir. Wedyn, paid â dadlau. Mae gen ti ddigon ffitach gwaith na gwastraffu amser. (*Y funud hon y mae* BET *yn gain dros ben. Plŷg tuag ato fel pe mynnai gusan ganddo.*) Dere yma.
IDWAL :	Paid ! Plis ! Does dim ystyr iddo, na dim blas. Rwy i wedi blino ar ddim byd ond . . . hen gusanu.
BET :	O'n wir ! Dim byd ond hen gusanu, iefe ? Paid, 'te. Dwyt ti ddim yn fy ngharu i, Idwal.
IDWAL :	(*yn araf, ac yn agos ati*) : A wyt ti yn fy ngharu i ? Wyt . . . ti ?
BET :	Rwyt ti'n gwybod yn eitha da, y gwirion. Id, annwyl, ond rwy'n dweud wrthyt ti beunydd fy mod i ?
IDWAL :	Wel, Bet, Bet, pam 'te na ddoi di . . . ?
BET :	(*ag awdurdod yn torri arno*) : Rho gusan i fi ! Rho . . . gusan . . . i . . .
IDWAL :	' Alla i ddim . . . Paid. Ambell waith rwy'n dy gredu di dy fod ti'n fy ngharu i mor llwyr ag rwyf innau'n dy

garu di . . . i eithafion ein bod . . . a'r funud nesaf rwyt ti'n chwalu 'ngobeithion i'n chwilfriw . . . Dwy i ddim yn dy ddeall di . . . yn bodloni ar gusanu, dim ond cusanu . . . a chymaint mwy wrth law.

BET : Mae dy ofn di arna i, pan fyddi di'n siarad felna, Id.

IDWAL : Dyna'r gwir nawr. (*Cyfyd.*) Mae ofn caru arnat ti. Mae perffaith gariad yn bwrw allan ofn . . . Does dim ofn dim arna i . . .

BET : Ond ofn aros nes byddwn ni wedi priodi ! Mae perffaith gariad yn bwrw allan bob ofn.

IDWAL : Does gen i ddim hawl i ofyn iti ' mhriodi i . . . ddim ar yr arian rwy i'n ennill nawr.

BET : (*yn eistedd yn hamddenol, ac yn dangos ei modrwy ddyweddïo*) : Ond rwyt ti wedi gwneud hynny'n barod. A mae dy certificate gen ti. Mi gei le fel manager cyn bo hir, ac wedyn . . .

IDWAL : (*yn ddiamynedd*) : Wedyn, fe fyddwn ill dau yn rhy hen. Dyna'r gwir yw hynna . . . rhy hen . . . ac wedi colli blas, ond mae na ugeiniau o fechgyn ifainc â certificates gyda nhw fel finnau, a welan nhw mwy na finnau fyth jobs fel managers . . . dim byth !

BET : Ond rwy i'n bodlon aros. . . . a'th garu di hefyd.

IDWAL : Mae caru yn nychu wrth orfod aros . . .

BET : Mae'n rhaid i ni dreio credu. "Dy ewyllys Di a wneler." 'Thâl hi ddim i wingo yn erbyn y symbylau, fel rwyt ti'n gwneud.

IDWAL : (*yn areithio*) : Beth yw Ei ewyllys Ef, 'te ? Merthyrdod negyddol, di-asgwrn cefn ? Derbyn yn ddirwgnach bob tabŵ gymdeithasol ? Hunanaberth tragwyddol ? Dyw'r Ewyllys Ddwyfol ddim beunydd a byth yn dweud "Paid, Paid, Paid !"—a dim ond hynny. Pan fydd dau ddyn ifanc yn anterth eu nerth yn ymuno, nhw sy'n cadw bywyd yn fyw. Beth mwy yw Ewyllys Duw na defnyddio'r egnïon a blannodd Efe ynom, i gadw Bywyd ei hun yn fyw. Ond y mae'n credoau cymdeithasol ni ar eu heitha yn gwadu hyn i gyd. Â'n genau dywedwn "Dy Ewyllys Di" . . . ond gwnawn eu hewyllys hwy . . . Rhoddodd Duw, o'i afradlonedd, egnïon rhyw ac ynni ieuenctid ynom i wneuthur Ei Ewyllys ; gwnaethom ninnau hi'n amhosibl i ddeuddyn ifanc ymuno na chreu dim . . . Dim ond i'r canol oed y rhoddir hynny, am iddynt ufuddhau Mamon yn lle Duw . . . (*Yn symud ati.*)

| | Rhaid i ti a minnau dagu serch a difa nwyd, gwadu'r ceinder a roddodd Duw arnom, am nad oes gennym ddigon o arian i briodi. Beth a dâl hi i ddyn os ennill efe yr holl fyd, ac yntau yn colli ei enaid wrth hynny ? |

BET :   Rwyt ti'n siarad yn dda, Id, a dichon dy fod yn iawn yn hynna i gyd. Ond . . . elli di ddim ei newid e. Treia, ac fe gei dy rwygo fel ton ar graig. Gwn innau angerdd caru . . . caru fel dy garu di . . . ond fe'n llarpia ni !

IDWAL :   Ewyllys Duw yw i ni'n dau ymuno yn ein hirder. Hynny yw priodas gyda Duw ; ond deddf briodas dyn sy'n ein gwahanu. Bet, does dim synnwyr na ddoi di gen i . . .

BET :   Rhyw ddiwrnod caf brofi iti. (*Cyfyd gydag urddas.*) Idwal . . . (*yn llethol o agos ato*) fe wyddost fy mod yn dy garu . . .

IDWAL :   (*ar fin ei chusanu*) : Gwn.

BET :   Paid !

IDWAL :   (*wedi ei siomi*) : Dyna fe . . . Dim ond twyllo dyn . . .

BET :   Nage. Mae rhywun wrth y llidiart. (*Ciliant ill dau, ac edrych at y llidiart. Wedi seibiant ennyd clywir llais.*)

DIC :   Helo. Fi sy ma. . . . Prynhawn da, Miss Lewis.

BET :   Sut ych chwi, Mr. Ifans. Dowch mlaen. Roedden ni'n eich clywed chwi'n dod.

DIC :   (*yn dod ymlaen i'r canol atynt*) : Wel, Idwal, 'y machgen i, sut wyt ti ?

IDWAL :   'N iawn, thenciw. Ych chi'n weddol ?

DIC :   Odw, diolch. (*Yn chwareus.*) Cystal ag y gall hen ŵr obeithio bod. Rwy i wedi gweld mwy na blynyddoedd yr addewid, weldi.

BET :   Mae'n dda eich clywed chi'n siarad felna Dic. Roedd Morgan yn dweud eich bod chwithau wedi eich stopio yr wythnos ddiwetha. Mae hi'n biti, a chwithau mor iach ag erioed.

DIC :   Do, do ; ond does gen i ddim lle i achwyn. Mae lot o gryts yn dod ar fy ôl i, a fydd yn falch o'm lle i. Maen nhw'n ifainc, a'u bywyd o'u blaenau nhw. Eu tro nhw yw hi nawr.

IDWAL :   Tynnu 'nghoes i ych chi nawr iefe ? Mi wn i mi gefnogi lawer gwaith bod yr hen i roddi lle i'r ifainc. Mae hi'n haws dweud hynny ar blatfform na'i ddweud e o flaen dyn fel chi, Dic. Ond meddwl am bensiynau i'r gweith-wyr oeddwn i bryd hynny, fel sy gan yr athrawon a'r polis, nid rhoi dynion ar y domen wedi iddyn nhw roi'u bywydau yng ngwasanaeth y cwmnïoedd. Dyna lle mae'r pechod.

BET : Mi ddylai'r Federation fod wedi mynnu pensiynau ers tro byd yn lle gwastraffu'r arian ar streics diddiwedd.

DIC : Falle hynny wir, Miss Lewis. Ond falle byddai hi'n waeth ar y gweithwyr heddiw petai'r Federation wedi gwneud heb y streics. Dwy i ddim yn siwr mai gwastraff oedd y cwbl,—a mi geir cyfle ar y pensiynau eto, gobeithio.

BET : Dewch mewn i'r tŷ. Falle gall Morgan wneud rhywbeth i gael y lle nôl i chi. Mi fydd yn falch eich gweld chi, ta beth.

DIC : Na, peidiwch. Arhoswch os gwelwch chi'n dda. Rown i'n ofni mai dyna fyddech chi i gyd yn feddwl, am i mi alw yma heno. Ond yn wir i chi, wnes i ddim galw ar fy nghowt fy hunan. Ond mi garwn weld Mr. Lewis i gael gweld a oes dim posibl cael start i'r hen Ddai Dafis druan. Mae Mr. Lewis i mewn ?

IDWAL : Wel, wel, wel, bachan od ych chi. Abraham yn gweddïo tros Lot yn Sodom a Gomora heddiw. Ond rych chi'n ddidoreth, Dic ! Rych chi'n cofio sut chapyn oedd Dai.

DIC : Ond mi elwais i yno neithiwr. A wir, mae hi'n gul arnyn nhw. Mae hi wir, fel gwyddoch chi, Miss Lewis.

BET : Mae hi'n gul ar Mrs. Davies. Hi sy'n diodde. Dyw Dai yn diodde dim, na Marged chwaith. Wnan nhw ddim diodde tra gellir gwasgu tipyn ar rywun arall. Mae Marged bron yn ddeunaw, a dyw hi ddim wedi gwneud pwythyn o waith yn ei bywyd eto. Mi arhosodd yn yr ysgol tra gallodd hi gael peint o laeth am ddim oddi yno. Pam na roddan nhw rywbeth iddi hi i'w wneud !

IDWAL : Beth sydd y gall hi ei wneud, mwy na degau eraill heddiw ? Gallai fod wedi gweithio mewn siop nes oedd hi'n un ar bymtheg oed, yna mi gai fynd. Byddai ei stamps insiwrans hi'n rhy ddrud, a digon o rai yn dod o'r ysgol bob mis yn bodlon gwneud yr un tro, am ddim. Mae plant heddiw yn rhy hen yn un ar bymtheg oed !

BET : Mi fyddai wedi dysgu gwneud rhywbeth wedyn, ta beth. Mi fydd hi yn dod i drwbwl heb fod yn hir, rwy i'n ofni ; a all hi ddim gwneud hynny ar ei phen ei hun, sy waetha.

DIC :   Mae lot o fai ar Mrs. Davies yn babïo'r plentyn gymaint.
           Ond mi leiciwn i weld Mr. Lewis i dreio Dai unwaith
           eto.

BET :   Mi â i i weld lle mae fe nawr . . . (*wrth ddrws y tŷ*)
           ond dwy i ddim yn credu bod llawer o obaith . . .
           Mae Dai ei hunan yn greadur mor enbyd. (*Bydd seibiant
           a'r ddau yn edrych arni yn mynd i'r tŷ.*)

IDWAL :   Byd rhyfedd ac ofnadwy yw hwn. Mae ffydd dyn yn
           mynd yn yfflon. "Duw Cariad yw" . . . ynghanol
           uffern o le fel Cwm Glo. Beth les yw cwpwl o droeon
           da fel hyn rhwng cynifer ?

DIC :   Pum torth a dau bysgodyn yw defnyddiau'r wyrth
           heddiw hefyd cofia di.

IDWAL :   Pa ddiddordeb a all fod gyda Duw da mewn mochyneidd-
           dra fel sy'n y lle ma ? Duw da, . . . a Hollalluog hefyd !

DIC :   (*yn tanio'i bibell yn hamddenol ac yn eistedd*) : Sut wyt ti
           wedi arfer meddwl am Lilïod y Maes ac Adar y To ?

IDWAL :   Bod y Tad Nefol yn gwybod am bob aderyn to sy'n
           syrthio ?

DIC :   Ie, a phob lili y sydd heddiw ac yfory a fwrir yn ffwrn.

IDWAL :   Falle 'i fod E'n rhy brysur gyda nhw i drafferthu gyda
           phethau pwysicach. Mae rhywun wedi dweud hynny :
           "But God was too busy watching his sparrows falling."

DIC :   Clyfer iawn. Ond mae gan Gynan weledigaeth gliriach
           o lawer. Mae fe'n dweud nad yw byd newydd ddim
           pwysicach na briallen, na theyrnas nag yw mwydyn
           . . . Dyw'r byd ddim yn gyfan heb lilïod : falle mai
           diben y greadigaeth i gyd yw gwneuthur tŷ i dderyn to.
           "Ni syrth un aderyn to heb eich Tad Nefol." Mae Duw
           Ei Hunan yn syrthio pan syrth aderyn to. (*Aros llethol.*)
           A beth yw Dai Dafis, druan, ond un aderyn to bach
           arall ?

LEWIS :   (*a ddaeth i mewn ar ddechrau'r araith, a sefyll yn llanw'r
           drws tan wrando yn chwareus*) : Wir, Dic, rwyt ti'n reit
           fanna : deryn to bach go shêp hefyd. Mae siwr o fod
           dau o'i short e am ffyrling.

DIC :   (*ar ei draed*) : Helo, Mr. Lewis, down i ddim yn eich
           gweld chi. Prynhawn da.

LEWIS :   Sut mae hi ? Gweddol ? (*Daw ymlaen*). Mi ddywedodd
           Bet dy fod ti wedi dod lan i ' ngweld i ynglŷn â Dai Dafis.
           Pam wyt ti'n boddrach yn ei gylch e ? Dyw e ddim
           gwerth hynny.

DIC : Falle nagyw e ddim, ond rown i'n meddwl . . .

IDWAL : (*yn chwareus*) : Ond dyna oedd Dic yn dreio wneud nawr—treio 'mherswadio i fod Dai yn fod pwysig iawn.

LEWIS : Mi clywais e wir. Mi galwodd e'n dderyn to, do fe ddim? Mae'n werth cofio mai dau am ffyrling oedd rheiny yn y farchnad.

DIC : Ni sy'n prisio adar to, a'u prynu nhw ddau am ffyrling. Ni wnaeth y farchnad i ddechrau. Mae'r crochenydd 'run mor ofalus wrth lunio deryn to ag yw e wrth greu byd newydd, a phan ni lwydda y mae cymaint llawn o ddagrau ar ei rod. Mae ei stamp E'r un mor blaen ar Dai Dafis ag yw e arnoch chi a finnau.

LEWIS : Ond Dai ei hunan sy'n gyfrifol am ei fod e fan lle mae e.

DIC : Iefe ? Dw i ddim mor siwr o hynny chwaith. . . . Ond dyna fe, does dim eisiau mynd i ddadlau am hynny. Meddwl oeddwn i nad yw'r bai ddim i gyd ar Dai.

LEWIS : Nagyw e, myn diain i ! Ar bwy mynnet ti roi'r bai te, garwn i wybod ? Petai peth fel hyn yn digwydd i un ohonom ni ? Ar bwy y byddet ti'n rhoi'r bai wedyn ?

DIC : Rŷm ni i gyd yn gyfrifol am gyflwr Dai, a phawb fel fe, **Mr. Lewis.** Fi a chwithau ac Idwal ; ni sy'n codi gwelydd ein tai mor glos fel nad oes le i adenydd adar to gryfhau.

LEWIS : (*i dorri'r ddadl*) : "Ac efe a gymerth ei daith i wlad bell ; ac yno efe a wasgarodd ei dda gan fyw yn afradlon." Dyna'r adnod ar y pwnc. Ac ni orfododd neb e, do fe. Nawr, der di, Dic !

DIC : Rych chi'n cofio'r cymeriadau eraill yn y ddameg.

IDWAL : Y mab hynaf a arhosodd gartre ; doedd e ddim llawer gwell.

LEWIS : A'r tad trugarog. Mi fuais innau mor drugarog ag oedd modd wrth Dai, os felna rwyt ti am fynd â'r ddadl.

DIC : Mae un cymeriad arall yn y ddameg, a neb yn talu sylw iddo. A feddylioch chi amdanoch eich hunain fel "dinesydd y wlad honno," yr un oedd mor gartrefol yno â chadw moch yn ei chaeau ? Nid mynd yno am dro wnaeth e, fel y mab afradlon ; yno roedd e'n byw a bod. Fe, neu'r mab afradlon, oedd y gwaethaf wn i ?

LEWIS : Wel ?

DIC : I hwnnw rŷm ni'n debyg.

LEWIS : Ond pam rwy i'n debyg i hwnnw ? Dwy i ddim yn gweld y pwynt sy gen ti.

DIC :

Nid chi ar eich pen eich hunan rwy i'n feddwl, ond chi
a fi, ac Idwal a Bet, a phawb ; ein bywyd cymdeithasol ni.
Ni wnaeth y Wlad Bell, a ni sydd yno i ddisgwyl yr
afradlon, a phan fydd e wedi cael trengi digon i fod yn
barod i dderbyn cibau, ni sydd yno yn eu cynnig nhw
iddo. Pan fydd ei fola fe yn ddigon gwag, na all e ddim
troi arnom, rŷm ni'n cynnig gwaith iddo, ond dim byd
gwell na phorthi moch : ein moch ni !

IDWAL :

(*yn deall yr ergyd, ac yn cael blas*) : Masnachdai mawrion
yn rhoi arian bach i ferched, ac yn disgwyl iddynt
ychwanegu at eu cyflogau . . . trwy ffyrdd amheus :
cwmnïau diwydiannol yn gwasgu cyflogau gweithwyr
mor isel nes gorfodi rheiny i dorri gyddfau ei gilydd,—
competition, competition, yn enw rhyddid : gweithwyr
yn cefnu ar undebau a mynd yn blacklegs : milwyr a
pholis i'w cymell at hynny : dynion yn gwneud cwrw
i'r trueiniaid anghofio'u trueni trwyddo, rhag iddynt
ddyfod atynt eu hunain a difetha dinasyddion y Wlad
Bell. Dyna rych chi'n ei feddwl, Dic ?

DIC :

Ie, a mwy. Dinasyddion y wlad honno wyt ti a minnau
cofia. Ni sy'n estyn cibau trugaredd i afradloniaid, ac
yn credu ein bod yn dadau trugarog wrth hynny : mae'n
haws gwaddoli ysbytai ac eglwysi ac ysgolion â'n harian
sbâr—estyn cibau—nag yw hi i falurio'r Wlad Bell, a
llunio byd newydd. Fe fydd pawb yn codi cof-golofnau
ar ein hôl.

IDWAL :

Polisi insiwrans da yw pob trugaredd onide ?

BET :

(*Yn dod o'r tŷ â hambwrdd llwythog o win a gwydrau. Y
mae pecyn cryno o dan ei braich : gesyd hwnnw ar y ford*) :
Wel wel, rych chi'r dynion yn gallu clebran ; roeddwn
yn eich clywed yn blaen o'r tŷ. (*Dechreua* LEWIS *arllwys y
gwin, yna'n ei gynnig i'r gwŷr.*) Cymerwch hwn at eich
gyddfau ; mae siwr o fod ei eisiau arnoch, ar ôl yr holl
ddadlau yma.

LEWIS :

Ie, dewch mlaen. Mi ddylet ti, Dic, fod yn bregethwr,
neu'n brif weinidog . . .

IDWAL :

Sôn am blacklegs ! Rych chi'n un o rheiny Dic ; mynd
â gwaith pregethwyr gyda'ch siarad !

DIC :

Hanner munud. Pe na bawn i wedi clebran cymaint ni
fyddech chwi wedi cael y gwin yma. (*Yn codi ei wydr*).
Rwy'n siwr yr unwch chi â fi : eich iechyd da chi,
Miss (*ac yn chwareus tuag at* IDWAL) . . . a phob bendith.

BET : Diolch. (*Yfant.*) Id, fe elli di roi'r gorau i'r ddadl a dod maes gen i.

IDWAL : Mae nhw'n dweud am ddewis y drwg lleia . . . beth wna i ?

DIC : Pa ddewis sydd iti rhwng y Gwyn a'r Gwael ? Os na ofeli di mi fydda i'n fy nghynnig fy hunan er hyned wy i . . . a'm cael yn wyn fy myd !

BET : (*yn ymgrymu*) : O diolch, Mr. Ifans.

LEWIS : Mae dy glywed ti'n talu teyrnged i ferch ifanc yn dy wneud ti'n ifanc Dic.

IDWAL : (*yn chwareus*) : Rwy i'n barod . . . nawr.

BET : Mae tipyn o hen ddillatach yn y parsel yma. Falle bydd Mrs. Davies yn falch ohonyn nhw i Marged. Dyma nhw fan hyn Morgan—rho nhw os digwydd un ohonyn nhw alw.

LEWIS : Dyw hi ddim yn debyg y bydd neb yn galw, odi hi ?

IDWAL : Falle gwelwn ni rywun wrth fynd maes nawr.

BET : Wel, dyna fe. Mi awn ni nawr 'te. Nos da, Mr. Ifans.

DIC : Nos da, merch i. Edrychwch ar ei ôl e, os gellwch chi.

BET : Mi wna i 'ngorau. Nos da, Morgan ; falle byddwn ni'n hwyr os awn ni i'r pictiwrs.

LEWIS : Cerwch chi, mi fydda i'n olreit. Hwyl fawr i chi.

BET : Dere 'te, Id.

IDWAL : Reit ; nos da eich dau a hwyl ar y dadlau.

LEWIS A DIC : Hwyl. Nos da.

BET : Cheerio. (*Safant yn edrych ar eu hôl nes iddynt fynd o'r golwg.*)

LEWIS : Eisteddwch Dic.

DIC : Na, mae'n rhaid i minnau fynd nawr. Rwy i wedi eich cadw chi'n rhy hir o lawer. Mae gyda chi lawer o bethau i wneud mae'n debyg. A ga i ddweud fy neges unwaith eto ?

LEWIS : Dic bach, does dim eisiau i ti. Paid â becso dim mwy am Dai. Colled all round yw rhoi lle i ddyn fel Dai mewn unrhyw bwll.

DIC : Nage wir, Mr. Lewis ! Mae hi'n talu'n well yn y pen draw i roi gwaith i ddynion felna. Does gennyn nhw ddim syniad sut i ddefnyddio hamdden . . .

LEWIS : Dyw e dda i ddim. Codi glo brwnt : colli oriau o waith : gwneud niwed i bob crwtyn ddaw i'w gwmni fe : mae'r fasnach lo, mae pawb ddaw i gwrdd ag e'n dioddef.

DIC : Mae'r fasnach lo'n gyfrifol am y picil ma fe ynddo.

LEWIS : Bachan diein, a wyt ti'n monni ? Yr unig beth mae'r
fasnach lo wedi'i wneud yw rhoi arian iddo fe i'w meddwi
nhw am flynyddoedd.

DIC : Pe na bai'r pyllau yma wedi eu sinco mewn cymaint
o hast, a'r tai ma wedi eu codi bendramwnwgl, a'r
strydoedd ma gael eu llunio mor gul i roi lle i fwy o
dai ; pe defnyddid yr elw i gadw'r cwm yn bert, a'i
fannau glas yn lân o rwbel, i drefnu tre deidi ac i godi
tai cysurus, fyddai Dai ddim yn chwilio cwmni mewn
tŷ tafarn, nac anghofrwydd mewn rasus ceffylau a chwrw.

LEWIS : Dyna ti . . . bant eto . . . cynddrwg llawn ag Idwal.
Y peth gorau a all ddigwydd i hwnnw fydd cael jâl adeg
streic : dyw'r llwybr i'r Senedd ddim yn hir wedyn—
dim ond lecsiwn. Dyw'r certificate sy gydag e'n dda
i ddim,—dyw managers ddim yn marw'n ddigon aml.

DIC : Mae'n ddrwg gen i'ch cyffroi chi. Ond mae'n drueni
gen i na allech chi weld eich ffordd yn glir i roi ei le nôl
i Dai. Wel, dyma fi'n mynd nawr. Diolch yn fawr am
eich croeso.

LEWIS : Os oes raid iti fynd nawr (*yn ei hebrwng*). Ond mi leiciwn
i gael dadl â thi ar lawer o bethau.

DIC : (*o'r golwg ymron*) : Mae'n well imi fynd nawr. Does dim
gobaith i Dai ' te ?

LEWIS : Mae arna i ofn nag oes e ddim wir, Dic. Ond diolch iti
am ddod i ' ngweld i. Dere eto'n glau.

DIC : Diolch yn fawr. Mi ddo i. Nos da.

LEWIS : Nos da. Gwna dy orau o'th oriau hamdden yr hen law ;
rwyt ti'n eu haeddu. Mi fyddai'n dda gen i eu cael nhw.
(*Try* LEWIS *at y ford ac arllwys gwydriad arall o win. Gwêl
y pecyn dillad a dechrau chwarae ag ef. Mae'r golau'n araf
gilio gan ei bod yn nosi'n rhwydd.*) O diawch, beth well yw
dyn o bendrymu ! (*Eithr pendrymu y mae efe.*) Tiwn rownd
yw'r cyfan. Y gwaith . . . manager . . . cyflog . . .
streics . . . tlodi . . . Dai Dafis. (*Seibiant ddiflas.*)
Gwaith. Cyflog. Streics. (*Yn ei atal ei hun.*) O ddiawl.
(*Yf ragor o win*). . . . Dwy i ddim gwell o roi gwaith i
Dai. Dŷn nhw ddim yn treio. Neb ohonyn nhw.
(*Chwaraea eto â'r pecyn dillad.*) Dyw Marged ddim wedi
dysgu gwneud dim. Ond mae hi'n dod yn hen groten
fach lân. Corff bach glân . . . Darro hi'n dod nôl a
mlaen yma. Ond arna i mae'r bai. Fi sy wedi ei thynnu

hi'n ewn. A mae hi'n siwr o alw heno eto. A beth os
priodith Idwal a Bet . . .

MARGED :   (*wedi tyfu'n ferch ifanc ddeniadol, yn dod i'r golwg.*) Good-
night, Mr. Lewis.

LEWIS :   Good-night. Helo, Marged, pam wyt ti wedi dod yma
heno ?

MARGED :   (*wedi dod ymlaen*) : O dych chi ddim am i fi ddod 'te !

LEWIS :   Nagw i, cer adre. Pwy ddwedodd wrthyt ti am ddod ?

MARGED :   O neb !

LEWIS :   Does dim iws iti ddod yma fel hyn. Pwy wedodd wrthyt
ti bod Bet maes ?

MARGED :   Neb.

LEWIS :   Sut gwyddet ti ei bod hi maes, 'te ?

MARGED :   Mi gwelais hi'n mynd gyda Idwal i rywle. (*Seibiant a
MORGAN LEWIS yn craffu ar lunieidd-dra MARGED ; try oddi
wrthi gydag ymdrech.*)

LEWIS :   Rwy i'n mynd i'r tŷ.

MARGED :   Mi â i nôl 'te.

LEWIS :   Reit, cere di. (*Try nôl ar riniog y tŷ.*) Nos da. (*Try
MARGED i fyned.*) Marged ! Mae Bet wedi rhoi rhyw
ddillad i ti fan hyn. Waeth iti fynd â nhw. Dyma nhw
fan hyn. Cymer nhw.

MARGED :   (*yn cymryd y dillad ac yn ail-gychwyn.*) Good-night. Dwed-
wch "Diolch yn fawr" wrth Miss Lewis . . .

LEWIS :   (*wedi iddi fyned gam o ffordd*) : Weldi, gymeri di lymaid
o win ? (*Gyda'i bod hi'n troi y mae yntau yn ei arllwys iddi.*)

MARGED :   (*yn cymryd ac yn yfed y gwin. Y mae gwên gellweirus yn ei
llygaid, sydd yn gwanychu ewyllys LEWIS : eistedd nid nepell
oddi wrthi*) : Thenciw.

LEWIS :   (*wedi iddi yfed*) : Dere yma. (*Daw, a thyn hi ar ei lin.*)
Wyt ti'n leicio eistedd fan hyn ?

MARGED :   Nagw i ddim. (*Yn esgus ymdrechu i godi*). Gedwch fi i
fod. Fforshêm !

LEWIS :   O reit, da merch i, cer adre nawr te.

MARGED :   Peidiwch â phryfoco.

LEWIS :   O reit, bach. (*Yn sylweddoli ei berygl, ac yn ei thaflu rhagddo ar ei
thraed.*) Mae'n well iti fynd. (*Gwelir pen DAI yn awr ac eilwaith
rhwng y llwyni. Cymer MARGED y parsel dillad a chychwyn eto.*)

MARGED :   Reit you are. Dwy i ddim yn dod nôl rhagor !

LEWIS :   O'r gorau. Nos da. (*Saif ennyd yn edrych ar MARGED yn
mynd at dro'r llwybr.*) . . . Marged ! Marged, weldi, dyma

hanner coron iti, i fynd i'r pictiwrs neu rywbeth. Dere
yma i'w mo'yn e. (*Wrth ei roi yn ei dwrn.*) A phaid â dod
yma byth rhagor pan na fydd Bet mewn.

MARGED :   (*yn cymryd yr arian*) : Diolch, syr.

LEWIS :   Mae'n well iti adael y dillad na fan hyn. Paid â
mynd â nhw gyda thi.

MARGED :   Pam ?

LEWIS :   Gad nhw, neu mi fydd raid i mi ddweud dy fod ti wedi
bod yma. Fuost ti ddim yn siarad â Bet, do fe ? Ddwed-
odd hi ddim wrthyt ti am alw ?

MARGED :   Naddo.

LEWIS :   Wel, paid â mynd â nhw ' te. Does dim eisiau iddyn
nhw wybod dy fod ti wedi bod yma o gwbl.

MARGED :   O reit, does dim ots gen i. (*Try i fynd.*) Good night.

LEWIS :   (*wedi iddi fynd gamau pell*) : O daro, dere nôl yma.

MARGED :   Dim rhagor heno . . . Cheerio.

LEWIS :   Dere yma. (*Rhed ar ei hôl. Deil hi'n hawdd, a'i hanwylo'n
chwareus.*) Y cythraul bach ! Pam na ddoist ti'n ôl ?

MARGED :   (*wrth ei bodd*) : Dych chi ddim o'm heisiau i rhagor.

LEWIS :   Nagw i ? Pwy ddwedodd ? (*Yn ei harwain i gyfeiriad yr
ardd.*) Dwyt ti ddim wedi bod yn yr ardd gen i ers
amser. Mae gen i lot o bethau i'w dangos iti.

MARGED :   Oes e ? Ond beth os daw Miss Lewis nôl ?

LEWIS :   O, ddaw hi ddim nôl am oriau. Oes rhywun wedi dweud
wrthyt ti dy fod ti'n hen groten fach bert ?

MARGED :   O, Mr. Lewis, nag oes ! Pam ?

LEWIS :   (*gan blethu ei fraich yn dynn amdani, yna ei gosod hyd braich
oddi wrtho*) : Diein-i, rwyt ti. . . . Dere mlaen . . .

DAI :   (*yn sefyll o'u blaen*) : Gan bwyll bach, mei boi ! Pert
iawn wir.

LEWIS :   Beth wyt ti'n wneud fan hyn ? Beth wyt ti'n mo'yn ?

DAI :   (*yn hamddenol*) : Dim byd . . . Dod i edrych am Marged,
falle : mae hi'n ddyletswydd ar dad i gymryd gofal o'i
blant, yw hi ddim ?

MARGED :   Sut oech chi'n gwybod fy mod i yma ?

DAI :   Meindia dy fusnes. Down i ddim yn gwybod, neu mi
fyddwn wedi dod â'r strapen gen i, mei ledi !

LEWIS :   Beth wyt ti'n wneud fan yma ?

DAI :   Miss Lewis ddwedodd bod gyda hi barsel bach i'r hen
fenyw yco, dim ond i fi alw i'w mo'yn e.

LEWIS :   Pam na fuaset ti'n dod lan i'r tŷ yn streit, yn lle cwato
fel lleidr yn y llwyni.

DAI : (*yn crechwen*) : Rown i'n gweld bod gen ti well cwmni :
mi allwn i aros sbel.

LEWIS : Y blagard ! Yn specio am bwytu fy nhŷ i ! Oes dim
cywilydd arnat ti dwed ?

DAI : Hei, hei, pwy wyt ti'n flagardo, leiciwn i wybod ? Pwy
wyt ti, 'te ? Cywilydd wir !

LEWIS : Mi ddangosâ i iti pwy wy'i. Cer maes odd'yma, ar un
waith.

DAI : Odw i'n cael mynd â Marged ? Ach ! Cer o'na di, wyt
ti'n meddwl mai ffwl wy' i ? Mi wyddwn i o'r blaen dy
fod ti'n gwneud cnace fel hyn : ond wyddwn i ddim dy
fod ti'n (*yn edrych ar* MARGED) . . . O'r hen ffŵl bach.

MARGED : Beth ych chi'n ddweud, nhad ? Beth ych chi'n feddwl ?

DAI : Beth wy i'n ddweud ? Chlywaist ti ddim ? Cer adre o
fan hyn ! Busnes i dy dad yw hwn. Cer mlaen, glou,
neu mi . . . (*Try* MARGED *i fyned.*) Mi setla i ag e'n dy
le di. (*Tan gofio.*) Hei, dangos ! Yr arian na sy'n dy
law di ! Yma â nhw !

MARGED : Fi piau nhw. Fi caeth nhw i fynd i'r pictiwrs. (*Rhed
allan.*)

DAI : (*yn sylwi ar y dillad*) : Dwyt ti ddim wedi mynd â dy
gyflog i gyd . . . He, he, he !

LEWIS : Edrych yma Dai, rwyt ti'n clebran fel pe bawn i wedi
gwneud niwed i Marged. Mae Marged yn olreit.

DAI : Odi hi ! Bachan pert wyt ti i ddweud hynny. Mae'n
well gen i gredu be welais i, mei boi . . . a beth mae
pobl arall yn ddweud amdanat ti.

LEWIS : O'r gorau, cer adre nawr 'te, neu falle byddwn ni'n
cwympo maes.

DAI : Be gythraul wyt ti'n feddwl ydw i ? A wyt ti'n meddwl
bod hanner-coron yn ddigon i Marged ? Rwyt ti'n
gwneud mistêc, mei lad.

LEWIS : Dwy i ddim yn dy ddeall di.

DAI : Nagwyt ti nawr ? Mi 'i dweda i e'n blaenach 'te. Mi
fydd Cwm Glo yn falch iawn o stori fach fel hon, ond
bydd e ? E ? Ac am y manager hefyd ! Diaw, mae
hi'n dda !

LEWIS : Ca dy geg. Rwyt ti'n gwybod dy fod ti'n bwgwth :
blacmel yw e. Ac rwyt ti'n gwybod beth yw'r gosb am
hynny ? Jâl, cofia !

DAI : A mi fyddi dithau wrth dy fodd yn mynd trwy'r llysoedd
barn ond byddi di ? Dyna'r reit ffordd i roi gwybod dy

fola berfedd i'r byd. A wyt ti'n gwybod mai fi sy'n
dweud y gwir ! 'Se dim ond be welais i heno !

LEWIS : Beth welaist ti ? Dim byd ! A does yma ddim un tyst.

DAI : Mi welais i ddigon, glei ; a mi fydd pobl Cwm Glo yn
awchus am wybod. Mae digon o fwg yn barod : fydd
dim lot o waith codi fflam.

LEWIS : (*yn deall ei gornelu*) : Dai . . . gwrando. . . . Mi ro i
gynnig iti. Falle iti weld Dic Ifans, a'i fod e wedi dweud
wrthyt ti. Mi fuon ni'n siarad am y peth heno.

DAI : Siarad ? Am beth ? Ddwedodd Dic ddim byd wrthyf i.

LEWIS : Naddo ? Naddo gynta. . . . Ond rwy i wedi penderfynu
rhoi dy le nôl i ti. Mi elli ddechrau dechrau'r wythnos :
mi gei job ysgawnach am sbel, rhywbeth ar ben pwll.
Rwyt ti wedi bod maes yn lled hir nawr.

DAI : (*yn chwerthin*) : Rhoi 'ngwaith nôl i fi ! Wyt ti wedi cael
troedigaeth, dwed ? Job nôl wir ! Os ydw i wedi gallu
byw am dair blynedd heb . . .

LEWIS : Ond rwy i'n siwr y byddi di'n falch o gael gweithio i
ennill tipyn—mae hi'n ddigon cul arnoch chi siwr o fod.

DAI : Be ots gyda ti yw hynny ? Hanner coron i fynd i'r
pictiwrs . . . a bwndel o ddillad ; a Bet sy'n rhoi rheiny.
Falle ei bod hithau'n gwybod !

LEWIS : Ca dy geg. Meddwl gwneud tro da â thi oeddwn i.
Paid ti â dweud gair am Bet, sy orau iti, na gair wrthi
hi chwaith, nac wrth neb arall ! Ond mae dy job yn
barod iti.

DAI : Rwy'n mynd i fod yn ŵr bonheddig o hyn maes, fel ti.
Der di, mi gawn i weld. Peidio â dweud wrth Bet !
He, he ! Nac wrth neb arall. 'Y machgen gwyn i, mi
fydd yn sbort gweld pobol Cwm Glo yn tynnu eu cwt
atyn pan fyddi di'n dod rownd i gornel ! Sbort, myn
cythraul i !

LEWIS : (*yn ei fwgwth*) : Dai, er mwyn yr annwyl, ca dy geg, sy
orau i ti. Cer adre'n dawel, a der nôl bore fory os byddi
di wedi newid dy feddwl am y gwaith.

DAI : Am y gwaith ? O ie ; fydd ambell chweugen fach ddim
llawer iti, o'r arian mawr wyt ti'n gael. Dwyt ti ddim
am i Bet wybod. (*Yn isel ac yn agos ato.*) Feri wel ; rwyt
ti'n gwybod beth i'w wneud.

LEWIS : (*yn rhoi hwb iddo*) : Cer maes y blagard. Cer adre. Cer
i ddiawl, cyn i fi alw'r polis atat ti ! (*Â tua'r tŷ.*)

DAI :   (*yn edrych ar ei ôl*) : Reit you are, mei boi. Galwa di'r
polis ; mi alwa innau'r town creiar, a mi gawn ni weld
faint gwell fyddi di. (*Cyfyd ei ddwrn ar y tŷ fel i'w felltithio.*)
Job nôl wir ! Wada di bant. . . . Cer i ddiawl â thi . . .
ti a dy job. (*Try ymaith.*) He, he, he. (*Y mae yn nos pan
ddaw'r llen i lawr ar sodlau* DAI.)

LLEN

Diwedd yr Ail Act

Y DRYDEDD ACT

GOLYGFA I

Hewl Fawr o flaen Tŷ'r Goruchwyliwr.
Hwyr o Hydref ymhen blwyddyn.

Pasiodd blwyddyn arall. Nos hwyr o Hydref digon oer yw hi. Mae golau'r lamp ar y chwith yn llwgu yn y gwynt.

Gardd Tŷ'r Manager yw cefn y llwyfan, ac y mae coed tal llymion a llwyni i'w gweled tu ôl i'r wal a red rhwng yr ardd a'r hewl fawr. Rhed yr heol o'r dde i'r chwith ar draws y llwyfan.

Tua chanol y wal saif llidiart haearn yn agor ar y grisiau sy'n dringo i'r ardd.

Cyfyd y llen a dangos DAI DAFIS *yn cerdded yn ôl ac ymlaen yng nghysgod y wal fel pe wedi gwario'i amynedd yn disgwyl un sy'n hir yn dod i'w oed. Teifl olwg i fyny at y tŷ (yng nghoed yr ardd). Yn awr ac eilwaith croesa'r heol gan sefyll â'i wyneb at y llidiart : rhydd chwibaniad dreiddgar ; erys, yna try i gerdded, gan fwrw'r lludw o'i bib glai.*

DAI :   Be sy'n bod ar y gwalch heno, ys gwn i ? Mae fe'n slow y diein. Mae hi'n oer i sefyllach fan hyn a disgwyl. (*Saif nid nepell o'r llidiart*). Diawl, mae peth chwant arna i fynd lan i'r tŷ ato fe. Be wahaniaeth i fi am ei fisityrs e ? (*Ond yn lle hynny rhydd chwibaniad dreiddgar arall, croesa'r ffordd gan edrych tua'r tŷ. Yna yn sydyn ddirybudd, â at y llidiart a'i agor, fel ar ddringo'r grisiau pan ddaw llais o ben y grisiau i'w atal. Cilia Dai o'i flaen yn ôl i'r heol.*)

LEWIS :   Sh ! Pam wyt ti'n cadw cymaint o sŵn ? Ma pobol y lle'n dy glywed ti.

DAI :   Be ots gyda fi ! Beth yw dy gêm di, leiciwn i wybod. 'Y nghadw i i sythu yn yr oerfel ma ! Mae raid i ti . . .

LEWIS :   Ond ddwedais i wrthyt ti bod dynion dierth yn y tŷ ; pobol ynglŷn â'r gwaith, a dallwn i ddim eu gadael nhw ar unwaith.

DAI :   Rown i'n mynd i ddod lan atat ti i'r tŷ. Pobol ynglŷn â'r gwaith, ddwedaist ti : falle mai fi maen nhw am weld. Os nad wyt ti am i fi ddod lan i'r tŷ gen ti atyn nhw, dere di mlaen, glou, mei lad.

LEWIS :   Er mwyn trugaredd, gwrando arna i . . .

DAI :   Dere mlaen : mae hi'n oer i aros ; rwy i wedi disgwyl digon i ti heno. Come on, mei boi !

LEWIS :   Beth wyt ti eisiau nawr ?

DAI : Wel, os clywais i sut beth ! Beth ydw i eisiau, wir !
Beth wyt ti'n feddwl wy i eisiau ? Cwpwl o rosyns coch-
ion o'r ardd falle. Not leicli, mei boi.

LEWIS : Weldi, rwy i wedi rhoi arian iti . . .

DAI : Dere mlaen (*yn bwgwth myned heibio iddo at y tŷ*) neu falle
leiciet ti i fi fynd lan at y gwŷr byddigions na sy gen ti
yn y tŷ ! Falle bod well gen ti i fi ddweud wrthyn nhw :
odi e ?

LEWIS : Faint wyt ti'n moyn ? Dyma'r tro diwetha iti gael dim
gen i, cofia . . .

DAI : O, reit you are ; mae digon o amser i hynny eto. Faint
wy i'n moyn ? Ust . . . mae rhywun yn dod. . . . Gwna
hast !

LEWIS : Bet a Idwal sy yna. Cer mlaen ar hyd yr heol funud,
a chwata ; mi â innau lan i'r llwyni fan hyn, nes iddyn
nhw fynd heibio. (*Â ar ei air, ac â* DAI *ar hyd yr heol.*)

DAI : (*o tan ei ddannedd wrth fynd*) : Damo, mae arna i chwant
dweud . . . (*Daw* IDWAL *a* BET *at y llidiart, a dillad twym
yr awyr agored amdanynt.*)

BET : Rown i'n meddwl imi weld rhywun wrth y llidiart.
Dyna beth od. Welaist ti neb ?

IDWAL : Naddo fi ddim : doedd yna ddim byd i gael. Ti sy'n
gweld yn ddwbwl, bownd o fod. (*Arhosant wrth y llidiart.*)
. . . A odw i i fod i ddod lan i'r tŷ heno ?

BET : Dwn i ddim. Wyt ti am ddod ?

IDWAL : Dim fi sydd i ddweud. Wyt ti am imi ddod ? Does dim
blas dod pan fyddi di yn dweud felna . . . (*yn efelychu
ei llais*) "Wyt ti am ddod ?"

BET : (*yn chwerthin*) : Y gwirionyn. Ond wyddost ti beth, Id,
ambell eiliad mi allwn i dy flingo di. Pam oedd rhaid
iti ofyn heno, mwy na phob tro arall ? Fe wyddost fod
croeso iti. Dere mlaen, agor y llidiart i fi. (*Egyr y glwyd
iddi, a'i dal led y pen, heb fyned trwyddi.*) . . . Wyt ti ddim
yn dod 'te ?

IDWAL : Dwn i ddim.

BET : O, o'r gorau 'te. Nos da. (*Ond saif yn ei hunfan y tu draw
i'r llidiart.*)

IDWAL : Gwrando, Bet, (*yn cydio yn ei llaw a'i chael yn agos ato*)
ateb fi.

BET : Ateb di : ateb di beth ?

IDWAL : Rwyt ti'n gwybod yn nêt beth.

BET :   Nagw i ddim wir. Beth ? Pam na ddoi di i'r tŷ fel arfer ?
         Beth sy'n bod ?

IDWAL : Rwyt ti'n gwybod yn iawn beth ydw i wedi'i ofyn iti.

BET :   (*yn colli ei hamynedd*) : Nagw i ddim.

IDWAL : (*yntau'n ddiamynedd*) : O'r gorau yntau ; does dim iws
         siarad rhagor yn ei gylch e, ynte. (*Yn dirion.*) Dwyt ti
         ddim yn y ngharu, Bet.

BET :   Nagw i ?

IDWAL : Nagwyt, neu mi fyddet yn fodlon dod gen i. (*Yn gas.*)
         Dwyt ti ddim eisiau dim byd ond cwmni dyn, i ti gael
         bod yn y ffasiwn. Mae merched eraill yn cadw hen gŵn
         bach i hynny : mae'n well i ti gael coler a lead am fy
         ngwddf innau. Dyw dy garu di'n ddim ond cyfeillgarwch
         meddal, platonig, di-asgwrn-cefn !

BET :   Ti sy'n mynnu credu mai holl wyrth caru yw bod corff
         yn glos at gorff. Rwyt ti'n mo'yn fy holl enaid i, heb
         roi dim byd nôl i mi yn ei le. Cyn y galla i fy rhoi fy hun
         iti, fel yna, mae'n rhaid i minnau berchenogi dy holl
         feddyliau dithau.

IDWAL : Dyna pam rwy i'n gofyn iti—yn gweddïo arnat ti—
         ddod gen i i Lundain. Dere o'th wirfodd, o'th ewyllys
         dy hun.

BET :   O, Idwal, rwy'n falch dy fod ti'n gofyn hyn gen i—ac
         nid gan un ferch arall. Rwy i mor falch ag y gallwn i dy
         wasgu di nawr, a'th gusanu di 'te. (*Ymgofleidiant bron yn
         ddiarwybod.*) Dyna. Ond alla i ddim dod gen ti !

IDWAL : Pam 'te ? Mae pob pâr ifanc yn gwneud yn debyg, ryw-
         bryd neu'i gilydd.

BET :   Dyna'r feri pam ; rwy i am i'n caru ni fod yn wahanol, yn
         bertach, yn lanach. Ellit ti ddim dweud y pethau wyt
         ti'n eu dweud wrthyf i wrth un ferch arall, ellit ti Idwal ?

IDWAL : Mi fyddai'n dda gen i ambell waith pe gallwn i.

BET :   Wel, dyna fi wedi dy ateb di nawr. Dere mlaen lan.

IDWAL : Na, dwy i ddim yn dod heno, thenciw.

BET :   O, mae fe wedi pwdu eto, odi fe ?

IDWAL : Does dim blas dod lan heno rhagor.

BET :   Dere di, baps bach ; bacen bac i mami yw e, bob tamed.

IDWAL : (*yn gas*) : Alla i ddim dod ! Paid â phryfoco. (*Deil hi
         wrth ei dwyfraich, a syllu'n hir a dwfn i'w llygaid.*) Paid â
         gwneud sbort ar fy mhen i.

BET :   Wel, dere lan fel arfer.

IDWAL : Alla i ddim dod. I beth gwna i ddod ? Beth wy'n moyn ?

BET :   (*yn troi ar ei sawdl*) : O reit. Nos da, 'te.
IDWAL :   Nos da. . . . (*A* BET *ar fynd o'r golwg*). Gwrando Bet,
                der yma. (*Try honno*). Nos yfory . . . ar ôl swper ?
BET :   Ar ôl swper ! Dim cyn hynny ?
IDWAL :   Pa ddiben dod cyn hynny ?
BET :   O dim, spo. Plesia di dy hunan fach. Ar ôl swper 'te.
                Nos da.
IDWAL :   (*pan wêl ei bod o ddifrif*) : Wyt ti'n mynd fel 'na ?
                (*Dim ateb*). Bet. Bet, gwrando. . . . (*Ni ddaw ateb.*)
                O, felna, iefe ! Reit mei ledi. . . . (*Try o'r glwyd gan
                chwilio am sigaret a matsen ; tanio yn synfyfyrgar gan ymladd
                â'r awydd i gymodi. Croesa at y llidiart eilwaith a rhoddi ei
                bwys yn drwm arno ; yna y mae ar fin ei agor a dilyn* BET *pan
                ddaw* MARGED *gellweirus i darfu arno.*)
MARGED :   Helo, Id.
IDWAL :   Helo Marged ! O ble dest ti ; mi ges i dy ofan di, w.
MARGED :   Dwyt ti ddim yn gwybod mai'r hewl fawr yw hon ?
                Dyma le i ddweud "good-night" ! Rwy i'n synnu atat ti.
                Ac at Bet Lewis.
IDWAL :   O falle. Falle buasai'n well iti feindio dy fusnes dy
                hunan.
MARGED :   (*yn ysgafn*) : O, sorri. (*Yn nesu ato*). . . . Doedd hi
                ddim yn ffein iawn heno, nag oedd hi ? Dyna biti !
                Felna mae hen grotesi nawr wir. Chwarae â bechgyn
                maen nhw. A oes matsen genti ?
IDWAL :   Nac oes, gen i ; a mi ddylai fod gas gen ti smocio.
MARGED :   Dere â thân i fi 'te. Elli di ddim dweud nad oes dim tân
                gen ti, mynno. (*Rhydd* IDWAL *dân ar ei sigaret ; edrychant
                ym myw llygaid ei gilydd wrth hynny.*) Diolch. . . . O,
                wel, mi â i nawr te. Good night.
IDWAL :   (*yn symud oddi wrthi*) : Good night.
MARGED :   Ffordd hyn wyt ti'n dod adre, iefe ddim ?
IDWAL :   Nage . . . ie. Ond dwy i ddim yn dod nawr.
MARGED :   O, nagwyt ti ? Falle daw hi maes eto. Paid ti â sythu
                fanna'n rhy hir ! Good luck, old boi. (*Try i fynd yn ei
                blaen pan wêl fod y tân wedi diffodd ar ei sigarét.*) O darro,
                edrych Id, mae'n ffag i wedi diffodd. Rho dân i fi eto.
IDWAL :   (*yn tynnu bocs o'i boced ac yn cynnau matsen, a* MARGED *yn
                chwythu ac yn diffodd honno o bwrpas.*) Pam gwnest ti
                hynna, y cythraul bach ?
MARGED :   (*yn chwerthin*) : Dwn i ddim wir. Sbort.
IDWAL :   Rwyt ti'n gwybod beth yw'r tâl am hynna, ond wyt ti ?

MARGED : Na wn i ! Beth ?
IDWAL : (*yn craffu arni a gweld mor feingorff yw*) : Dwyt ti ddim yn gwybod ?
MARGED : Nagw i.
IDWAL : Ar dy wir ? Dwyt ti ddim yn gwybod ?
MARGED : Nagw i 'te ddim !
IDWAL : (*yn ei chusanu'n sydyn*) : Nawr, rwyt ti'n gwybod !
MARGED : O felna iefe ? Beth os yw Bet yn edrych, ac yn dy weld ti yn gwneud hynna ? Mae'n well iti ofalu, mei boi.
IDWAL : (*heb well i'w ddweud*) : Pam ?
MARGED : Pam ? Ti ddylai wybod pam. Dere mlaen, rho dân i fi. (*Yntau yn cynnig tân o'i sigarét. Daw hi'n agos iawn ato, ac yna newid ei meddwl.*) Nage, matsen arall, plis.
IDWAL : I ti gael diffodd honno eto ?
MARGED : Falle . . . ac i tithau . . . (*Cyll* IDWAL *arno' i hun, deil hi a'i chusanu*).
IDWAL : . . . gael cusan arall gyda thi. (*Chwardd* MARGED *yn ddrygionus ; tyn* IDWAL *yn wyllt ar ei sigarét.*)
MARGED : Wel, mae'n well imi fynd, spo. (*Â tua'r dde. Teifl* IDWAL *stwmp y sigaret dan draed ; teifl ei olwg tua'r tŷ.*)
IDWAL : Aros. Rwy i'n dod gyda thi.
MARGED : Rwyt ti'n barod i ddod nawr 'te. Beth os daw Bet maes i edrych amdanat ti. Falle 'i bod hi yn ffenestri'r llofft.
IDWAL : Does dim ots gen i.
MARGED : Nagoes e ? (*Try yn ôl a dyd ei bys ar ei thrwyn mewn gwawd heb yn wybod i* IDWAL *; yna ânt allan. Y mae'r llwyfan yn wag am eiliad neu ddwy, nes y daw* MORGAN LEWIS *nôl. Â i alw'n ofalus ar* DAI.)
LEWIS : Dyma beth yw cawl ! Beth ddwedai Bet ? Falle dylwn i ddweud . . . ond os dechreua i ddweud. . . . (*Rhydd chwibaniad ysgafn, a daw* DAI *i mewn.*) Welson nhw di, Dai ?
DAI : Naddo ddim, am wn i ; ond gorfod imi wasgu'n dynn i fola'r berth na pan oen nhw'n paso. (*Yn brwsio'r baw o ysgwydd ei gôt.*) Welaist ti nhw ?
LEWIS : Do.
DAI : Do finnau ! Diawst i, mae pethau'n gwella yma Moc. Os cadwith dyn ei lygaid yn agored falle daw e ar draws nyth fach arall, ond falle fe Moc ? Go damo, dyna dro pert ! A falle falle, falle down ni ar draws nyth fach arall maeslaw ma !
LEWIS : (*Yn gwyro tan y bwgwth*) : Beth wyt ti'n feddwl ?

DAI :   Rwyt ti'n gwybod yn olreit, mei boi. Come on nawr.

LEWIS : Beth wyt ti'n mynd i wneud ?

DAI :   Dim byd nawr. Meddwl own i na leiciet ti ddim i'r stori fach yma dyfu adenydd, mwy na'r llall, ac os nad oedd e'n wahaniaeth gyda thi, wel falle. . . . Ond dyna fe, dyw e ddim gwerth ryw lawer, nawr ta beth.

LEWIS : Os wyt ti'n meddwl mod i'n mynd i gau dy geg di . . .

DAI :   Wnei di ddim o hynny, os na fydd hi'n talu iti. Wnest ti ddim am ddim tros neb erioed. Ond myn diawl i, mae gen i afael newydd arnat ti nawr. Elli di ddim wimled nawr ! (*Deil ei law allan a sieryd yn dawel-feistrolgar.*) **D**ere mlaen. Mae hi'n oer. Gwna hast . . .

LEWIS : (*wedi ei orchfygu*) Faint wyt ti'n moyn ?

DAI :   Faint sy gen ti ? A mae'n well iti fod yn fwy hael nag arfer : nid sbort yw dod lan fan hyn yn amal.

LEWIS : (*yn estyn arian papur iddo*) : Cymer, a dwyt ti ddim i ddod lan yma eto. Dyma'r tro diwetha, cofia.

DAI :   Nagw i, e ? Mi gawn ni weld. (*Dyd yr arian heibio.*) Nos da, nawr, *Mr. Lewis* ; diolch yn fawr, *Syr.* (*Pwysleisier y teitlau. Y mae'r ddau yn ymadael ; â* LEWIS *trwy'r glwyd gan ei chau ar ei ôl*) O hei . . . hei, gwrando. Aros ! Mae un peth arall rown i am ddweud wrthyt ti. Dere 'ma.

LEWIS : (*yn pwyso ar y glwyd, heb ddod trwyddi*) : Beth wyt ti eisiau nawr ?

DAI :   (*yn bwyllog*) : Dic Ifans yw'r unig ddyn teidi y gwn i ddim amdano. Mae'n rhaid iti roi ei le nôl iddo fe. Dyw e ddim yn rhy hen i weithio.

LEWIS : Be ddiain fydd nesa ? Mae gen ti wyneb ! Dalla i ddim rhoi ei le nôl iddo. Dyna ddigon ar hynna. Meindia dy fusnes ! (*Try ymaith.*)

DAI :   Na elli di ? Mi gawn ni weld prun a elli di neu beidio. Os na fydd e nôl erbyn . . . (*ond aeth* LEWIS *o'r golwg.*) Ond, dyna fe : |mi fydd e nôl, reit enyff ! Diein i, ma jôc. (*Rhydd dân ar ei bib glai a'i thynnu'n hamddenol*). Hen fachan strêt yw Dic . . . fel y lein . . . a chlywais i neb tebyg iddo ar ei liniau. Dim yn 'y myw. Gweddïo . . . myn diawl i . . . na weddïwr.

LLEN

188

GOLYGFA II

Cegin Tŷ Glöwr (fel yn Act I, Golygfa II).
Ymhen pythefnos.
    Yr un yw'r llwyfan ag ydoedd yn yr Act Gyntaf, Golygfa II, ond fod y gegin yn llai cysurus hyd yn oed na phryd hynny.
    Daw MRS. DAVIES *i mewn a bwndel o ddillad wedi eu plygu yn gryno. Y mae bag agored hanner-llawn ar ganol y llawr o flaen y ford. Dyd y dillad ar gornel y ford, a'u gosod bob yn un ac un yn y bag. Cyfyd oddi ar ei gliniau a myned at y tân a chymryd mwy o ddillad o'r lein wrth y pentan, a'u dwyn at y bag.*

MRS. DAVIES :	Wel, dyna'r cyfan, am wn i. (*Saif wrth ben y bag a syn-fyfyrio. Yna cyfyd ei ffedog a sychu deigryn.*) Mynd wneith hi . . . dalla i ddim ei stopio hi, petawn i'n treio ; mae hi'n drech o ben na fi. . . .
MARGED :	(*yn dod o'r llofft wedi gwisgo'n smart, côt ar ei braich a het yn ei llaw. Teifl hwynt ar y ford.*) A odi fy mhais las i fewn ?
MRS. DAVIES :	Odi, mae honno fewn ; mae popeth mewn nawr, rwy'n credu.
MARGED :	(*yn twrio yn y bag*) : Ble mae'r bais silc wen na ?
MRS. DAVIES :	Yr un gest ti gyda Bet Lewis ?
MARGED :	Ie.
MRS. DAVIES :	Beth wnei di fynd â honno ? Mae hi wedi treulio'n dyllau.
MARGED :	Ble mae hi ? Rwy i'n mynd â honno'n wy addod. Falle mai honno ddaw â lwc i fi gynta.
MRS. DAVIES :	Beth wyt ti'n feddwl ? Wy addod ? Lwc ? O'r hen bais yna ? Dwed . . . beth wyt ti'n feddwl ?
MARGED :	O, dim byd. A ydych chi'n mynd i'w moyn hi i fi ?
MRS. DAVIES :	(*yn symud at y stâr*) : Ble mae hi gyda thi ' te. Ond rwy i'n ffeili gweld be dda fydd hen beth rhacs fel na.
MARGED :	Yn y drôr ucha, nesa at y ffenest mae hi ; neu falle 'i bod hi ar draed y gwely.
MRS. DAVIES :	(*yn snwfflan llefain wrth fynd*) : O'r gorau.
MARGED :	(*yn ddiamynedd*) : Peidiwch â gwneud hen sŵn felna plis. (*Â ei mam i'r llofft. Try* MARGED *i drwsio'i gwallt a rhoi powdr ar ei hwyneb yn y drych uwchben y tân.*) Gawsoch chi hi ?
MRS. DAVIES :	Naddo fi. Dyw hi ddim yma'n unman— yn y drôr nac ar y gwely.

MARGED :   Mae hi yna'n rhywle. (*Saif tu ôl i'r bag yn edrych lawr
                arno ac yn wynebu'r dyrfa.*) Lle da fydd bod yn barmed yng
                Nghaerdydd. . . . Mae digon o fois yng Nghaerdydd.
                (*Saif yn synfyfyriol, yn gwenu wrth ryw atgo. Daw ei mam o'r
                llofft.*)

MRS. DAVIES :   (*yn y gegin*) : Dyma hi, ond mae eisiau gwnïo peth arni.
                (*Dwg y bais gyda hi wrth gyrraedd nodwydd ac edau o'r pincws.
                Yna eistedd a gwnïo yn ymyl y ford.*)

MARGED :   Dyw'n sgidiau brown i ddim mewn. Ble maen nhw ?

MRS. DAVIES :   Yn y cefn mae rheiny. (*Cyfyd i'w cyrraedd a gadael y gwnïo
                ar gornel y ford. Cyfyd* MARGED *y bais yn sypyn tyn yn ei llaw :
                rhydd gusan gwyllt iddi. Ond yn sydyn cymer tymer ddrwg
                afael ynddi, a theifl y bais ar y gadair agosaf.*)

MARGED :   Mae Bet wedi bod yn gwisgo honna. Be wna i â hi ?
                Bachgen pert yw Idwal. (*Yr un mor sydyn gafaela yn y
                bais trachefn. Saif tu ôl i'r ford, yn chwerthin, bron mewn
                hysteria. Yna yn ddig wrthi ei hun, teifl y bais yn ôl ar y gadair.
                Daw ei mam i mewn a'r esgidiau mewn papur brown. Plyg o
                flaen y bag a'u dodi ynddo. Cyfyd ac â at y ford i wnïo. Pan
                ni wêl y bais*) :

MRS. DAVIES :   Ble mae'r bais na ? Be wyt ti wedi'i wneud â hi ?

MARGED :   Dwy i ddim yn mynd â hi.

MRS. DAVIES :   O ! . . . Na, rown i'n meddwl bod gen ti ddigon heb
                honna nawr. Gad yna hi. (*Â i'w chrynhoi a'i hongian ar
                y lein. Tra bydd hi wrth hyn clywir cnoc ar y drws.*) Pwy
                sy na, wn i ? Cer i agor y drws, Marged.

MARGED :   Nag-a-i ; ewch chi. (*Â* MRS. DAVIES. *Try* MARGED *at y
                fantell a chymer y swllt neu ddau pres sydd yno, eu rhifo, a'u
                dodi yn ei bag.*)

MRS. DAVIES :   (*yn y drws*) : Dewch mewn, Richard Ifans, rych chi'n
                ddieithr iawn ers tro. Dewch mlaen. (*Yn y gegin.*) Os
                cewch chi le. Mae'n ddrwg gen i, rŷm ni'n lled anniben
                yma. Paco sy yma, welwch chi.

DIC :   O, mi ga'i ddigon o le.

MRS. DAVIES :   Cewch mlaen i'r gadair yna. Mi gliria i hwn nawr. Mae
                Marged yn mynd bant, welwch chi.

DIC :   (*yn mynd heibio iddi i'r gadair freichiau uchaf ac yn eistedd*) :
                Helo, Marged fach, sut wyt ti heno ? Bant, wyt ti ?
                I ble wyt ti'n mynd ? Gwylie, ie fe ?

MARGED :   Sut mae hi ? Nage wir, rwy i'n mynd at fy nghyflog.

DIC :   O, da iawn. Mi fydd lawer yn well iti. Gobeithio bod
                gen ti le da.

MARGED :   Oes, mae'r lle'n A1.

MRS. DAVIES :   Mae hi'n mynd i Gaerdydd.

DIC :   I Gaerdydd ! Wel, mi fydd byw yng Nghaerdydd yn
brofiad newydd iti, merch i. Beth wyt ti'n mynd i
wneud ? Siop—neu waith tŷ ?

MARGED :   (*am fod ei mam yn snwffian eto. Yn gas*) : Peidiwch â gwneud
y sŵn yna mam. Barmed.

DIC :   Barmed ?

MRS. DAVIES :   Ie, barmed, Mr. Ifans bach. Rwy i wedi gwneud fy
ngorau i gael gyda hi i beidio â mynd. Ond mynd mae
hi'n mynnu gwneud. (*Plyg i edrych dros y bag.*).

DIC :   Pam wyt ti'n mynd i le felna, Marged ?

MARGED :   Am mai dyna'r adfert cynta welais i. A mi fydd digon
o leiff yno ar ôl y twll yma. Does yma ddim byd i gael—
dim byd ond sinema a cherdded nôl a mlaen ar hyd y
Stryd Fawr, a wfft sut stryd fawr. A mynd i'r capel dy'
Sul. Rwy'n mynd i Gaerdydd am fod mwy o leiff yno.

DIC :   Rwy'n ofni gweli di mai go bŵl yw leiff yno hefyd. Dyw
lle ddim yn gwneud fawr iawn o wahaniaeth. Fydd dim
yng Nghaerdydd chwaith ond Stryd Fawr a phictiwrs a
chapel.

MARGED :   Fydd dim capel yno i fi, 'ta beth. Mae pictiwrs Caer-
dydd yn wahanol, a mae theatres yno hefyd.

DIC :   Mae'r Stryd Fawr yn wahanol hefyd, mi gei di weld.
Lle enbyd yw Stryd Fawr Caerdydd, cofia di.

MARGED :   (*yn chwerthin*) : Ydych chi'n meddwl bod ofan traffic
arna i 'te ?

DIC :   'Y merch fawr i, mi all lot gwaeth pethau na motor-
cars fynd dros dy ben di. Ond dyna fe, ti sy'n gwybod.

MRS. DAVIES :   Rwy i wedi bod yn begian arni beidio â mynd, ond mae
hi'n rhy fawr i wrando arna i. Mae hi'n drech o ben na
fi. Does dim iws i fi agor . . .

MARGED :   Rwy i wedi dweud mod i'n mynd, a mynd wna i, a
chwedyn ! Beth yw'r ots i neb ble'r af i, na beth a wnaf
i, na beth a ddigwyddith i fi !

DIC :   Dyna fe. Ti sy'n gwybod. (*Y mae'n troi'r ymryson.
Â* MARGED *allan i'r cefn.*) Rown i'n galw, Mrs. Davies . . .
rown i'n galw gan feddwl, falle . . . Rych chi'n gwybod
mod i'n gweithio eto, mod i wedi cael start o'r newydd?

MRS. DAVIES   Gwn. Mi ddwedodd Defi wrtho i. Rwy'n falch iawn.
Mi fyddai'n dda gen i petai fe'n cael start. Mae fe wedi
bod maes tros bedair blynedd nawr.

DIC :   Ac rwy i wedi cael un pai maes hefyd.

MRS. DAVIES :   Da iawn wir. Ydych, wrth gwrs. Dyw rheiny ar y gorau
                   ddim pethau trymion iawn y dyddiau yma.

DIC :   Nagyn wir. Ond rown i'n meddwl falle . . . (*gan
                   dynnu papur chweugen o'i boced a'i estyn i* MRS. DAVIES) Falle
                   . . . byddai hwn yn rhyw help i chi.

MRS. DAVIES :   O na, alla i ddim wir, Mr. Ifans bach . . . na alla,
                   wir . . . diolch yn fawr i chi, serch hynny. Na . . .
                   rwy i'n weddol iawn nawr diolch. Ac mi fydd ei eisiau
                   fe arnoch chi eich hunan.

DIC :   Na, na, cymerwch chi e : dyw e ddim llawer. (*Rhydd ef
                   ar gornel y ford.*)

MRS. DAVIES :   Na wir, alla i ddim. Mi wn i fod eich calon chi'n . . .

DIC :   O wel, rhowch e i Marged 'te, i ddechrau ei byd yn y
                   brifddinas. Mi fydd dda iddi fod gyda hi swllt bach
                   wrth law rwy'n siwr. (*Clywir cnoc ar y drws.*)

MRS. DAVIES   Pwy all fod yna nawr ? Nid cnoc Defi ni yw hwnna.
                   (*Â i agor y drws. Tra bydd hi ymaith cymer* DIC *y chweugain
                   o'r ford a'i rhoddi rhwng plygion y dillad yn y bag.*)

LEWIS :   (*o'r drws*) : Prynhawn da, Mrs. Davies, a yw Dai Dafis
                   i mewn ?

MRS. DAVIES :   Nag yw. Ond dewch mewn, Mr. Lewis. (*Erbyn hyn yn y
                   gegin.*) Mae Richard Ifans yma. Oech chi am weld Defi ?
                   Dowch fewn, fydd e ddim yn hir, dwy i ddim yn meddwl.

LEWIS :   Helo, Dic, a wyt ti'n go lew heno ?

DIC :   Ydw i, syr ; a chithau rwy'n gweld.

LEWIS :   Ydw i, rwy'n eitha, diolch. (*Gwêl y bag.*) Mae rhywun
                   yn paratoi am wyliau, mi wela. Chi, Mrs. Davies ?

MRS. DAVIES :   Na wir, does dim llawer o wyliau i neb yma, mae arna i
                   ofan. Marged sy'n mynd i Gaerdydd heno.

LEWIS :   (*A* DIC *wedi codi iddo, yn eistedd yn y gadair fawr ; eistedda*
                   DIC *yn y cefn*) : I Gaerdydd ? Beth sydd fan hynny ynte,
                   petai ots i fi ?

MRS. DAVIES :   Mynd at ei gwasanaeth mae hi ; mae'r bobol ffordd
                   hyn yn siarad am ei bod hi gartre heb ddim i'w wneud.
                   Mae hi wedi cael lle yng Nghaerdydd . . .

LEWIS :   O . . .

MRS. DAVIES :   (*yn troi'r siarad*) : Rwy'n falch bod Richard Ifans wedi
                   cael start eto. Mae fe'n gystal gweithiwr â neb sy na,
                   alla i fentro.

LEWIS :   Ydyw, mae e'n wir.

DIC :   Nagw wir. Rwy'n 'y nheimlo'n hunan yn stiff ofnadwy
                  y dyddiau yma. Ddaw henaint ddim ei hunan, welwch
                  chi.
MRS. DAVIES :   Mae cymaint o amser segur yn ei gwneud hi'n anodd i
                  blygu, bownd o fod. Mi fyddai arswyd arna i weld
                  Defi ni'n mynd nôl nawr, wedi pedair blynedd segur.
                  Mae dyn yn fwy apt o gael niwed. (*Plyg i gau'r bag a'i
                  roddi'n gyfleus wrth y drws.*) Mi fyddai arna i ofan, rwy'n
                  siwr.
LEWIS :   Twt, twt ; mae dyn sy'n ofalus yn ddigon saff.
DIC :   Gynta'i fod e.
MRS. DAVIES :   (*yn codi ei phen ac yn dod o bwrpas at yr hyn sy'n ei blino*) :
                  Mae Dai ni yn dod o hyd i lot o arian yn ddiweddar.
                  Mae ei weld e'n trafod arian heb wybod o ble maen
                  nhw'n dod yn codi arswyd arna i weithiau. Mi fuasai'n
                  dda gen i ei weld e'n gweithio.
LEWIS :   Beth ? Dai ? Arian ?
DIC :   (*yn chwerthin*) : O mae fe wedi cael lwc ar geffyl neu
                  ddau falle, synnwn i damaid.
LEWIS :   (*gyda rhyddhad*) : Ydyw siwr o fod ; does dim eisiau i chi
                  fecso, Mrs. Davies fach. Mae Dai chi'n grefftwr ar
                  nabod ceffylau rasus, ond yw e, Dic ?
DIC :   Dyna ffact ; os bu neb erioed yn llaw ar hynny, Dai
                  yw e.
MRS. DAVIES :   Na. Mae hyn wedi bod yn mynd mlaen nawr am fisoedd
                  a dyw lwc geffylau Defi ni ddim yn para cyd, nac yn
                  dod â chymaint o bres i'w ddwylo fe.
DIC :   Wel, falle'i fod e'n ennill cwpwl o geiniogau gweddol ;
                  mae lot o bethau y gall bachan fel Dai eu gwneud nhw ;
                  mae fe'n ddeche'i wala.
LEWIS :   Oes, oes. A mae fe'n ddigon deche, fel rych chi'n dweud,
                  Dic. Taflu llwyth o lo i hwn a'r llall, a chario glo o'r
                  tip . . . a . . . a lot o bethau bach felna.
DIC :   Does dim eisiau i chi ofni dim byd gwaeth, 'y merch i.
                  Beth sy gyda chi i ofni ?
MRS. DAVIES :   Nac oes, mae'n debyg. Ac eto . . . falle'i fod e'n eu
                  dwyn nhw. Mae arna i ofan gofyn iddo fe, rhag . . .
                  Rych chi'ch dau yn ei nabod e . . . a wyddwn i ddim
                  wrth bwy i ddweud, a roedd raid imi ddweud wrth
                  rywun. Does dim gwybod, falle 'i fod e'n dwyn . . .
                  mae fe'n mynd nôl a blaen i'r tafarnau na . . . a mae
                  pres o bwytu'r lle fanny gynta.

DIC : (*yn chwerthin*) : Nac oes, wir, Mrs. Davies fach. Peidiwch â chredu sut beth. Maen nhw'n nabod eu cwsmeriaid yn ddigon da.

LEWIS : (*am roi taw ar hyn*) : Na, does dim llawer o berygl . . . ond falle'i fod e, serch hynny. Hynny yw . . . mi siarada i ag e, heno.

MRS. DAVIES : Ie, mi leiciwn i petai chi'n gwneud. Mi wrandawai arnoch chi falle. A mae fe'n meddwl tipyn ohonoch chi Richard Ifans.

DIC : Odi e . . . pam rych chi'n meddwl hynny, Mrs. Davies ?

MRS. DAVIES : (*yn gwenu*) : O, mae e, wir. Pan fydd e wedi cael diferyn bach go drwm, mae fe'n siwr o ddweud rhywbeth amdanoch chi. A'r wythnosau diwetha ma, dwn i ddim am ei fod e'n meddwi'n amlach neu beidio, mae fe'n dweud pethau od iawn. (*Erys ennyd fel pe mewn penbleth beth i'w ddweud a pheidio â'i ddweud. Y mae* LEWIS *yn anesmwyth.*)

DIC : (*yn cydymdeimlo*) : Odi e, druan !

MRS. DAVIES : Mae fe'n od iawn, dwn i ddim os . . . Ond mae fe'n ddigon diniwed hefyd.

DIC : Dyw'r pethau mae fe'n eu dweud ddim yn bwysig nac yn gas iawn spo ?

MRS. DAVIES : Dyw e'n dweud dim yn gas amdanoch chi Richard Ifans.

DIC : O da iawn.

MRS. DAVIES : Dweud mae fe weithiau mai fe gath eich gwaith nôl i chi. Hen bethau bach diystyr felna yn ei ddiod. Dim byd gwaeth na hynna.

LEWIS : (*yn gwylltio dipyn*) : Mae fe'n dweud mai . . . (*chwardd*) . . . yn ei ddiod ddwetsoch chi ! Ha, ha . . . lled dda wir, Dai !

DIC : Beth gath e i feddwl hynny tybed ?

MRS. DAVIES : Dwn i ddim—ond mae fe. A mae fe'n leicio sôn am eich dawn chi yn y cwrdd gweddi . . . (*yn ddewr eto am unwaith*) . . . a mae fe'n clebran amdanoch chi hefyd yn amal, Mr. Lewis, yn enwedig pan fydd e'n sôn am arian. (*Edifarhâ yn sydyn.*) Dwn i ddim beth sydd wedi dod drosto fe ! Mae arna i ofan weithiau ei fod e'n dechrau colli, gan y pethau didoreth mae e'n eu dweud.

DIC : Druan bach. (*Y mae hi'n snwffian tipyn.*) Ond peidiwch chi â llefain Mrs. Davies. Rych chi'n ofni heb ddim eisiau i chi. Mae Dai'n ol reit, w.

LEWIS :

(*mewn ofn oer*) : Mae fe'n mynd off ei ben os yw e'n dweud. . . . Sut bethau mae e'n ddweud am dana i ?

MRS. DAVIES

(*yn gloff*) : O dwn i ddim ; dim byd lawer. Ddylwn i ddim bod wedi agor 'y ngheg . . . yn ei ddiod mae fe pryd hynny . . . a fi sy'n chwannog i feddwl, ac i ofni. . . . Arna i mae'r bai . . . (*Daeth* MARGED *a sefyll yn ffrâm drws y cefn pan oedd* LEWIS *yn siarad, ond ni sylwodd neb arni. Gwna lun pert, fel dial, yn y drws. Try pawb i edrych arni pan ddechreua siarad.*)

MARGED :

Mae e'n dweud pethau od iawn, Mr. Lewis. Pethau od, digyswllt, gwyllt, di-synnwyr ŷn nhw. Mae fe'n feddw iawn, ac yn mynd off ei ben—neu falle mai fe yw'r calla a'r sobra ohonoch chi i gyd. Pwy ŵyr ! Ac rych chi, Morgan Lewis a Dic, a Idwal a Bet ynddi yn rhywle.

MRS. DAVIES :

Marged, bydd ddistaw ! Paid â dweud rhagor. Arna i mae'r bai. . . .

MARGED :

(*heb gymryd dim sylw, daw ymlaen gan efelychu ei thad meddw, ac ailadrodd ei eiriau*) : Myn asen i, dyma bert ! Hei . . . dyma hanner coron iti i fynd i'r pictiwrs ! Marged . . . cer â dy gyflog i gyd . . .

MRS. DAVIES :

Paid Marged, paid. Rwy'n begian arnat ti ! Paid 'y nghalon fach i !

MARGED :

(*heb wrando.*) . . . Dic Ifans yn treio cael 'yn job nôl i fi . . . fi yw'r manager nawr . . . fi sy'n rhoi ei job i Dic. . . . Be ddiain o ots sy gen ti . . . ond mi gawn i weld ôl y boi. . . . Rwyt ti'n gwybod faint rwy i'n mo'yn. . . . Diolch yn fawr Mr. Lewis. He, he, he. . . . Dic Ifans ar ei liniau . . . myn diein i . . . fi yw'r man . . .

MRS. DAVIES :

(*yn torri arni ar ôl "liniau"*) : Paid, Marged, paid, rwy i'n begian arnat ti . . . paid 'y nghalon fach i . . . (*Chwardd* MARGED *ar ei phen ei hun yn galonnog. Pan ddechreua* DIC *siarad try yn chwyrn â'i phwysau ar y ford i wrando arno.*)

DIC :

Mae dynion yn mynd felna weithiau—a ddylet ti ddim gwneud sbort ar ei ben e, Marged. Y peth blaena yn eu meddwl nhw, hwnnw sy'n gwasgu arnyn nhw, yn enwedig pan fyddan nhw'n cysgu, mae'n debyg. A dyma beth mae mennydd dy dad yn wneud pan fydd e'n feddw—cysgu mae e. Am ei fod e maes o waith mae fe'n sôn am waith a chyflogau—a mae hi'n naturiol iddo fe roi'r bai arnoch chi Mr. Lewis—chi yw'r manager welwch chi. A mi fuais i ac yntau'n gweithio

yn ymyl ein gilydd am flynyddoedd—dyna pam mae e'n
sôn amdana i, mae'n debyg. Na wir, Marged, ddylet ti
ddim gwneud sbort am ei ben e. Mae hi'n eitha naturiol
iddo fe glebran . . .

MARGED :   (*yn actio trachefn*) : Gawn i weld ol ' boi . . . o cawn,
cawn . . . am Idwal a Bet . . . diawl mae gen i afael
. . . gafael newydd . . . elli di ddim wimled . . . (*Yn
sydyn syrth i'r stôl mewn hysteria gwyllt o chwerthin.*)

MRS. DAVIES :   O'r annwyl, paid ! (*Y mae hi'n llefain. Clywir cnoc. Cyfyd*
DIC *a* LEWIS *gan wynebu ei gilydd.*) Dyna gnoc Defi, mae
fe wedi dod adre. (*Â i agor y drws iddo.*)

DIC :   Beth yw hyn, Morgan Lewis ? Mae rhywbeth tu ôl i hyn
nad wy i ddim yn ddeall !

DAI :   (*o'r drws*) : Helo, 'rhen groten ! . . . Odw i . . . yn
ffamws thenciw . . . fel y boi . . . Beth ddwedaist ti ?
. . . O ! 'rhen Foc sy na. (*Erbyn hyn y mae yn y gegin
a gwêl* LEWIS *a* DIC.) Helo, Mr. Manager. Sut wyt ti
' ngwas i ?

LEWIS :   Helo, Dai. (*Y mae pawb ar eu traed. Wrth siarad croesa*
DAI *i'r gadair freichiau isaf.*)

DAI :   Dyma od mae'r hen fyd ma, ond te fe ? Fi oedd yn
arfer dod atat ti . . . fi oedd yn arfer dod â 'nghap
yn 'y nwrn, a dweud "Syr." Sut wyt ti'n leicio dod â
dy gap yn dy ddwrn i gonsylto'r manager, Moc, e ?
Jobyn go roten y gwelais i hi erioed. (*Yn talu sylw i* DIC.)
Helo, 'rhen law, sut mae'r gwaith yn mynd ? Rwy
innau'n leicio rhoi'r lle gorau i'n ffrindiau, e, Moc ?

DIC :   Dai, beth sy'n bod arnat ti ? A wyt ti wedi monni dwed ?
(*Y mae cnoc ar y drws.*)

MRS. DAVIES :   Pwy sy na ? Marged, cer i'r drws i weld. (*Â* MARGED
i'r drws. Plyg MRS. DAVIES *o flaen* DAI *a datod ei esgidiau.*)
Weldi, Defi, cod dy droed ; a mae'n well iti ddal dy
dafod heno ; treia fod yn syfil 'ta beth.

MARGED :   (*o'r drws*) : Odi, mae Mr. Lewis yma, yn y tŷ. Dewch
mewn eich dau.

BET :   Does dim llawer o amser gyda ni. Rhowch yr allwedd
yma. . . .

MARGED :   Dewch fewn, funud, w. Chollwch chi ddim llawer o
amser. Dewch mlaen. (*Y mae hi yn y gegin ; daw* BET *ac*
IDWAL *ar ei hôl. Maent wedi gwisgo i siwrnai, ac y mae*
IDWAL *yn cario bag. Safant nid nepell o'r drws.*)

BET :   Wel, wel, mae lle llawn yma. Sut ych chi i gyd ? (*Wrth
                 i* MARGED *gynnig cadair iddi.*) Na, dŷm ni ddim yn aros
                 nawr, diolch. Rŷm ni'n mynd i ddal y trên. Morgan,
                 weldi, dyma'r allwedd iti. Rown i'n meddwl y byddai'n
                 well i ni ddweud wrthyt ti ein bod ni'n cychwyn.

LEWIS :   O'r gorau. Gobeithio mwynhewch chwi'ch hunain. I
                 Lundain rych chi'n mynd, ddwetsoch chi ?

IDWAL :   Ie, mi fydda i nôl erbyn y gwaith nos Lun. A mi
                 edrycha i ar ôl Bet.

LEWIS :   Reit you are. Mae hi'n dy ofal di, cofia.

DAI :   Ie, gobeithio mwynhewch chi'ch hunain. Damo, na
                 ol reit hefyd. Marged, wyt ti ddim yn mynd ? Odi e
                 ddim o'th eisiau di heno nagyw e ? Darro, Id, bachan
                 ofnadwy wyt ti . . .

LEWIS :   Dai, bydd ddistaw . . .

MARGED :   Beth sy'n bod, Mr. Lewis ? Mi leiciwn i fynd i Lundain
                 yn iawn. Beth oech chi'n ddweud, nhad ?

DIC :   Marged, os gweli di'n dda ! Dwyt ti'n helpu neb nawr
                 cofia.

MARGED :   (*yn benwan*) : Dier mi ! Does neb wedi helpu llawer
                 arna i erioed, am wn i ; dim ond cymaint â mae Bet
                 wedi'i wneud ; ac rwy i'n mynd i helpu Bet. Os na
                 ddweda i nawr mi fydd yn rhy hwyr—mi fydd nhad
                 wedi dweud.

MRS. DAVIES :   Dweud beth, Marged ? Beth sydd gen ti i ddweud ?
                 Mae'n well lawer iti fod yn ddistaw.

MARGED :   Mae'n hen bryd i chi, mam, ddod i wybod. Mae holl
                 dafarnau Cwm Glo yn gwybod nawr. Mae nhad wedi
                 addo cadw'i geg ynghau, ond mae pob peint mae e'n
                 yfed yn rhyddhau ei dafod e'n fwyfwy. (*Ei thad yn
                 protestio.*) O reit nhad, byddwch chi ddistaw nawr. Mae
                 Morgan Lewis yn credu bod yr arian mae fe yn roi iddo
                 yn prynu ei ddistawrwydd e ; ond ei dalu e am glebran
                 mae hynny.

DAI :   Marged, rwyt ti'n dweud celwydd. Weldi, os na . . .

MRS. DAVIES :   Dwy i ddim yn dy ddeall di. Cau ei geg e . . . rhoi arian
                 iddo . . . beth sy gyda Morgan Lewis i'w guddio ?
                 Dwy i ddim yn dy ddeall di !

MARGED :   Nagych chi, mam, ond mae pawb arall sy yma'n geso.

IDWAL :   Marged, er mwyn y nefoedd, bydd ddistaw rhagor.

MARGED :   Pam ? Mae'n well i mam 'y nghlywed i'n ei ddweud e,
                 na'i glywed e o bennau busneslyd menywod Cwm Glo

maes law. A mae'n bryd i Bet wybod. Mae'n drueni
iddi wneud dim heb wybod, odi e ddim Id ? (*Chwardd.*)
Fydd dim hanner cymaint o flas yn Llundain os na fydd
hi'n gwybod !

BET : Beth sydd i mi wybod ?

MARGED : Bet fach ddiniwed ! Am iti ohirio mynd gyda Idwal
hyd heno, mi ddaeth e gyda fi un noswaith—un noswaith
wedi iti wrthod iddo. A dyma ti heno wedi bodloni
iddo—yn rhy hwyr.

BET : Idwal gyda thi ? Celwydd ! Dwy i ddim yn dy gredu di.
Dere Id, maes o fan hyn !

DAI : Go dda Marged, bant â'r cart ; mi wneith les i'r tacle
wybod eu seis !

MARGED : Meindiwch chi'ch busnes. Ie, Bet, Idwal gyda fi. Eist-
eddwch lawr ; mae gyda chi ddigon o amser i ddala'r
trên, a mae'n drueni na cheith Bet wybod y cyfan nawr.
(*Y mae'r ddau yn anfodlon a* MARGED *yn feistrolgar.*) Eistedd-
wch lawr ! (*Eistedd* BET.)

MRS. DAVIES : Marged, mae'n rhaid iti ddistewi. Gwrando ar reswm
os gweli di'n dda !

MARGED : Dwy i ddim yn gweld yn dda. Rwy i wedi bod yn
ddistaw yn rhy hir ; ac rwy'n mynd o ma heno. Rwyt
ti Bet yn gwybod mod i'n arfer dod nôl a mlaen i'ch
tŷ chwi, a rhedeg negesau trosoch chi, er pan own i'n
hen blentyn bach. Wel, pan ddechreuais i dyfu yr oedd
Morgan Lewis yn leicio 'nghadw i ar ei ben-lin a sylwi
ar 'y nghorff i'n llunio ac yn prifio. Wrth edrych nôl
'rwy'n gallu deall hynny, a rwy i'n reit, ond ydw i,
Morgan Lewis ? O own, yr own i wrth 'y modd, ac yn
cael arian poced gydag e. Ond un diwrnod, tua dwy
flynedd yn ôl, fe ddaliodd nhad ni ; byth er hynny mae
fe wedi bod yn sugno mêr esgyrn Morgan Lewis—a
hwnnw'n crynu rhag i neb ddod i wybod.

IDWAL : Dere Bet, gad inni fynd o sŵn cythreuldeb fel hyn.

DIC : Ie wir, cerwch ; does dim eisiau i chwi gael eich insyltio
fel hyn, Miss Lewis. Marged, fydd gwybod pethau fel
hyn ddim help i Bet.

MARGED : Mae hynny'n dibynnu arni hi !

BET : Beth ddwedaist ti am Idwal ?

MARGED : Wyt ti'n cofio—noswaith oer reit, bythefnos yn ôl,
yn ymyl eich clwyd chi—iti fynd i'r tŷ heb ddweud
"nos da" wrth Idwal ? A Idwal druan yn gadael iti

fynd. Ond welaist ti ddim ohono yn troi, a gwneud am
ddod ar dy ôl di, a begian pardwn ; dyna oet ti eisiau,
eisiau iddo fegian pardwn ar dy law di. Ond ddaeth e
ddim. Mi ddes i heibio . . . a ddaeth e ddim. Rown
i'n gallu gweld y cyfan, a ddaeth e ddim. Ddaeth e
ddim.

BET : Ddaeth e ddim ? Wel . . . ?

MARGED : Mi ddois i o rywle. O do, dyna ngwaith i Bet fach, dod
o rywle i ddal ddynion ar eu horiau gwan—i dalu peth
o'r pwyth. Gofyn iddyn nhw pwy ddysgodd 'y nghrefft
i fi.

BET : Idwal !

IDWAL : Dere adre. Dere inni gael dal y trên.

BET : Cer di. Dalla i ddim dod—rhagor. . . . . Yr wyt wedi
fy nhwyllo i. (*Nid yw'n llefain.*)

IDWAL : Nagw i ddim, Bet. Dere maes imi gael siarad â thi.
Dwy i ddim wedi gwneud dim o gwbl.

BET : Does dim eisiau iti ddweud dim byd rhagor— mae
Marged wedi dweud hen ddigon. Rwy'n dy ddeall di
o'r diwedd. Mae pob merch fel ei gilydd i ti. (*yntau yn
protestio.*) Paid â dweud dim rhagor. (*Tyn ei modrwy
ddyweddïo oddi ar ei bys.*) Wnei di ddim ond dy ddrysu
dy hun. Cymer !

IDWAL : O Bet, gwrando. Dere maes gen i, i ni gael siarad ar ein
pennau ein hunain. Rwy i'n siwr ond iti roi cyfle i
fi . . .

BET : Cyfle iti wneud ffŵl ohono i eto ? Na, dim thenciw syr !

DIC : Bet, cewch gydag ef. Dim ond camddeall yr ych chi,
rwy'n siwr. Mae'n biti i chi gwpla'r cwbl nawr : a
dim ond celwyddau Marged sy'n sail i'r cyfan. Cewch
gydag e wir.

DAI : O, celwyddau Marged ni, iefe Dic ? Os yw'n well gyda
Bet air Moc ei brawd, feri wel an gwd—dwed ti air
bach, Moc.

BET : Does dim eisiau i Morgan ddweud dim, Dai Dafis.
Mae'n ddrwg gen i eich croesi chi, Dic Ifans, ond mae'r
cwbl ar ben rhwng Idwal a fi—am byth. . . . (*Teifl y
fodrwy ar y ford*) : Ti biau honna Id. Cymer.

MRS. DAVIES : O merch fach i, cymerwch amser i feddwl. Mae bywydau
dau ohonoch chi yn y fantol, cofiwch. Cedwch honna
hyd fory ; mi fyddwch yn deall eich gilydd yn well erbyn
hynny.

IDWAL :   Gad imi fynd â thi nôl i'r tŷ. (*Yn cynnig ei harwain.*)
BET :   Idwal ! Cer ! Gad i fi fod. Dyma'r diwedd. Cer !
IDWAL :   (*yn deall nad oes les dadlau, yn penderfynu'n glir*) : A dyma'r
               diwedd, iefe ? O'r gorau. . . . Nos da. (*Â allan, a'r
               bag yn ei law. Wedi iddo fynd try* BET *at ei brawd.*)
BET :   Morgan, cer â fi gartre . . . Dyw Marged ddim yn
               dweud y gwir amdanat ti, odi hi Morgan ? Der adre
               gen i, wnei di ?
MARGED :   Nagw i wir ! Mae fe'n lot fwy gwir nag am Idwal—a
               mae hwnnw'n wir i gyd !
MRS. DAVIES : Paid â dweud dim rhagor. Cewch chi â Bet adre Mr.
               Lewis.
DIC :   Marged fach, beth sydd wedi dy feddiannu i ddweud
               hyn i gyd heno ? Pam ddwedaist ti e o gwbl ?
MARGED :   Mae'n well i Bet ei hadnabod ei hunan, odi e ddim ?
               Dyw hithau'n credu dim am neb mwy—mwy na mae
               mam a finnau.
BET :   Dwy i ddim yn credu dim nawr, dim byd am neb na
               dim. (*Y mae'n ymollwng i'r gadair ac yn wylo—am y tro
               cyntaf.*) Neu rwy i'n credu popeth am bawb ; a dwn i
               ddim p'un yw'r creulona.
MRS. DAVIES : Ie wir, yn un fach i. Uffern diffyg ffydd yw'r ddau !
MARGED :   Dych chi erioed o'r blaen wedi mynd lawr o dan blisgyn
               dim byd. Roedd hi'n neis i gael bachgen fel Idwal i
               wneud ffys ohonoch chi, ond oedd hi ? Ond nawr dyw
               e ddim digon neis i wneud ffys—mae fe wedi bod gen-i ;
               am iddo ddeall nad oedd e dda i ddim byd ond i fod yn
               ornament i Bet. Rwy i'n falch, er mwyn Id mod i wedi
               gwneud fel gwnes i. Mae fe'n gwybod lle mae fe nawr,
               'ta beth.
BET :   (*yn codi'n wyllt*) : Does gen ti ddim hawl i siarad felna
               amdana i. Meindia dy fusnes.
DIC :   Ewch gyda hi nawr, Lewis. Mi ellwch weld Dai eto pan
               fydd e'n fwy sobor.
DAI :   Sobor ? Sobor, ddwedaist ti ? Pwy sy'n feddw te, e ?
               Diawl, Dic, rown i'n meddwl dy fod ti'n ffrind . . .
MRS. DAVIES : Defi, paid ti â dechrau eto ! A mi ddylai fod gas gen ti,
               Marged, gyhoeddi dy afradlonedd i'r byd. Rhag cywil-
               ydd iti !
MARGED :   Mae nhad wedi gofalu am hynny trosta i, ddigon.
DAI :   Y fi ! Nagw i ddim. Dwy i ddim wedi dweud un gair
               amdanat ti o gwbwl.

MARGED : Na dim ond am Morgan Lewis a Idwal ! A mae'r byd yn gallu darllen rhwng y leins.

LEWIS : Gwrando ma Dai ! Os do i i ddeall dy fod ti wedi yngan gair o'r hyn mae Marged yn ei glebran heno wrth undyn byw, mi . . . mi dy flinga i . . .

MARGED : Ha ! ha ! ha ! (*chwardd yn hir, yna yr un mor sydyn try o ddifrif, a chwilio a dal llygaid ei mam*) . . . Does dim lot o wahaniaeth ynddo ni'n dwy, cofiwch chi, mam ; a chi sy wedi cael y fargen waetha hyd yn hyn. Lawer gwaith er pan own i'n ddigon hen i sylwi rwy i wedi clywed nhad yn eich gorfodi chi—eich gorfodi i wneud ei ewyllys e—pun a fynnech chi neu beidio. Dim ond rhyw sy'n cymell dynion . . . 'y nhad, a Morgan Lewis a Idwal . . . A Dic ? . . . Dwn i ddim . . . falle mai ar ei liniau y newidiodd e i gariadon . . . a dewis doeth-ineb yn lle menywod. Mae Stryd Fawr bert yng Nghaer-dydd, Richard Ifans, a merched glân ar hyd-ddi. Mae gwragedd Cwm Glo i gyd, heb fynd i Gaerdydd o gwbwl, wedi gorfod troedio'r Stryd Fawr honno. Neu wedi peidio â bod, fel mae Bet wedi peidio â bod. (*Gwisg ei dillad yn gyflym a gafael yn y bag wrth siarad.*) A mae'n rhaid i finnau fynd i ddal y trên, next stop Stryd Fawr Caer-dydd, a'i gonestrwydd agored. (*Y mae ar y ffordd allan.*) Goodnight i gyd. (*Y mae pawb ar eu traed yn edrych arni— ond* DAI.)

MRS. DAVIES : Marged ! Marged ! Marged. (*Syrth i'r llawr ac y mae hynny'n rhwystro neb i fynd ar ôl* MARGED. *Rhuthra* BET *ati, ac y mae* DIC IFANS *a* LEWIS *yno hefyd.*)

BET : Mrs. Davies, Mrs. Davies ! Beth sy'n bod ? (*Dodant hi ar y soffa. Cymer* BET *yr awdurdod yn naturiol.*) Morgan, der â glasiad o ddŵr. (*Â* LEWIS *i'w gyrchu a'i ddwyn iddi ; rhydd hithau ef wrth enau* MRS. DAVIES.)

DAI : (*ac atsain dyddiau caru yn nes i'w lais nag y bu ers blynyddoedd*) : Beth sy'n bod ? Peg fach ? Peg ?

BET : Eisteddwch lawr Dai Dafis—o'r ffordd. Mae'n well inni fynd â hi i'r gwely. Helpwch chi hi. Mi ddo innau â'r gannwyll. (*Cyrraedd honno o'r silff a'i chynnau tra fydd* DIC *a* LEWIS *yn tywys* MRS. DAVIES *i'r llofft. Canlyna* DAI *hwynt at waelod y stâr.*) Dai mae'n well i chi fynd ar ôl Marged ! (*Â heibio iddo i'r llofft.*)

DAI : (*yn cosi ei ben ac yn croesi yn ôl at y ford*) : Marged ? Moyn Marged ? Lle mae 'nghap i ? A'n sgidiau i . . . ?

LEWIS :   (*wedi dod o'r llofft*) : Ple mae potel dŵr poeth ?

DAI :   E ?

LEWIS :   Y botel ! Lle mae hi ?

DAI :   Yn y bac am wn i . . . ie, dan y ford. (*Â* LEWIS *a'r
               tegel allan gydag ef a llanw'r botel. Dwg honno yn ôl i'r gegin
               wedi ei lapio mewn tywel. Tra bu'n gwneud hyn croesodd*
               DAI *at y ffenestr a gwrando.*)

DAI :   Dyna'r trên yn mynd lawr. Mae Marged wedi ei ddal
               e nawr. (*Eistedd ar y soffa y mae pan ddaw* LEWIS *yn ôl.
               Daw* BET *hefyd o'r llofft, a chymryd y botel.*)

BET :   Llanw'r tegel yna eto, a chod y tân yna dipyn bach.
               Falle bydd eisiau rhagor o ddŵr.

LEWIS :   O'r gorau. Cer di lan at Mrs. Davies nawr. (*Â* BET *i'r
               llofft. Trefna* LEWIS *y tân ; yna edrych* DAI *ac yntau yn hir
               ar ei gilydd heb siarad. Ar y soffa y mae* DAI.)

DAI :   Wel . . . Mr. Manager. (*Ni thyn* LEWIS *ei lygaid oddi ar*
               DAI *ond nid etyb.*) Glywaist ti ? Dwed . . . wyt ti'n clywed ?

LEWIS :   Paid â themtio dim rhagor. Wedi imi wneud y cwbl
               ofynnaist ti, dyma ti a dy deulu wedi briwo bywyd Bet.

DAI :   Rwyt ti'n falch. Doet ti ddim yn mentro. Ond doet ti
               ddim am iddyn nhw briodi. Wnest ti ddim tros Idwal
               erioed.

LEWIS :   Glywaist ti. Paid â themtio dim rhagor. Rwyt ti wedi
               hau'r cyfan trwy Cwm Glo wedi'r cwbl. Mi fyddai'n
               well i mi fod wedi wynebu fy nghamwedd cyntaf, o lawer.

DAI :   Pam dest ti yma heno ?

LEWIS :   Does dim ots nawr. Nawr rwy'n gweld yn glir am y tro
               cynta ers tro. Sylwaist ti na ddywedais i ddim byd
               lawer gynnau fach pan oedd Marged yn ei sterics ? Mi
               benderfynais i bryd hynny. Rwyt ti wedi cael y bensen
               ola gen i. Wyt ti'n deall . . . y bensen ola !

DAI :   (*yn bryfoclyd i'r diwedd bellach*) : Hym ! Sut wyt ti'n
               gweithio hynny maes, 'te ?

LEWIS :   Mae Bet wedi dod i'r cawl nawr. Er ei mwyn hi y
               buodd y cwbwl. Ti sy wedi torri'r fargen. Dyma'r
               diwedd.

DAI :   Rwyt ti'n swno fel mai ti sy wedi ei chael hi waetha o
               lawer. Dim ond ti a Bet sy'n diodde, spo ! Beth amdana i
               a'r ferch a'r wraig. Bet yn diodde . . . he he he . . .
               dim bensen goch ddwedaist ti . . . mi gewn i weld old
               boi . . . Bet yn diodde . . . falle dioddefith hi dipyn
               mwy, machan i.

LEWIS :   Beth wyt ti'n feddwl ?

DAI :   Wyt ti'n meddwl y bydd Bet chi'n leicio i Gwm Glo i
gyd wybod am ei thrip bach hi a Idwal i'r brif-ddinas,
e ?

LEWIS :   Doedd dim byd yn hynny. Wnaeth Bet ddim byd maes
o le.

DAI :   Ond mi eith gair amdani hi'n mhell iawn nawr cofia
di ; mae dy gymeriad moesol di—a hithau . . .

LEWIS :   Pwy wyt ti i sôn am gymeriad moesol, a'th ferch di dy
hunan fan lle mae hi heno ? Pwy wyt ti, leiciwn i wybod !

DAI :   Pwy helodd hi fanny dwed ti ? E ? Ti neu fi ?

LEWIS :   Dalla i ddim dweud ; elli di ? Ti a fi, falle.

DAI :   Reit. Ti yw'r tegel, finnau yw'r ffreinpan. Ond gad
bod Marged ni yn ddrwg, does dim byd od yn hynny ;
croten fach dlawd fuodd hi erioed—a mae lot o rheiny
yn gorffod gwneud fel mae Marged ni heno. Merch
Dai Dafis yw hi ar y gorau, a mae natur y cyw yn y cawl
weldi. Ond Bet . . . mae Bet yn wahanol . . .

LEWIS :   Ca dy sŵn am Bet. Dyna ddigon o dy dafod ti rhagor !

DAI :   Cofia di Moc, does dim raid i Bet. Mae digon o arian
gyda Bet. Mi fydd un si fach amdani hi fel gwreichionen
o flaen gwynt. Dim un bensen ddwedaist ti ? Dere di
old boi, beth amdani nawr. Y ?

LEWIS :   Dim un geiniog ! Cer i'r cythraul—a gwna hast ! (*Cydia
yn ei het a mynd tua'r drws.*)

DAI :   (*yn galw ar ei ôl ; saif yntau*) : Beth am air bach wrth Bet
ar ei phen ei hunan, e ? . . . Feddyliaist ti ddim am
hynny, do fe nawr ?

LEWIS :   Mi dy fwra i di . . . yn dy ddannedd . . . os agori di
dy hen geg front wrth Bet. Mi dy fwra i di os dywedi di'r
ail air.

DAI :   (*yn codi*) : Ti sy wedi spwylo Marged fach. Ti sy wedi
hela ngwraig i i'r gwely'n sâl. Os yw Peg yn mynd i
farw, ti fydd ei llofrudd hi . . . a mae Dic Ifans yma'n
witnes . . . he he . . . a dall Dic druan ddim dweud
celwydd. Y llofrudd . . . llofrudd ! Dim bensen goch
ddwedaist ti . . . Y llofrudd ! (*Nesaodd y ddau nes sefyll
wyneb yn wyneb ar ganol y llawr. Gyda bod* DAI *yn yngan
"Llofrudd" y tro olaf deil* LEWIS *ef tan ei ên : syrth yntau yn
ei hyd ar lawr. Dichon iddo daro'i wegil, oherwydd y mae
wedi tynnu'r anadliad olaf pan dry* LEWIS *o'r drws i edrych*

*eilwaith arno. Pan wêl ef ar lawr plŷg wrth ei ochr mewn
ofn oer. Edrych, ysgwyd, disgwyl ateb, a phob osgo'n dangos
pryder, ofn, dryswch.)*

LEWIS : *(yn ddistaw)* : Dai ! Dai ! Dai ! *(Edrych tua'r llofft,
cwyd, cerdd at y stâr a gwrando, yna dychwelyd.)* Dai ! . . .
Dai ! . . . Llofrudd ? Llofrudd ddywedaist ti ? Dwed
hynny eto, Dai . . . er mwyn y nefoedd dwed ' y mod
i'n llofrudd . . . dwed beth fynni di . . . dwed rywbeth
. . . Dai . . . *(Sylweddola mor ddiobaith yw a gwna am y
drws, ond y mae* BET *yn disgyn o'r llofft, cilia o'i blaen gan
guddio'r corff ar y llawr.)*

BET : Morgan ! Morgan ! Beth sy'n bod ? *(Daw* DIC *o'r llofft
wrth sodlau* BET *ymron.)*

DIC : Beth sy'n bod 'ma ? Rown i'n clywed eich sŵn chi . . .
Morgan Lewis, beth sy'n bod ? *(Cilia* LEWIS *gan adael
lle i* DIC *ddarganfod trosto'i hun. Gwna hynny trwy edrych a
phlygu yn ymyl* DAI. *Cyfyd, try at* BET.*)*

DIC : Mae e wedi mynd Bet !

BET : O'r nefoedd fawr. *(Ymollwng ar gadair. Ceisia* DIC *ei
chysuro trwy roddi ei law ar ei hysgwydd.)*

DIC : Peidiwch â thorri lawr nawr, 'y merch fach i . . .
(Yna'n syml ddirodres, gan sefyll bron tu ôl i BET, *cyfyd ei
law dde)* . . . "Ein Tad yr Hwn wyt yn y nefoedd. . . ."

(Daw'r llen i lawr yn araf tra bydd yn dechrau adrodd y weddi.)

LLEN

Dies Irae

(Drama mewn Pedair Act)

Dramatis Personae :

BUDDIG . . . . Pendragon a phennaeth yr Iceniaid
DYFNRIG . . . . Pennaeth y Trinofaint
IFER
MAELGWN } . . . . Dau gapten ym myddin Buddig a Dyfnrig
FFLAMINIOS
AENOBARBOS } . . . . Dau gapten Rhufeinig
NEGESYDD SUETONIOS
DWYNWEN . . . . Priod Dyfnrig, chwaer i Fuddig
ELIAN . . . . Merch ieuaf Buddig

Gwanwyn y flwyddyn 61 C.C. yw hi.   Man uchel yw'r llwyfan—gwersyll y Brythoniaid.   Yn y cefn, disgyn yn serth i ddôl wastad isod.   Tu hwnt i'r ddôl y rhaid i filwyr y Brythoniaid ei chroesi, cyfyd llethr arall goediog.   Ar honno y mae gwersyll Suetonios.

Math ar gwpan yw'r llwyfan, ac un hanner ohono, yr ochr nesaf at y dorf, yn eisiau.   Bydd yn codi'n raddol at y cefn mewn grisiau o bridd a cherrig.   Ni bydd dim dodrefn ar y llwyfan na dim lle i'r actorion eistedd, ond ar y grisiau hyn.   Ym man ucha'r llwyfan, yn y cefn, y mae math o ganllaw, y gellir edrych trosto ar y ddôl.   Ar y chwith y mae pabell Dyfnrig.   Y dde isaf sydd at wasanaeth y carcharorion.

Bydd teithio o wersyll Buddig trwy fynedfa yng nghefn y llwyfan, ar y chwith i'r canllaw.   Yno hefyd y mae'r ffordd i'r Llwybr Cudd.   Bydd mynedfa tua maes y gad trwy'r dde uchaf.   Ond y mae prif-gorff y fyddin yn tramwy'r llethr yn v cefn.   Yr un yw'r llwyfan trwy'r ddrama gyfan.

YR ACT GYNTAF

Pan gyfyd y llen, dim ond IFER *a* MAELGWN *sydd ar y llwyfan. Eisteddant ar y grisiau, ac y mae* IFER *yn hogi cledd, a* MAELGWN *yn naddu blaen saeth.*
Awr agos i hanner dydd yw hi.
Ar ôl seibiant byr, bydd siarad.

IFER :

Dim ond awr neu ddwy. Dyna beth anodd yw disgwyl.

MAELGWN :

Ie, ynte. Does dim byd yn waeth genny na gwylad buwch yn bwrw llo.

IFER :

Rwy wedi blino disgwyl. Awr neu ddwy eto, a bydd y disgwyl trosodd.

MAELGWN :

A bydd yr ymladd wedi dechrau. Chwarae oedd pob ymladd wrth y brwydro a fydd heddiw.

IFER :

Ie.

MAELGWN :

Ond gorau i gyd gen i po gyntaf y dechrau. Mae disgwyl yn beth mor ddistaw.

IFER :

Ydy. Mor ddistaw, nes bod dy galon di'n cadw sŵn. (*Seibiant.*) Dwy i ddim wedi gweld y wraig a'r plant trwy gydol tair lleuad lawn.

MAELGWN :

Hy,—welaist ti ddim un Rhufeines fach, te ? Roeddit ti'n fisi'n lladd a llosgi, falle. Ha, ha, roedd sawl un ddigon twt yn y ddinas yna. . . . Dyna dân, welais i ddim pertach yn fy myw. Bachgen, roedd yr awyr yn eirias am nosweithiau.

IFER :

Am wn i na charet ti ddal ati—er mwyn gweld tanau pert.

MAELGWN :

A chrotesi pert. Roedd ambell i Rufeines cystal llawn â—Ond darro, na, roedd hynny i gyd yn burion yn y gaeaf. Ond nawr mae'r tipyn tir sy gen i'n galw. Dyna bethau sy'n ennill yn rhwydd yw eithin, yn waeth na brwyn. Rown i wedi meddwl cael amser cyn y Gwanwyn yma.

IFER :

Beth well yw neb o drin tir tra bo Catos, (*gan boeri ar lawr*) melltith Annwn arno, yn dwyn y cnydau i gyd. Mae Buddig yn iawn. Cyn daw graen ar ddim—

MAELGWN :

Wn i ddim. Mae Catos wedi rhoi ei draed yn tir. Ddaw e ddim nôl.

IFER :

Na. Ddaw *e* ddim nôl, y felltith ag e (*gan boeri ar lawr*). Ond mae ei siort e'n waeth nag eithin. Ennill ! A dyw'r rhai sy'n gefn iddo fe byth yn dianc—

MAELGWN :   Byddinoedd Suetonios ?

IFER :   Ie. Pryd clywaist ti sôn bod rheiny wedi dianc ?
Dim erioed.

MAELGWN :   Dim ond awr neu ddwy, ngwas i, a bydd rheiny wedi
ei gwadnu hi.

IFER :   Os wyt ti'n iawn, ddon ' nhw ddim nôl—dim byth.

MAELGWN :   Hy, fe allan nhw ddod nôl eto rhwng y ddau gynhaeaf
falle, neu'r gaeaf nesaf ta beth. Fe fydd y bechgyn
eraill wedi tyfu erbyn—

IFER :   Ddôn *nhw* ddim nôl. Dim ymladd, a dianc, a dod
nôl maen nhw. Ymladd ac ennill maen nhw, neu farw.
Ennill, neu farw, Maelgwn, un neu'r llall.

MAELGWN :   Twt, twt. Pan welan nhw gerbydau Buddig, fe fydd
eu gofal cyntaf hwythau am eu crwyn.

IFER :   (*gan godi*) : Taw. Dyma Ddwynwen.

MAELGWN :   (*yn hamddenol*) : Fe ddaeth Dyfnrig â'i fenyw gydag e.
Dyna i ti groten bert nawr. Rhy bert i fentro'i gadael
ar hyd y lle.

IFER :   Taw. A chod. Mae Elian gyda hi.

MAELGWN :   Elian. Merch Buddig. (*Cwyd, a dywed dan ei anadl.*)
Mae hi mor bert, rhaid codi iddi hi. (*Daw Dwynwen
ac Elian o'r cefn.*)

DWYNWEN :   Peidiwch â chyffroi, foneddigion. Dym ni ddim ond
yn myned i'r babell. (*Craffa ar y naill a'r llall.*) Ifer,
onide ? . . . a Maelgwn ? Rych chi'n ddeuddyn pry-
sur, gyda'r trefnu yma i gyd. Dim amser bron i
ddweud Bore Da, rwy'n siwr.

IFER :   O na, nid rhy brysur i hynny, er cystal dydd yw hi.
Ni bu gwell dydd ers tro. Heddiw mae'r frwydr.

ELIAN :   Dydd da. Dydd cystal. Dydd gwell. Dydd gorau.
Rhaid i minnau ddweud, "Heddiw yw'r dydd gorau."
Ond gorau i beth, ni wn. Da, cystal, gwell, gorau.
Gorau i beth ?

DWYNWEN :   I ddweud "Dydd da", wrth gwrs. Peth ffôl a fyddai
dweud "Sut ych chwi fory".

ELIAN :   (*wrth Maelgwn*) : I beth ?

MAELGWN :   I ddweud "Dydd da." Mae'n well na ddoe—sydd
eisoes yn ei fedd.

ELIAN :   (*wrth Ifer*) : I beth ?

IFER :   I ddweud "Dydd da". Mae'n well na fory. Efallai na
fydd fory yn ddydd da, na neb i ddweud "Dydd da"
yfory.

ELIAN :   Ddoe, heddiw, ac yfory—da. Da i gigfrain, da i
          fleiddiaid, da'r gorffennol, da'r presennol, da'r
          dyfodol—iddynt hwy.

DWYNWEN : Elian ! Rwyt yn cyfarth cynddrwg â bleiddiast. Ai
          dyna'r ffordd i siarad nawr, heddiw ? Ti sydd fel
          brân groch. Merch Buddig a'i chrawc. Lodes, rhag
          dy gywilydd.

IFER :   Y disgwyl hir sy'n gwasgu arni hithau, a'r tawelwch
          yma. Tawelwch cyn storm. Pan ddaw'r awr—

ELIAN :   Awr rhannu'r ysglyfaeth rhwng y brain a'r bleiddiaid.

IFER :   Fe garwn i, ta beth, weld amser dechrau—

ELIAN :   Amser dechrau gloddest bleiddiaid a brain.

IFER :   Esgusodwch fi. Mae gen i un peth eto i'w drefnu.
          Mae'n rhaid i mi . . .

DWYNWEN : Dyna ddwedais i. Dim amser i ddim ond i drefnu.
          Dos di, Ifer. (Â IFER.) Mae'n syndod faint o ofal
          sydd, faint o gyfrifoldeb. Mae'n tynnu ar hanner
          dydd. Pryd mae'r ymosod, Maelgwn ?

ELIAN :   Pryd mae arlwyo bwrdd i'r bleidd—

DWYNWEN : Elian !

MAELGWN : Y—y—ymhen y ddwyawr, neu cyn hynny. Esgus-
          odwch finnau—mae gen innau waith—

DWYNWEN : O'r gorau, Maelgwn. (Â MAELGWN.) Beth sydd arnat
          ti ferch ? Wyt ti'n credu mai dim ond ti sy'n dioddef,
          mai dy ryfel di yw hwn, neu beth ? Yn codi ofn ar y
          ddau—

ELIAN :   Y siarad ysgafn, fel petai neb yn hidio dim. A'r
          clochdar, clochdar ; pawb yn clochdar a neb yn hidio
          dim.

DWYNWEN : Mae'r duwiau'n dda'n rhoi siarad ysgafn heddiw. Dim
          ond awr neu ddwy. Beth sydd i Ifer yng nghroth y
          ddwy awr feichiog ? Gweld ei wraig a'i blant . . .
          neu . . . beidio ? A Maelgwn ? Am ddwyawr mae
          e'n fyw, yn symud, a bywyd yn symud yn ei lygaid.
          Mae'n clochdar i foddi sŵn y distawrwydd, i herio'r
          hir lonyddwch sy'n hercian yr ochr draw i'r ddwyawr.
          Hidio wir.

ELIAN :   A thithau'n chwarae, a sôn am "Fore da". A Dyfnrig,
          dy ŵr, yn wynebu—

DWYNWEN : Pwy fyddai'n well o sôn am fore drwg ? Dyfnrig ?
          Neu fi ? Gwrando, Elian. Mewn munud fach neu
          ddwy, fe fydd Dyfnrig yn mynd maes. Wyt ti'n

meddwl, wyt ti'n meddwl y bydd fy nghalon i heb ddagrau ynddi ? Rwy'n gors o ddagrau nawr. Ond wêl *e* ddim byd ond chwerthin . . . gobeithio . . . A chlochdar. Ti sy'n clochdar uchaf o bawb, fel cywen heb un wy. Beth sydd gen ti— ?

ELIAN : Dwynwen . . . ?

DWYNWEN : Wel ?

ELIAN : Mae gen i—

DWYNWEN : Fwy o glochdar ?

ELIAN : Ofn sydd arna i. A gofid . . .

DWYNWEN : Ofn ? Gofid ? Wrth gwrs. Pwy sydd heb ofn ? Mae dy fam, mae Buddig, yn crynu o arswyd, a phob milwr yn y gwersyll. Ti, a finnau, wrth gwrs, ond does dim iws inni hau ein hofnau ar y gwynt, maen nhw'n tyfu mor —Y cwbl a elli di a finnau'i wneud yw—

ELIAN : Ond . . . Fflaminios ?

DWYNWEN : O. Y Rhufeiniwr. Nid gofal am dy fam a'th ewythr—

ELIAN : Dwynwen, mae mam mor ddig, wedi tyngu llw dial,— a Fflaminios, arno fe y syrth ei dial.

DWYNWEN : Elian fach, mae e'n ddiogel. Fydd dim raid iddo fe fod maes yn ymladd. Carchar yw'r lle gorau heddiw, ddigon.

ELIAN : Ie fe. Wyt ti'n credu y cedwir ef ? Na, mae mam a Dyfnrig yn siwr o gofio'r llw. Mae'r Derwyddon yn siwr o ofyn gwaed am waed. Mae'r llw bod pob Rhufeiniwr—ac y mae'r duwiau'n gofyn am ebyrth. Fe fydd aberthu cyn y frwydr—O Dwynwen, wyt ti'n meddwl—

DWYNWEN : Wn i ddim, cariad bach. Fe roes y duwiau arwyddion bore heddiw—a fu dim aberthu gyda'r wawr, fel arfer.

ELIAN : Ond beth os— ? Neu fallai mai ar ôl y frwydr y bydd aberth—ebyrth diolch os enillir, ebyrth cymod os— Dwynwen, oes dim ffordd ? Dim ffordd ?

DWYNWEN : Cwyd dy galon. Pwy a ŵyr . . .

ELIAN : Dyfnrig—ei garcharorion ef ydyn nhw. Petait *ti'n* gofyn iddo fe. O Dwynwen, wnei di—ofyn iddo am gadw Fflaminios rhag y tân ? Gofyn iddo, mae e'n bownd o wrando arnat ti. *Rhaid* iddo gadw Fflaminios, Dwynwen, gofyn iddo . . .

DWYNWEN : Alla i ddim. Fentra i ddim. Mae'r llw . . .

ELIAN : O gelli, gelli. Mae'n rhaid iti. Dim ond ti a all. Gofyn i Dyfnrig—

DWYNWEN :   Mae llw i'r duwiau. All *e* ddim chwaith.
ELIAN :   Ond Fflaminios . . .
DWYNWEN :   Rhufeiniwr yw Fflaminios. Ac y mae'r duwiau—
ELIAN :   (*ar ei gliniau*) : Gofyn iddo. Gofyn di iddo. Mae e'n—
DWYNWEN :   A dweud wrtho fod merch Buddig, brenhines yr Icen-
                iaid, yn caru â Rhufeiniwr ? Cyfod. Na. Alla i ddim.
                Mae'n well iti beidio. Gad i'r duwiau eu ffordd.
                Mae'r duwiau'n drugarog. Falle na fydd dim aberthu.
                —Ond os dechreua i ofyn, fe fydd raid iddo gofio.
                Elian, gad i Fflaminios fod—gad— (*Daeth* IFER *yn ôl
                i ben y grisiau.*)
IFER :   Foneddigion. Y mae Buddig a Dyfnrig yn dod yma.
                Mae negesydd Suetonios wrth y sarn.
DWYNWEN :   Negesydd Suetonios ?
IFER :   Ie. Telerau heddwch, debyg iawn.
ELIAN :   Heddwch. A fydd heddwch ?
IFER :   Y mae Buddig a Dyfnrig yn dod yma i gyfarfod â'r
                negesydd. Esgusodwch fi. (*Â i'r chwith.*)
DWYNWEN :   Yna does dim o'n heisiau ni fan hyn. Gad inni fynd
                i'r babell.
ELIAN :   Dwynwen. Wnei di ofyn— ?
DWYNWEN :   Alla i ddim. Falle na fydd dim angen.
ELIAN :   Telerau heddwch. (*Saif wedi i* DDWYNWEN *fynd. Yn
                ddistaw.*) O dduwiau—pa dduwiau bynnag sydd—
                ein duwiau ni a'i dduwiau ef—gwnewch heddwch.
                Gwnewch hedd—
                (*Y mae chwibaniad ysgafn o'i hôl, a daw Fflaminios o'r
                chwith. Saif hithau ar hanner ei gweddi heb droi.*)
FFLAMINIOS :   (*yn ddistaw*) : Elian, Elian.
ELIAN :   Fflaminios ! O Fflaminios, paid ag aros. Mae mam
                a Dyfnrig yn dod yma—
FFLAMINIOS :   (*yn ysgafn*) : Cha i ddim cyfarch gwell i'r ddau ?
                Brenhines yr Iceniaid a brenin y Trinofaint ? Wyt ti
                ddim yn meddwl ei bod hi'n bryd i fi ddod i adnabod
                fy nhylwyth yn well ?
ELIAN :   O paid â chellwair. Dos—
FFLAMINIOS :   O, o'r gorau, dim ond "bore da" bach byr.
ELIAN :   Tithau â'th "fore da". Mi a ' i'n wallgo os clywa i'r
                gair yna eto.
FFLAMINIOS :   Wel, fu dim gwell bore erioed. Mae'r haul a'r adar
                a'r blodau a'r Gwanwyn—

ELIAN :   Heddiw mae'r frwydr.

FFLAMINIOS :   Ie. Ond nid y bore yma, nid nawr. Maes o law, ryw-
                 bryd cyn nos. Nawr, mae hi'n fore, mae hi'n Wanwyn.
                 Pan ei di oddi yma, fe ddaw nos, fe ddaw Gaeaf.

ELIAN :   Fflaminios, nos yw hi, a Gaeaf, er bod haul ac adar
                 bach a blodau. Mae'r duwiau, mae'r derwyddon yn
                 gofyn am aberth. Mae fy mam—

FFLAMINIOS :   Yn dod, a Dyfnrig gyda hi. Does dim llawer o amser.
                 Tyrd yma. (*Tyn hi ato i'w chusanu.*)

ELIAN :   O Fflaminios, paid. Paid â chellwair, efallai— efallai
                 —cyn nos heno—cyn nos heno—

FFLAMINIOS :   (*o ddifrif*) : Efallai . . . Elian—"cyn nos heno." Rwy'n
                 cofio pan own i'n blentyn bach gartre gyda mam, fel
                 roedd arna i arswyd gweld y nos yn dod— cysgodion
                 cewri'n llercian gyda'r gwelydd, a gwich y celfi'n rhwy-
                 go'r twllwch. Roedd ofn arna i. Colli'r dydd, colli'r
                 sicrwydd a'r cadernid sydd yn yr haul. Dyna wyneb
                 rhadlon llon sydd gan yr haul. Mae gwên fingam
                 lleuad mor wahanol. Heddiw, cyn dyfod canol dydd,
                 dychwelodd holl arswydon nos, holl ddrychiolaethau'r
                 gwyll. Pan own i'n blentyn, rown i'n drech na hwy.
                 Roedd rhyw felyster mewn dioddef : fe allwn gynnau'r
                 golau a'u gyrru ar ffo. Ond heno . . . os daw nos
                 . . . fydd dim golau i'w gynnau. Dim ond rhan o'm
                 pethau chwarae oedd yr ysbrydion—dim ond cysgod-
                 ion celfi mam—cyfeillion golau-dydd wedi gwisgo
                 dillad ffair i chwarae codi-ofn. Gelynion yn naddu
                 at y mêr yw dychweledigion heddiw. Yn eu malais, fe
                 ddôn i fynd â thi . . . Eisoes y maen nhw'n crechwenu
                 buddugoliaeth . . . Efallai . . . cyn nos heno . . .

ELIAN :   O paid, Fflaminios, paid—nghariad i, paid—

FFLAMINIOS :   —cyn nos heno mi'th golla i di . . .

ELIAN :   Rydw i'n ddiogel. Dy einioes *di* sydd—

FFLAMINIOS :   Pa berygl mwy sydd i f'einioes i na'th golli di, fy Elian
                 fach. (*Chwardd yn dirion arni.*) Ti yw 'marbares fach.
                 (*Yn ddifrifol*). Ti yw f'einioes i. Hidiwn i ddim golli
                 'mywyd,—milwr ydw i, i ladd neu i gael fy lladd
                 wrth fympwy ffawd. Ond nawr rwy'n ofni—ofni dy
                 golli di. Cariad, cyn y nos, rwy ma ddweud—yr wyt
                 yn gwybod heb ei ddweud—ond rwy am ddweud—

ELIAN :   Rwy am dy glywed ti'n dweud. Dwed, Fflaminios.

FFLAMINIOS :   Elian, pan fydd y nos dywyllaf, byddaf yn dy garu di.
(*Chwardd yn dirion arni.*)   Yn caru fy marbares fach.

ELIAN :   Minnau, Fflaminios, byddaf innau yn dy garu di.

FFLAMINIOS :   Byddi, cariad.   Er mor arswydus oedd pob nos o'r
blaen, fethodd y wawr ddim un bore.

ELIAN :   Fe ddaw eto—yn rhywle—eto. Ust, maen nhw'n dod.
(*Rhed i edrych yn ofalus.*)

FFLAMINIOS :   (*tra bydd hi'n mynd*) :   Elian, Elian,—pwy all ddal
gafael yng nghyflymder awel wynt—

ELIAN :   Ydyn.   Maent yn ymyl.   (*Cerddodd* FFLAMINIOS *at y ris
isaf i'w chyfarfod.*)   Rhed, Fflaminios—(*Dychwel ato, a
chydio yn ei law.*)   Rhed Fflaminios.

FFLAMINIOS :   Elian—(*Deil hi a'i chusanu'n dyner.*)   Elian.   Chaiff nos
ddim dod.   Fe fydd gwlith y bore'n berlau ar y llawr,
a'r haul yn dawnsio arnynt.

ELIAN :   Rhed, Fflaminios.   Maen nhw'n dod i gwrdd â neg-
esydd Suetonios.

FFLAMINIOS :   (*wedi troi, yn sefyll*) :   Negesydd Suetonios ?

ELIAN :   Telerau heddwch, efallai—

FFLAMINIOS :   (*wedi synnu*) :   Efallai ! . . . (*Aeth i'r chwith.   Daw*
BUDDIG *a* DYFNRIG *i'r golwg.   Plyg* ELIAN *o'u blaen, yna,
lwyr ei chefn, cilia at y babell.   Try a diflanna'n ysgafn.*)

DYFNRIG :   Helo, Elian.   (*Ond dihangodd honno.*)   Mae honna fel
ewig fach o ysgafn.   Dyna wahaniaeth rhyngddi hi
a'i chwaer.   Dim ond breuddwydio wrthi ei hunan
mae honno.   Ond Elian—

BUDDIG :   Ni phrofodd Elian brofedigaeth fel ei chwaer.   Plentyn
yw hi.   Ai yma y bydd y negesydd yn dod ?

DYFNRIG :   Ie.   Nid oes ond un ateb iddo.   Roedd y penaethiaid
yn gadarn—un ateb sydd.

BUDDIG :   Dim ond un.   Anghofian nhw ddim fy nioddefaint a'm
gwarth.   Rhaid dial hynny.   Rhaid llosgi'r ysguboriau,
rhoi tân yn y marchnadoedd a goddeithio'r tir.   Pan
fydd ein cleddyfau'n goch gan waed, bryd hynny
gallwn sôn am heddwch—ac nid cynt.   (*Daw* IFER *i
mewn.*)   Mae'r negesydd ?

IFER :   Dyma fe.
(*Daw hwnnw i mewn.   Cyfarch hwynt yn null milwr Rhuf-
einig.   Nid oes ganddo arfau na helm, dim ond arfwisg.   Saif*
IFER *yn y cefn yn gwylio fel delw bren.*)

DYFNRIG : (*wrth negesydd Suetonios*) : Daethost yn enw Suetonios
i gynnig heddwch ?

NEGESYDD : Y mae Suetonios yn cynnig heddwch yn enw ymherodr
Rhufain.

DYFNRIG : Wrth farw, rhoddodd brenin yr Iceni, priod Buddig,
hanner ei deyrnas i'ch ymherodr chwi, mewn hyder y
câi ei weddw lonydd ar y gweddill. Beth a wnaethoch
chwi ? (*Nid yw'r* NEGESYDD *yn ateb.*) Ateb, beth
wnaeth y Rhufeinwyr ? (*Eto nid yw'n ateb.*)

BUDDIG : Dwyn cnydau'r meysydd, llosgi ein cartrefi, gwerthu
gwŷr yn gaeth, llofruddio ein hynafgwyr, cablu allorau,
treisio moryndod merched—

DYFNRIG : A fflangellu'r frenhines Buddig.

NEGESYDD : Catos Decianos a—

DYFNRIG : (*yn gyflym*) : Ai chwi a ddylai gynnig heddwch ?

NEGESYDD : Fe fynna Suetonios ymgynghori â chwi. Oddi wrtho
ef y deuthum, nid oddi wrth Catos Decianos—

BUDDIG : Hwnnw sy'n ein difa ni, i gynnal byddinoedd dy Suet-
onios di. Chwant a thrachwant hwnnw—

NEGESYDD : Myn Suetonios gynnig iawn am drachwant Catos.

BUDDIG : A all e ailgreu diweirdeb merch ? A yw e'n drech
nag angau i godi meirw o'u beddau ! Pa iawn a delir
am waed y gwirion ?

DYFNRIG : Rhaid talu gwaed am waed.

NEGESYDD : Rwy'n eiriol arnoch. Ystyriwch. Fe gydnebydd Suet-
onios fod gennych achos yn erbyn Decianos y casglwr
trethi. Fe ellid ennill cyfiawnder heb rym arfau.
Ond os bydd ymladd, cofiwch hyn, nid Catos yw
Suetonios. Nid caethion Catos yw llengoedd Suet-
onios. Dysgodd pob milwr sydd gennym ryfel yn ei
grud.

DYFNRIG : Ymladd wrth arfer a gorchymyn pell mae Suetonios.
Does ganddo ddim a gâr . . .

BUDDIG : I ni mae'n plant a'n merched, y duwiau a'r allorau . . .

DYFNRIG : Gwareiddiad ! Rhufain sy'n rhwygo'n gwareiddiad
—Na, ni ellir cymod â Chatos dwyllodrus.

BUDDIG : Nac â Rhufain. Credodd fy mhriod chwi, a chael ei
dwyllo. Rhaid i ormes ddial gormes. I hyn y galwodd
y duwiau ni.

NEGESYDD : Ai ofer pob ymbilio ?

DYFNRIG : Dos at dy lengoedd.

BUDDIG :   Daeth dydd dialedd. Dos, dwg her i'th lengoedd. A
                dywed hyn. Ni bydd i Suetonios o dir Ynys y Cedyrn
                ond saith drudfaith droedfedd—
NEGESYDD :   Gwrandewch—rwy'n erfyn arnoch—
BUDDIG :   Â bod pob penwyn yn eich plith tan awch ein cledd,
                pob mam yn gelain wrth roi'r fron i'w phlentyn sugno,
                eto ni ddiwellir ein dialedd. Ein dialedd ni a'r
                duwiau—
NEGESYDD :   Mae duwiau Rhufain yn brudio llwydd—
DYFNRIG :   A'n duwiau ninnau'n rhoi arwyddion. Eisoes syrth-
                iodd delw Nero i'r llawr—
BUDDIG :   Ac wrth syrthio, trodd—â'i ben i'r môr, â'i ben i'r
                môr—
DYFNRIG :   Bu rhyferthwy dyfroedd—
BUDDIG :   Trodd y môr yn waed, a gwelwyd celaneddau ar y
                tywod adeg trai—
DYFNRIG :   Y gwaed a'r celaneddau lle ni bu ymladd—
BUDDIG :   Bu lleisiau'n galw yn y gwynt, a Llundain cyn ei difa
                yn hofran yn y cymylau—
DYFNRIG :   Mae'r duwiau trosom. Dos. Hwn yw dy ateb i
                Suetonios. Mae gwae o'i gronni'n hir yn drech nag
                unrhyw argae.
NEGESYDD :   Ofer ymbil ac eiriol. Ofer . . . Ond yr wyf i holi
                hynt y ddau Rufeiniwr caeth. Yr wyf i brynu einioes
                Fflaminios ac Aenobarbos.
BUDDIG :   (*chwardd yn greulon*) : Heno bydd eu coluddion ar y
                drain, a chigfrain yn trabaeddu yn eu gwaed.
DYFNRIG :   Dos. Tyngasom lw—
BUDDIG :   Ni all holl olud Rhufain brynu fy nialedd—
DYFNRIG :   Dos—
BUDDIG :   Aros ! (*Wrth* IFER.) Dwg y carcharorion yma. Neges-
                ydd, aros, a chei weld eu diwedd hwy—mae croeso iti.
NEGESYDD :   Dal dy law. Atal dy law, rhag iti alw dial duwiau
                Rhufain arnat ti a'th blant.
BUDDIG :   Tyngasom lw bod carcharor i'w aberthu i'r duwiau.
NEGESYDD :   Â bod y ddeuddyn hyn yn weision i Gatos, nid ymbil-
                iwn trostynt. Haeddent farw. Ond Capteiniaid
                byddin Rhufain ydynt, nid gweision Catos. Ni wnae-
                thant hwy ddim drwg i—
BUDDIG :   Dim drwg ! Dim drwg ! I borthi blysiau Rhufain y'n
                lluniwyd ni a'n plant ! Dim drwg !
                (*Daw'r ddau garcharor i mewn.*)

NEGESYDD :   Os arbedir eu bywydau, bydd Suetonios yn drugarog.
BUDDIG :   Â bod Suetonios ei hun yma, câi farw. Fynnem ni
                  ddim trugaredd Rhufain. Fe ddysg y fflamau edifeir-
                  wch i'r ddau hyn, a bydd y duwiau hwythau yn dru-
                  garog bryd hynny, ac nid cynt.
AENOBARBOS :   Does arna'i ddim o'th ofn di, na'th dduwiau . . .
BUDDIG :   Atal dy gabledd—
DYFNRIG :   Mae Rhufain hefyd yn dienyddio drwg-weithredwyr.
                  Rwyt yma'n enw Rhufain i weld gweinyddu cosb yn
                  ôl defodau gwledydd gwâr.
NEGESYDD :   Fynna i ddim gweld . . .
AENOBARBOS :   Paham yr oedi, ynte ? Ein hannerch i Suetonios. Cais
                  ganddo ymosod yn ddi-oed ar y barbariaid hyn. (*Wrth*
                  FUDDIG.)   Cymer dithau ein heinioes ni ein dau, â
                  chroeso—os daw hynny â Suetonios yma ynghynt.
                  (*Wrth y negesydd*) : Paham yr oedi di ?
NEGESYDD :   A gaf fi eto ofyn pris—
AENOBARBOS :   Dos at Suetonios—
DYFNRIG :   Dos ! Cefaist dy ateb—
NEGESYDD :   Y mae Suetonios—
AENOBARBOS :   Dos heb oedi, at y llengoedd—
BUDDIG :   A dywed wrth dy Suetonios na fydd heddwch tra bo
                  un Rhufeiniwr ar dir Ynys y Cedyrn. Fe ddaw
                  heddwch pan wthir y ffieiddbeth nôl i'r môr.
NEGESYDD :   (*gan droi wrth fynd allan*) : Fe fydd yn edifar gennych. Dies
                  Irae—Dies Irae yw hwn. Mae Suetonios yn cynnig . . .
BUDDIG :   Dos. A dywed wrtho y golchir heddiw gamwedd
                  canrif yn eich gwaed.
                  (*Aeth y* NEGESYDD, *ac y mae distawrwydd am ennyd.*)
FFLAMINIOS :   Dies Irae. Dies Irae. Gwae a gofid.
AENOBARBOS :   Dydd llidiogrwydd llengoedd Rhufain.
DYFNRIG :   (*yn fyfyrgar*) : Rwy'n ofni weithiau ein bod ni'n hunain
                  yn galw llid y duwiau arnom. Nid ni yw'r duwiau . . .
FFLAMINIOS :   Foneddigion, pa beth yw ein tynged ni ?
BUDDIG :   Angau. Rhaid difetha—
FFLAMINIOS :   Angau . . . ar fore o Wanwyn . . .
AENOBARBOS :   Dulce et decorum est pro patria mori.
FFLAMINIOS :   Mae hynny'n dynged rhy anodd i'w dwyn—
DYFNRIG :   Eich lladd ? Mae marw'n ddihangfa weithiau.
FFLAMINIOS :   Nage. Nage. Ond wynebu'r marw pan fo Gwanwyn
                  yn y coed, a haul ar ddôl . . . Dies Irae . . . dydd
                  ein trallod ni . . .

216

AENOBARBOS :   Ble mae'r offer ? Braint fyddai marw—
FFLAMINIOS :   Fonheddig Drinofaint. Anwadal iawn yw ffawd. Cefn-
                 odd arnom ni'r tro hwn ; dichon cyn nos fe dry yn
                 wamal eto a throsglwyddo'i ffafrau.
BUDDIG :   Dichon. Gŵyr y Trinofaint a'r Iceniaid sut i ymddwyn.
                 Mae ffordd heb gywilydd—
FFLAMINIOS :   Ni fyddai'n gywilydd i ddadlau achos cyfiawn.
DYFNRIG :   Mae'n arfer gennym wrando ar elynion gwâr. Ond
                 Rhufain—
BUDDIG :   Anwar ! Pa achos cyfiawn sydd i Rufain ?
FFLAMINIOS :   Â bod enw Rhufain mor ddrewedig, eto yr ydym ni
                 ill dau yn ddi-fai.
BUDDIG :   Y mae deng mil o fabanod yn ddi-fai—ond bod enw
                 Rhufain arnynt.
DYFNRIG :   Llai yw dyn na'r wlad a'i maco. Gall fod yn ddi-fai
                 ei hun—ond etifeddodd honno yn ei gnawd. Ym
                 mhechod Rhufain euog ydych. Tros bechod Rhufain
                 telwch iawn.
BUDDIG :   Chwi—a'r deng mil babanod . . .
FFLAMINIOS :   Rwy'n hawlio haeddiant—
BUDDIG :   Haeddiant ? Beth yw haeddiant Rhufain ? Pa ing— ?
DYFNRIG :   Elli di, tros Rhufain, ddim dal mwy na phang marwol-
                 aeth yn dy gnawd.
BUDDIG :   Tros Rufain cei arteithiau'r angau—a'th gadw di rhag
                 trengi yn rhy rwydd.
AENOBARBOS :   (gan dorri arni) : Dulce et decorum est pro patria mori.
FFLAMINIOS :   Nage, nid da na llawen marw ar fore o Wanwyn—
                 cau clustiau ar gân adar, a llygaid ar liw'r blodau—
AENOBARBOS :   (wrth FFLAMINIOS) : Gad dy ymbilio â'r barbariaid—
BUDDIG :   Ifer. Ymaith â hwy. I'r tân a'r allorau—
                 (Daeth DWYNWEN i mewn o'r babell.)
DWYNWEN :   F'Arglwydd Dyfnrig, fy mhriod—
DYFNRIG :   Dwynwen. Tro'n dy ôl. Paid â dod yma i darfu ar dy
                 chwaer a minnau. Nid hwn yw'r lle—
DWYNWEN :   A gaf i air â thi ?
DYFNRIG :   Yn awr ?
DWYNWEN :   Ie, ar dy ben dy hun.
BUDDIG :   Am y carcharorion ? Nid oes eisiau un gair arall yn
                 eu herbyn. Y maent i farw.
DWYNWEN :   Dyfnrig, gwrando arnaf. Mae gennyf neges—
DYFNRIG :   Does dim diben . . .
DWYNWEN :   Oes—

BUDDIG :   Rho dy neges. Un wyf fi a Dyfnrig.
DWYNWEN :   Yn gyntaf, rwyf am air â Dyfnrig.
DYFNRIG :   Ofer fyddai hynny, Dwynwen. Un wyf fi a Buddig.
                   Rhaid rhoi pob neges iddi hithau hefyd. Gwell iti
                   fynd.
BUDDIG :   Neu lefaru nawr . . .
DWYNWEN :   Gad imi cyn y ddedfryd . . .
BUDDIG :   Ni elli di ddweud dim i'w gwneud yn fwy euog. Euog-
                   rwydd Rhufain—
DWYNWEN :   Dyfnrig. Buddig. Gwrandewch. Rydw i . . . yn
                   . . . Deuthum . . . i eiriol . . . trostynt.
BUDDIG :   Wyt ti'n wallgo, chwaer ?
DYFNRIG :   Yn eiriol tros Rufeinwyr ?
DWYNWEN :   Tros ddau ŵr bonheddig. Erfyniaf arnoch . . .
DYFNRIG :   Dwynwen . . . Dwynwen . . .
BUDDIG :   (gyda chwerthin creulon) : Trugaredd ! Rhufeinwyr !
DWYNWEN :   Gollyngwch hwy . . .
DYFNRIG   Tyngasom lw . . .
BUDDIG :   Y duwiau biau'u cig a'u gwaed, yn ebyrth llosg ar
                   yr allorau.
DWYNWEN :   Dyfnrig, er mwyn Elian, gwrando—Dyfnrig, gwrando
                   arnaf i, er mwyn Elian.
DYFNRIG :   Er mwyn Elian ?
DWYNWEN :   Ie, Elian. Hi sy'n—
BUDDIG :   Er mwyn Elian ? Er ei mwyn hi y mae'n rhaid eu
                   difetha, ac er mwyn pob Elian arall—fel na fydd raid
                   i rheiny ddiodde'r gwarth. Ei chwaer a minnau a'r
                   cannoedd eraill. Gwŷr Rhufain a'n difwynodd ni. I
                   gadw Elian rhag Rhufeinwyr y bu'r brwydro i gyd. I
                   ddifa Catos a'i aflendid y bu'r colli gwaed. Er mwyn
                   Elian y bu'r llosgi. Er mwyn Elian y mae allorau'r
                   duwiau'n llosgi.
DWYNWEN :   Dyfnrig, er mwyn Elian rwy'n ymbilio. Mae Elian
                   yn gweddïo . . .
DYFNRIG :   Pam mae Elian yn gweddïo trostynt ?
BUDDIG :   Ffwlbri plentyn ! Elian yn gweddïo trostynt wir !
DWYNWEN :   Yn gweddïo am gadw'r ddau . . .
DYFNRIG :   Pam ? Mae'n llw i'r duwiau—
DWYNWEN :   Gofynnwch . . . gofynnwch i Fflaminios. Gadwch
                   i Fflaminios ateb.
DYFNRIG :   Fflaminios ? Pun yw Fflaminios ?
FFLAMINIOS :   Myfi. Fi yw Fflaminios—

DWYNWEN :   Gadwch iddo ateb.
BUDDIG :   Oferedd. Nid yw gwamal dosturi merch i dorri'r
                llw i'r duwiau.
DWYNWEN :   Gadwch iddo. (*Wrth* FFLAMINIOS.) Llefara di.
FFLAMINIOS :   Nid gwŷr Catos ydym ni, ond milwyr Suetonios—
BUDDIG :   Rhufeinwyr ydych—
AENOBARBOS :   Milwyr—
BUDDIG :   (*Â gwawd*)—dewr, i dreisio gwragedd diamddiffyn.
FFLAMINIOS :   Y mae dy eiriau'n wir am y swyddogion trethi—
AENOBARBOS :   Celwydd yw am filwyr Rhufain—
DWYNWEN :   Aenobarbos, taw.
FFLAMINIOS :   Dydym ni ddim o gwmni Catos. Roeddem ni pa
                ddydd yn rhodio'r ffin rhwng Icenia a ni—
BUDDIG :   Lle *roedd* gynnau ffin. Fydd yno ddim ffin mwy—
FFLAMINIOS :   Gwelsom forwyn—
DYFNRIG :   Druan fach. Gwae hi.
BUDDIG :   Wyt ti'n adrodd dy anlladrwydd wrthyf, y taeog ?
DWYNWEN :   Rhowch iddo gyfle. Adrodd yr hanes, Fflaminios.
AENOBARBOS :   Fflaminios, gad lonydd i'r barbariaid.
DWYNWEN :   Adrodd.
FFLAMINIOS :   Cymerwch f'einioes, a—
DWYNWEN :   Adrodd.
FFLAMINIOS :   Yr oedd un o epil Catos yn erlid y forwyn—
BUDDIG :   Rhufeiniwr, ci o Rufain.
FFLAMINIOS :   Gwelsom ef, a'i atal. Aethom â'r forwyn gyda ni i'n
                pabell . . .
BUDDIG :   Dyna gyffes o'th euogrwydd.
FFLAMINIOS :   Cadwasom hi'n ddianaf yno . . .
BUDDIG :   Yn ddianaf, yn eich ffau ? Ha, ha !
AENOBARBOS :   Fflaminios, gad heibio ddadlau—
DWYNWEN :   Adrodd.
FFLAMINIOS :   Cadwasom hi'n ddianaf a'i dychwelyd yma'n ddiogel.
BUDDIG :   Chwedleuon ffals, i ddianc rhag y gosb . . .
DYFNRIG :   A all Rhufeiniwr fod yn gwrtais ?
BUDDIG :   —i ddianc rhag llid y duwiau.
DWYNWEN :   Gwŷr bonheddig yw'r ddau . . .
DYFNRIG :   Tyngasom lw—mwy yw hwnnw nag un tro da—
DWYNWEN :   Brwydro dros gyfiawnder rydym ni. A ydyw difa'r
                ddeuddyn hyn yn gyfiawn ?
DYFNRIG :   Saif y llw—
BUDDIG :   Ai cyfiawn fyddai torri'r llw, a cholli nawdd y duwiau ?
                Rhaid eu difa.

DYFNRIG :   Ac eto . . . Dwynwen, ble mae'r ferch yn awr ? Pwy
                   ydyw hi ? Dylid holi honno.
FFLAMINIOS :   Na, gadwch iddi . . .
BUDDIG :   Pwy yw hi ?
FFLAMINIOS :   Gwell gennyf beidio . . .
BUDDIG :   Nid oes neb. Chwedl ffals sydd gennych. Dwynwen,
                   twyll Rhufain ffals yw hyn . . .
DWYNWEN :   Nage, Fuddig, y *mae* merch . . .
BUDDIG :   Pwy yw hi ?
FFLAMINIOS :   Unwaith eto, gwell gennyf beidio . . .
BUDDIG :   Pwy yw hi ?
AENOBARBOS :   Merch Buddig yw hi. Neb llai.
DYFNRIG :   Merch Buddig ? Pun ? Elian, ynteu'r ll— ?
DWYNWEN :   Elian.
DYFNRIG :   Hi sy'n eiriol trostynt ?
DWYNWEN :   Am iddynt ei chadw hi rhag tynged waeth na bedd,
                   rhag lladd ei henaid—
DYFNRIG :   Elian ! Nhw gadwodd Elian fach ! Rhufeinwyr ?
BUDDIG :   Rhufeinwyr ddiffeithodd f'enaid i, a'i chwaer, a mamau
                   a chwiorydd ddegau lawer . . .
DYFNRIG :   A all Rhufain fod yn gwrtais ? (*Wrth y milwyr.*) Ai
                   Rhufeinwyr ydych chwi ?
AENOBARBOS :   (*Â balchder*) : Ie. Rhufeinwyr. Milwyr Rhufain.
FFLAMINIOS :   A phlant i famau. 'Run yw gwewyr esgor mamau ar
                   eu plant, yn Rhufain ac yn Ynys y Cedyrn. 'Run yw
                   eu cariad. 'Run ing sydd yn eu dioddef. Nid yw
                   ffiniau gwledydd yn glawdd terfyn rhwng iasau'r
                   galon ddynol. Llawenydd, glendid, dewrder, un ydynt
                   gyda ni a chwi, plant i famau ydym ninnau—
DWYNWEN :   . . . sy'n haeddu byw.
BUDDIG :   Rhaid iddynt farw. Plant mamau Rhufain sydd yn
                   caethiwo a llofruddio. Sugnasant drachwant ac an-
                   lladrwydd gyda llaeth eu mamau.
DYFNRIG :   A'r duwiau—fe ŵyr y duwiau . . .
DWYNWEN :   Gwŷr bonheddig ydyw'r ddau.
DYFNRIG :   (*Mewn synfyfyr*) : Yn fonheddig . . . yn achub Elian.
                   Yn anllad—am fod Rhufain anllad yn eu gwaed.
                   Elian fach, mor llon wrth chwarae . . .
DWYNWEN :   Ni fydd hi'n llon byth mwy os lleddir—
BUDDIG :   Ofn ! Gormod ofn oedd arnynt—i'w rhyddhau—
DYFNRIG :   Ofn—ofn dialedd—i ryddhau merch Buddig? A ddylid
                   digio'r duwiau tros ferch Buddig ? Ac eto nid oedd

ofn ar Gatos—nid ofnodd *ef* ddialedd— (*Wrth* BUDDIG)
—i'th gadw di rhag gwarth. Trachefn, ni allwn ddigio'r
duwiau. Mwy yw'r duwiau na merch Buddig.

BUDDIG : Mae'r duwiau'n gofyn gwaed. Daeth dydd dialedd,
eu dydd hwy. Rhaid dial—tros y duwiau, duwiau
dial . . .

DWYNWEN : Dial, dial, dial ! Ai dim ond duwiau dial yw'n duw-
iau ni ?

BUDDIG : Fe ddialant arnom ni o'u digio. Dialant yn y gad.
Ni fentrwn ddigio'r duwiau . . .

DWYNWEN : Oni ŵyr ein duwiau ni drugaredd ?

BUDDIG : Trugaredd â Rhufeinwyr ?

DWYNWEN : Duwiau trugaredd ac addfwynder . . .

BUDDIG : Duwiau dialedd a gwae . . .

DYFNRIG : Gwŷr bonheddig ydynt. Achubasant Elian fach.
Mae'r duwiau'n dial . . . ac yn trugarhau. A ddylid
trugarhau . . . ?

BUDDIG : A gefais i drugaredd rhag y fflangell ? Ymaith â hwy.
I'r tân. A phan fo chwys yn dorthau gwaed ar eu
gruddiau, fe ddysg fy nghnawd anghofio'r fflangell,
ac fe gânt hwy drugaredd yn yr angau. Ymaith â
hwy. Ifer !

DYFNRIG : (*yn sydyn*) : Aros !

DWYNWEN : Buddig, gwrando !

BUDDIG : Dwynwen, gochel rhag fy nigio i—

DYFNRIG : Fi biau'r caethion hyn.

BUDDIG : Y duwiau biau . . .

DYFNRIG : Rwy'n rhoi fy hyder ar y duwiau, a'u tosturi.

BUDDIG : Rwyt yn herio'r duwiau ?

DYFNRIG : Duwiau trugaredd— . . .

BUDDIG : Dyfnrig, y gwamal, y ffôl, rwyt yn ofni digio Suetonios,
yn ofni Suetonios, ac yn herio'r duwiau. Gwae imi
dy alw di o'th wâl, dy lusgo di o'th gwsg dihidio.
Pwy sydd Bendragon, ti neu fi ? Pwy sydd Bendragon ?

DYFNRIG Ti, yn hawdd. Ond fi biau'r caethion hyn.

BUDDIG : Y duwiau biau—

DYFNRIG : Mae'r duwiau'n deall . . .

BUDDIG : Fe ddialant arnat ti.

DYFNRIG : Arnat ti, efallai, am gymryd arnat allu duwiau.
Hwynt-hwy biau dial, ac nid ti. Mynnaf ollwng y
caethion.

BUDDIG : Gollwng caethion ! Ai gair o enau Trinofant yw hwn ?

DYFNRIG :   Gorchymyn Trinofant ! Gollynger y caethion.   Fe
             ellwn eto wedi'r frwydr benderfynu. Ifer, rho wŷr i'w
             gwarchod.
             (*Daw* IFER *i lawr ac â â'r caethion ymaith i'r dde. Syrth*
             DWYNWEN *ar ei gliniau o flaen* BUDDIG A DYFNRIG.)
DWYNWEN :   O Fuddig, O Ddyfnrig—fy chwaer, fy mhriod. Gwae
             fi i'm geiriau beri rhwyg. Bydded i'm dagrau gymodi
             rhyngoch chwi ill dau. Dyfnrig, Buddig, mae peryglon
             heddiw'n ddigon heb—
BUDDIG :   (*gan dorri arni*) : Ti â'th ddagrau ofer ! Dos o'm golwg.
             Ti yn chwaer imi—yn wraig i lwfryn ! Ti—(*Trodd i*
             ymadael â hwy.) Os ceir di fyth mewn llyffetheiriau, os
             cywilyddir dithau dan y fflangell . . .
DYFNRIG :   Frenhines, gwarchod ar dy dafod !
BUDDIG :   Fe ordeinia'r duwiau fod y ddeuddyn hyn—
DYFNRIG :   Buddig ! Paid. (*Y mae hi ar fynd allan.*)
BUDDIG :   —dau bentewyn o allorau'r duwiau—
DWYNWEN :   O Fuddig annwyl, paid, paid, fy chwaer . . .
BUDDIG :   —i gael rhwygo'r cnawd oddi ar dy esgyrn !
DWYNWEN :   Buddig, Buddig !
BUDDIG :   Onibai bod arnaf syched am eu gwaed, caech ymladd
             Rhufain hebof i—(*Aeth allan.*)
             (*Y mae* DWYNWEN *ar ei gliniau. Cyfyd* DYFNRIG *hi, a'i*
             chysuro.)
DYFNRIG :   Fy nghalon, paid ag wylo. Dyna ti.
DWYNWEN :   Fi wnaeth hyn—a digio Buddig. Glywaist ti hi, Dyfn-
             rig ? . . . Ond Elian oedd yn gofyn, yn erfyn . . .
DYFNRIG :   Ie, ie, fy nghariad. Elian fach. A ni, tydi, a fi, sy'n
             gyfiawn.   Nid yw'n iawn difetha gwŷr bonheddig.
DWYNWEN :   Maen nhw'n wŷr bonheddig. Doedd Fflaminios ddim
             am ddweud dim am Elian . . .
DYFNRIG :   Nac oedd. Y llall . . .
DWYNWEN   Aenobarbos.
DYFNRIG :   Mae hwnnw'n ddewr hefyd. Beth oedd ei frawddeg
             e ?
DWYNWEN :   Dwn i ddim. Rhywbeth am felyster marw. Roedd
             e'r un mor falch ei fod yn Rhufeiniwr ag wyt ti o fod
             yn Drinofant.
DYFNRIG :   Fe ddwedodd Fflaminios rywbeth am glawdd terfyn . . .
DWYNWEN :   . . . nad yw ffin rhwng gwledydd ddim yn glawdd
             terfyn. Mae ganddo eiriau pert.

DYFNRIG :   Nid ffiniau gwledydd—pethau'r meddwl, ofnau, drych-
               iolaethau—rheiny sy'n glawdd terfyn.   Mae gwal ym
               meddwl Buddig.
               (*Dychwelodd Ifer.*)
               Ifer. Galw'r capteiniaid. Rhaid taro cyn i Suetonios
               ddechrau. Gŵyr hwnnw'n bwriad erbyn hyn. Dos
               dithau, f'anwylyd.

DWYNWEN :   Dyfnrig, y mae arnaf arswyd, arswyd oer.

DYFNRIG :   Pam, cariad ? Nid trosof fi, rwy'n siwr. Fe wyddost—

DWYNWEN :   Mae gennyt gryfach gelyn heddiw nag erioed. Casgl-
               odd y Rhufeinwyr o bob man. Mae ganddynt drefn
               ac arfau.

DYFNRIG :   Dwynwen fach, rwyf innau'n gryf. Rho dy feddwl
               arnaf. Fe fydd hynny'n darian imi, yn fy nghynnal ...
               (*Clywir sŵn cyrn a gweiddi o hyn hyd y diwedd.*)

DWYNWEN :   Ond fi a barodd anghydfod. Mae anghydfod rhwng
               capteiniaid yn dyblu grym y gelyn.

DYFNRIG :   Mae pob trefniant wedi ei wneud cyn inni ddyfod
               yma. All hyn ddim drysu'r cynllun nawr. Dos di
               i'th babell.

DWYNWEN :   Elli di ddim cymodi â Buddig cyn iti fynd— ?

DYFNRIG :   Dim ond trwy aberthu'r ddau Rufeiniwr.

DWYNWEN :   O na, nid hynny. All hynny ddim . . .

DYFNRIG :   Na all. Ceisia di ei gweld ar ei phen ei hun. Ti all
               gyfryngu orau, pan na fydd neb wrth law i weld,
               ysigo'i balchder.

DWYNWEN :   Balchder ! Ust, mae rhywun yn galw d'enw.

DYFNRIG :   Oes. Rhaid imi fynd.

DWYNWEN :   Rho gusan i fi—

MAELGWN :   (*o'r chwith*) : F'arglwydd, mae'r gwŷr yn barod ac yn
               disgwyl wrthyt.

DYFNRIG :   O'r gorau. Dwed mod i'n dod. (*Â* MAELGWN *at y can-
               llaw. Cydia* DYFNRIG *yn nwylo* DWYNWEN.)

DWYNWEN :   O Ddyfnrig.

DYFNRIG :   Dwynwen—(*Cusana hi ar ei thalcen yn dyner. Yna heb
               eiriau try* DYFNRIG *a myned at y canllaw. Tua'r hanner, try.*)
               Aros Dwynwen. (*Yna cyrhaedda'r canllaw.*)

MAELGWN :   Mae'r Rhufeinwyr hefyd wedi eu trefnu . . .

DYFNRIG :   Mae'r Rhufeinwyr mewn trefn bob amser.
               (*Cilia* MAELGWN *yn ôl tua'r dde. Saif* DWYNWEN *ar y
               chwith yn gwrando. Cyfyd banllefau o'r llechwedd gerllaw'r
               canllaw.*)

DYFNRIG :   (*Yn annerch ei gapteiniaid.*)
Fy Nhrinofaint dewisaf, daeth yr awr. (*Bonllef.*) Mae'r
duwiau trosom. Ninnau, tros y duwiau yr ymladdwn.
Os diffygiwn, fe syrthiant hwythau am byth. Ond ni
ddiffygiwn. (*Bonllef.*) Mae temlau marmor ac allorau
aur yn Rhufain. Nid oes gennym ni nac aur na marmor.
A'n cyfoeth, aeth i Rufain. Ond y *mae cyfoeth* gennym
o hyd. Mae gennym gyrff. Mae gennym waed.
(*Bonllef.*) Mae'r llwyni sanctaidd yn gysegredig eisoes
—heddiw cysegrir hwy drachefn. Cysegrir hwy â'n
gwaed. (*Bonllef hir. Daw* ELIAN *a sefyll gyda* DWYNWEN.)
Mae'r duwiau'n gwrando. Clywsant ac atebasant
weddi. Maent yn y gad o'n tu. (*Dechrau'r llen ddisgyn
yn araf.*)
Fy Nhrinofaint, ymlaen i'r gad ! I'r gad ! Dydd dicter
llym y duwiau . . .
(*Sŵn gweiddi uchel.*)

LLEN

<h1 style="text-align:center">YR AIL ACT</h1>

Aeth yn hanner y prynhawn.

Y mae DWYNWEN *wrthi ei hun yn ymyl y canllaw, yn gwylio'r ddôl islaw. Bydd felly am ysbaid hyd nes daw* FFLAMINIOS *o'r dde isaf, a'i chyfarch. Saif hwnnw ar y grisiau isaf.*

FFLAMINIOS :   Henffych well, frenhines . . . Prynhawn da, Dwyn-wen . . . Dwynwen ? . . . Helo ?

DWYNWEN :   Paid â dod yn agos. Cadw draw.

FFLAMINIOS :   Dyna bethau od yw geiriau—fel dilledyn—yn ffitio ffurf un corff a dim o'r llall. Ni fyddai'n bosib cyfarch Buddig heb ddweud, "Y Pendragon, Ardderchog lyw Icenia". Ni allai neb ddweud "Helo, dydd da", neu "Sut mae heddiw" wrthi.

DWYNWEN :   A fi ? Mae "helo" yn ddigon da i fi . . . ?

FFLAMINIOS :   Nage, mae'n haws dweud "Helo," na "Henffych well" wrthyt ti—ambell waith, ta beth. Ac eto'i gyd mae pob teitlau'n gweddu iti. Hynny sy'n gwneud dy alw di'n frenhines yn beth mor llipa o ffôl.

DWYNWEN :   Fflaminios, cadw dy weniaith a'th chwerthin i Elian. Nid prentis yng nghrefft geiriau wyt ti, bod raid iti ymarfer arna i. Mae gen innau ofal arall pwysicach na gwrando ar dy ramanteiddio di. Dere yma. Edrych lawr i'r ddôl.

FFLAMINIOS :   Dwynwen. Mae arna i ddyled iti am fy einioes. Gad i fi ddiolch . . .

DWYNWEN :   Taw, cadw dy ddiolch !

FFLAMINIOS :   Wrth dreio diolch, rwyf yn llai na phrentis, a'm geiriau mor glogyrnaidd. Does gen i ddim amgyffred sut mae ceisio diolch. Ni bu erioed eiriau'n fwy ystyfnig.

DWYNWEN :   Gad i eiriau fod. Gwêl fan draw y diolch.

FFLAMINIOS :   (*wedi mynd i'r canllaw ati*) : Ie, mae'r ddwy fyddin bron â tharo.

DWYNWEN :   A Dyfnrig wrtho'i hunan. Mae angau glas ar duth . . .

FFLAMINIOS :   Yn Rhufain gynt, fe redwn am filltiroedd i weld gor-ymdaith milwyr. Peth godidog yw rhyfel er mor enbyd yw.

DWYNWEN :   Peth enbyd er mor odidog yw.

FFLAMINIOS :   Llumanau'n hofran ! Weldi'r eryr ? Weldi'r ddraig ? Cyrn yn canu, gwŷr yn gyrru, carlam carnau meirch a dewrder dur yn dân—

DWYNWEN :   Nage, Fflaminios, nid hynny, ond celanedd a gwaed ;
                    cigfrain a bleiddiaid a hiraeth plant. Wedi'r lliw a'r
                    sŵn a'r dewrder, nid oes dim byd ond hiraeth, *hir-
                    aeth* hir. (*Distawrwydd.*)
FFLAMINIOS :   A yw Buddig ar gychwyn ?
DWYNWEN :   (*gan siglo'i phen ac ochneidio*) : Rwy'n ofni'i bod hi'n
                    dial arno fe o'm hachos i. Mae'n araf iawn yn cychwyn.
                    Ddeil Dyfnrig mo ymosod Suetonios wrtho'i hunan—
FFLAMINIOS :   Fydd hi ddim mor ffôl â dial. Mae'n ddigon call i
                    wybod nad oes obaith iddi hi os tyr Suetonios reng-
                    oedd Dyfnrig. Mae sŵn ei gwŷr yn cyrchu i'w cerbydau.
DWYNWEN :   Rhaid i minnau ei gweld a chymodi â hi. Mae'n
                    chwaer i mi, ac eto—nid peth hawdd yw geiriau.
FFLAMINIOS :   Mae'r byd i gyd yn troi ar lwydd neu aflwydd dethol
                    geiriau. A ninnau mor dafotrwm. I ti, rwyf yn ddi-
                    ddiolch am na allaf ddofi geiriau.
DWYNWEN :   A Buddig yn rhewi geiriau yn fy nghalon cyn iddynt
                    ddringo i'm gwefusau—
                    (*Daw* ELIAN *i mewn o'r chwith. Gwêl* FFLAMINIOS *hi ond
                    nis gwêl* DWYNWEN. *Dringa'n ddistaw at y canllaw, dyd
                    ei dwylo am lygaid* DWYNWEN *o'r tu ôl, fel y gwna plant
                    wrth chwarae.*) Mae creulonderau wedi suro'i gwaed.
                    (*Chwardd â chwerthin dolurus.*)—Falle nad yw'n rhyfedd.
                    Pethau'r meddwl, meddai Dyfnrig, sy'n glawdd terfyn.
                    Pwy sydd yna ?
ELIAN :   (*gan chwerthin yn ysgafn*) : Fi.
DWYNWEN :   Ti ? Pwy ? Pwy wyt *ti* ?
ELIAN :   Fi.
DWYNWEN :   Pwy yw *Fi* ?
ELIAN :   Fi fawr faglog—
FFLAMINIOS :   —coesau ceiliog.
DWYNWEN :   Ti Elian—
ELIAN :   (*gan ei rhyddhau a chwerthin*) : Ie, fi, Elian ferch Buddig,
                    nith i Ddyfnrig a'r Frenhines Dwynwen. Iceniad a
                    Thrinofant yn un. A phob un o'm dwy hanner yn
                    elyn pob Rhufeiniwr. (*gan dynnu wyneb chwareus ar
                    FFLAMINIOS.*)
FFLAMINIOS :   (*gan blygu o'i blaen*): Dy gaethwas bodlon. Caethwas
                    o Rufeiniwr nad yw'n dda i ddim ond i ladd . . . neu
                    i gael ei ladd.
ELIAN :   Lladd fi.
FFLAMINIOS :   Rwyt ti wedi fy lladd i eisoes.

ELIAN :   O naddo, naddo, dim ond dy guro i'th ddeulin. Rwyt
                      ti mor ddewr, O Ymherodr ! Lladd di fi !

FFLAMINIOS :   Sut gallaf ar fy ngliniau ?

ELIAN :   Cod, y gwirion.
                      (*Teifl ef yn ysgafn oddi ar ei echel â'i llaw nes y mae ar ei
                      hyd ar lawr.*)

FFLAMINIOS :   (*gan chwerthin*) : Aros di nes coda i. Rho law i mi. Ti,
                      fy marbares fach—

ELIAN :   (*gan estyn ei llaw iddo*) : Cod, ynte. Un-Dau-Tri-
                      (*Ar Tri rhydd ef gusan ar ei llaw. Rhydd hithau ei llaw
                      arall ar ei law ef. Syllant ym myw llygaid ei gilydd am ennyd.
                      Yna cyfyd* FFLAMINIOS *yn araf, gan ei thynnu'n agos ato.
                      Safant felly ennyd.*)

DWYNWEN :   Elian. Gad dy chwarae a'th siarad ysgafn a dere yma.
                      Nid plentyn wyt ti nawr. Fe dâl iti wylio'r llethrau
                      yna . . .

ELIAN :   Fe dalai i ti beidio. Mi ro i fy nwylo dros dy lygaid
                      ti eto, a'u cau nhw rhag iti weld.

DWYNWEN :   Mae'r brwydro'n brathu'r llygaid drwy f'amrannau
                      cau. F'ymennydd i sy'n gweld. Mae mwy o ddolur
                      wrth weld â llygaid cau.

ELIAN :   Dere yma, Dwynwen. Dwyt ti ddim yn helpu neb
                      wrth rythu . . .

FFLAMINIOS :   (*gan fynd at* DDWYNWEN *a'i thywys dros y grisiau*) : Ie.
                      Beth gawn ni chwarae. Dyma'r dis. Gadwch inni
                      . . .

DWYNWEN :   Pam raid i ryfel fod—a'r dioddef ?

FFLAMINIOS :   Rhyw fodau mwy na ni sy'n chwarae, am wn i—a
                      ninnau yw'r teganau . . . Dyna bedwar. P'un ohon-
                      och chi all drechu hwnna ? . . . Mae'n rhaid i newid
                      fod ac er mwyn newid . . .

ELIAN :   Fe alla i . . .

DWYNWEN :   Ond brwydro i rwystro newid mae Dyfnrig.

ELIAN :   O—dim ond *tri* . . . !

FFLAMINIOS :   Dim ond *tri* ? Treia eto. Ie, a Suetonios tros newid.
                      (*Chwardd.*) I droi pob pentre'n Rhufain fach ! Faint
                      yw hwnna ?

ELIAN :   Ha, ha . . . *pump* ! Dyna drech na thi. Treia di
                      eto . . .

DWYNWEN :   Ac wedyn, wedi i Rufain ennill, ni fydd newid wedyn
                      —na rhyfel !

FFLAMINIOS :   O, weldi, dyna *ddau*. Cer lawr yn is na hwnna . . .
Dyna yw'r Pax Romana medden nhw. Pan ddaw'r
heddwch hwnnw . . .

DWYNWEN :   Fe fydd rhaid brwydro i'w gadw fe—i'w gadw fe
rhag newid !

FFLAMINIOS :   Mae'n debyg. Rhag newid gwaeth, ta beth . . . Wel,
wel, wel . . . dyna *chwech* tro yna.

DWYNWEN :   Pwy sydd i benderfynu'r gwell neu'r gwaeth—heddiw
fory, trennydd, tradwy ?

FFLAMINIOS :   Y cryfa, wrth gwrs—yr un sy'n gallu gwneud i'r dis
roi *chwech* bob tro.

ELIAN :   Dyna i ti *chwech* arall nawr . . .

FFLAMINIOS :   Ie, pan nad wyt ti amdani . . .

ELIAN :   Mae bodau mwy na ni tu mewn i'r dis—yn chwarae
. . .

FFLAMINIOS :   A chwerthin !

DWYNWEN :   Paid rhyfygu. Nid chwarae â ni mae'r duwiau.

ELIAN :   (*ar ei thraed*) : Mae'r rheiny i gyd yn ddiffrwyth.

DWYNWEN :   Paid ! Dim ond y duwiau all gadw Dyfnrig. Rwyt
ti'n codi arswyd arna i.

FFLAMINIOS :   Mae duwiau Rhufain yn cadw Suetonios hefyd, a
rhywrai yn Rhufain heddiw'n galw arnynt.

ELIAN :   Yn gweddïo—neu yn rhegi . . .

FFLAMINIOS :   Ie, dyna beth mae pawb yn wneud, yn rhegi a mell-
tithio duwiau pobl eraill.

ELIAN :   Rwy wedi dechrau ffasiwn newydd. Melltithio'n
duwiau ni.

DWYNWEN :   Paid ! Paid, Elian. Maen nhw'n dy glywed ti. Fe
ddisgyn eu dialedd ar Ddyfnrig . . .

FFLAMINIOS :   Dim peryg. Mae'r duwiau i gyd yn cysgu'n drwm !

DWYNWEN :   Dalla i ddim gwrando dim rhagor. Gwrando, Elian.
Ti oedd gynnau fach yn cwyno. A wyt ti wedi anghofio
bod Dyfnrig maes yn ymladd ? Dyw hi ddim yn
ddigon i ti esgus caru â Rhufeiniwr ? Cofia di, er dy
fwyn di y mentrodd Dyfnrig, o'th achos di y digiodd
Buddig. A thithau'n gwawdio pethau a all fod yn
wir. Dalla i ddim mentro gwrando. A dal dithau dy
dafod ! Mae'r alanas rwyt ti wedi ei gwneud yn ddigon,
greda i.

ELIAN :   O Dwynwen, mae'n ddrwg gen i. Ffaelu dianc
maes o nhrallod rydw i. Ffaelu deall pam, nid treio
galw barn ar Ddyfnrig. Fe wn mai fi achosodd . . .

DWYNWEN :   O taw ! Bydd ddistaw ragor. Rwy i'n mynd. Mae'n
              well i tithau ddod.
ELIAN :   Mi ddo i ymhen eiliad.
DWYNWEN :   (*wrth fynd*) : Ie. Gwell iti. (*Aeth allan. Cerdd* FFLAMINIOS
              at ELIAN *i'w chysuro.*)
FFLAMINIOS : Dyna ti, Elian fach. Paid â gadael i'r peth wasgu
              arnat ti.
ELIAN :   Sut galla i lai ? Oes gen i ddim achos ? O'm hachos
              i mae'r gynnen.
FFLAMINIOS : Nage, nage. Paid, cariad fach. Paid â gadael iddo
              dyfu'n fwrn . . .
ELIAN :   Rwyt ti'n clebran mor ysgon, fel pe na bai dim yn
              gwasgu arnat ti. Wnest ti ddim ond prin ddianc
              gynnau fach, a dim ond am awr neu ddwy. Heno,
              gyda'r nos—
FFLAMINIOS : Rwy'n fyw am awr neu ddwy, ta beth. Rwy'n fyw
              ac yn dy ymyl di.
ELIAN :   Oes arnat ti ddim ofn—ddim arswyd marw ?
FFLAMINIOS : (*chwardd*) : Fe ddes i o Rufain gyda Suetonios. Feddyl-
              iais i ddim mwy am farw, mwy na phan oeddwn i'n
              chwarae yn y mabolgampau ar ddydd gŵyl, neu fwy
              na Dyfnrig wrth hela yn y fforest. Os marw, marw,
              dyna i gyd. Ond nawr, rwy eisiau byw, mae arna i
              awydd, hiraeth, angerdd am gael byw.
ELIAN :   A finnau, cyn dy weld di, feddyliais i ddim byd am
              fyw. O godi'r bore hyd tan gysgu'r nos roedd byw—
              wel, roedd byw yn digwydd, dyna i gyd. Derbyn byw,
              heb holi, a dyna'i gyd. Ond nawr, mae cwestiwn
              ymhob eiliad. Rwy'n ofni byw—yn ofni meddwl am
              fyw. Bron nad oes hiraeth arna i am gael marw—
              marw o'r ffordd. Dianc.
FFLAMINIOS : Dianc ! Efallai y gallwn ni ddianc heb farw. Oes dim
              ffordd i ddianc ?
ELIAN :   Sut gallwn ni ddianc, ac i ble ?
FFLAMINIOS : I'r goedwig.
ELIAN :   Fe gawn ein dala yno, a'n lladd.
FFLAMINIOS : Mae'n werth gwneud ymdrech. Os methu, wel—cawn
              farw gyda'n gilydd.
ELIAN :   Does dim blas ar farw gyda'n gilydd. Ond, Fflaminios,
              petaet ti yn gallu dianc . . .
FFLAMINIOS : Ddim hebot ti, dim byth !

ELIAN : Gwrando. Â'th fod ti'n cael dy ddal—wel byddai marw *felly'n* well na—na *heno* . . .

FFLAMINIOS : Ddim hebot ti.

ELIAN : Pam ? Efallai y cei di fyw.

FFLAMINIOS : Does dim blas ar fyw heb fod gyda'n gilydd. Mae'r duwiau'n drech na ni.

ELIAN : Yn gwawdio, gwawdio, gwawdio. A'n dyddiau gwag yn fagl.

FFLAMINIOS : F'annwyl, nid yw heddiw'n wag. Petawn i'n marw heno, rwy'n diolch am gael byw. Ti wnaeth fy nyddiau'n llawn—mor llawn na all fy einioes ddal mwy o ddyddiau. Elian, mae awr o'th nabod di . . .

ELIAN : Pam ddest ti o Rufain ? Pam erioed . . . ?

FFLAMINIOS : (*gan chwerthin*) : Y duwiau ddaeth â fi.

ELIAN : Paid â chellwair. Paid ag enwi'r rheiny mwy.

FFLAMINIOS : Nage'n wir, o ddifri.

ELIAN : Fflaminios ! Gad dy chwarae.

FFLAMINIOS : (*gan gellwair*) : Nhw ddaeth â fi, rwy'n siwr. Heb hynny, fyddwn i ddim wedi dy weld ti yn fy myw.

ELIAN : (*chwardd hithau*) : Y gwirion . . . Fflaminios . . .

FFLAMINIOS : Ie, cariad ? Beth ?

ELIAN : O, dim. (*Try oddi wrtho at y canllaw.*) Rwy'n gweld trwy dy chwarae di. Ond chei di ddim—nid chwarae yw—

FFLAMINIOS : O na ddysgai dynion chwarae !

ELIAN : (*gan edrych tros y canllaw*) : Edrych. Pwy all chwarae ?

FFLAMINIOS : Paid, cariad. Paid ag edrych. Dere nôl, i chwarae ac i siarad. Ti ddwedodd gynnau nad yw edrych yn ddim help i neb. Der nôl. Gwrando, fe ddweda i stori wrthyt. (*Y mae'n ei harwain tros y grisiau. Nid yw hithau'n gwrthod cael ei harwain.*) Roedd dwy ysgyfarnog fach unwaith yn byw yn y brwyn ar lan afon. Ac O, dyna hapus oeddyn nhw. Ond un diwrnod, fe ddaeth helwyr a'u cŵn heibio i gartref y ddwy ysgyfarnog fach. Ac roeddynt hwythau'n ofni ac yn crynu yn y brwyn heb le i ddianc ond trwy ganol y cŵn—neu trwy'r afon. Ond yr oedd y cŵn yn greulon ac am eu lladd . . . ac yr oedd dŵr yr afon yn ddwfn ac yn oer . . .

ELIAN : (*gan dorri arno*) : Fflaminios—

FFLAMINIOS : Ie, Wyt ti ddim yn leicio'r ddwy ysgyfarnog fach ?

ELIAN : Gwrando.

FFLAMINIOS :   Beth sydd ? Cha i ddim dweud y stori ?
ELIAN :   Y *mae* ffordd. Fe wn i am ffordd.
FFLAMINIOS :   Ffordd ? Ffordd ?
ELIAN :   I ddianc.
FFLAMINIOS :   Pa ffordd ? Sut gallwn ni ddianc ?
ELIAN :   Nid ni. Ti. Mae'n rhaid i fi fod yma. Mae'r Llwybr Cudd . . .
FFLAMINIOS :   (*gan dorri arni*) : Rwy'n aros yma gyda thi ynte. Pam fod raid i ti fod yma ?
ELIAN :   O Fflaminios, gwrando. Fe welai pawb fy eisiau i. Fe fyddai'n hawdd fy nal i yn y fforest.
FFLAMINIOS :   Af i ddim hebot ti. Alla i ddim mynd.
ELIAN :   I ble'r aet ti â fi ?
FFLAMINIOS :   Nôl at Suetonios. Ac wedyn nôl i Rufain.
ELIAN :   Fi ? I Rufain ? Dy farbares fach. Beth wnei di â fi yn Rhufain ? I bawb dy wawdio di, a fi ?
FFLAMINIOS :   Wel, yma yn rhywle, te. Ar ôl i'r rhyfel orffen . . .
ELIAN :   (*gan wenu'n ddiflas*) : Na—merch Buddig wyf fi cofia. Chei di ddim cadw honno. Na, Fflaminios, pan ddaw heddwch, fe fydd hwnnw'n waeth na rhyfel.
FFLAMINIOS :   (*wrtho'i hun*) : "Pethau'r meddwl sy'n glawdd terfyn."
ELIAN :   Beth ?
FFLAMINIOS :   Alla i ddim byw heb fy marbares fach.
ELIAN :   Gelli, cariad. Daw'r haf i'w ddiwedd rywbryd. Dyma ddiwedd haf . . . Fe fu'n haf, on'd do fe, Fflaminios ?
FFLAMINIOS :   Dechrau haf yw hwn, nid diwedd Gwanwyn ! (*Clywir llais* MAELGWN *yn gweiddi.*)
MAELGWN :   Elian !
ELIAN :   O'r gorau. (*Wrth* FFLAMINIOS) : Pan ddaw heddwch, cei ddod nôl, a chwilio amdana i. Os arhosi di yma, fe fydd hynny'n ddiwedd sicr.
FFLAMINIOS :   Na. Does dim rhaid . . .
LLAIS MAELGWN :   (*yn nes*) : Elian !
ELIAN :   Oes. Os enilla Suetonios bydd raid wrth ebyrth cymod. Os enilla Mam a Dyfnrig, bydd eisiau ebyrth diolch. Nid yw Mam yn . . .
FFLAMINIOS :   Fe a i â thi gen i . . .
ELIAN :   Fe gei ddod i chwilio amdanaf pan ddaw heddwch.
LLAIS MAELGWN :   (*yn agos*) : Elian !
ELIAN :   Dere, mae rhywun yn galw arnaf. Fe ddangosa i ben y Llwybr Cudd i ti.
FFLAMINIOS :   Y Llwybr Cudd ?

ELIAN : Ie, dim ond y penaethiaid ŵyr amdano.
FFLAMINIOS : Beth yw'r Llwybr Cudd ?
ELIAN : Y ffordd ddiwetha i ddianc os bydd raid.
MAELGWN : (*yn agos iawn*) : Elian—
ELIAN : Dere. Fe'i dangosaf iti cyn ateb.
FFLAMINIOS : Pwy yw e ? Pam mae e'n galw dy enw ?
ELIAN : Dwn i ddim. Dere. (*Try cyn mynd o'r golwg.*) Fflaminios ?
FFLAMINIOS : Ie ?
ELIAN : Rwyf am wybod beth a ddigwyddodd i'r ddwy ysgyfar-
nog fach. Fe ga i glywed diwedd dy stori di, ond ca i ?
FFLAMINIOS : Cei cariad—(*Rhydd gusan ysgafn iddi.*)—rywbryd.
(*Aethant o'r golwg yn y cefn chwith.*)
LLAIS MAELGWN : (*yn ymyl*) : Elian ?
(*Daw* DWYNWEN *o'i phabell. Daw* AENOBARBOS *ymlaen
o'r dde isaf.*)
MAELGWN : (*ar y llwyfan*) : Elian—ferch Buddig—
DWYNWEN : Maelgwn. Pwy sydd eisiau Elian ?
MAELGWN : Y frenhines Buddig.
DWYNWEN : Ei mam ? Maelgwn, wyt ti'n gwybod i beth ?
MAELGWN : Mae Buddig ar gychwyn. Mae'r gwŷr yn y cerbydau'n
disgwyl.
DWYNWEN : Ond Elian ? I beth mae eisiau Elian ? Ddim ond i
ddweud ffarwel ?
MAELGWN : Mae Elian i fynd gyda Buddig.
AENOBARBOS : Beth ! Elian i fynd gyda Buddig ? Yn ei cherbyd ?
DWYNWEN : Ie, rwy'n ofni. Beth ddywedodd Buddig ?
MAELGWN : Dyna oedd ei gorchymyn hi—bod lle i Elian yn ei
cherbyd hi.
AENOBARBOS : Ond i beth ? Beth all Elian wneud ?
DWYNWEN : Beth am ei chwaer ?
MAELGWN : Mae honno eisoes yn y cerbyd. Fe fydd y tair gyda'i
gilydd, a nhw fydd ar y blaen.
AENOBARBOS : Ond pam ? I beth ? Rwy'n gallu deall Buddig—ond
Elian fach . . . ! Beth all hi wneud ?
MAELGWN : Bydd gweld y tair yn gryfder i'r Iceniaid. Bydd yn eu
hatgoffa, medden nhw.
AENOBARBOS : Eu hatgoffa ! Atgoffa'r Iceniaid o beth ?
MAELGWN : O Gatos—a'i drais. Fe ymladdant yn ddewrach o
gofio.
AENOBARBOS : —Ond—sut gall Elian—? Wnaeth Catos ddim i Elian.
MAELGWN : Fe ddaliwyd Elian yn y fforest. Daliodd dau Rufeiniwr
hi.

DWYNWEN :   Pryd ?
MAELGWN :   Pa ddiwrnod, medden nhw.
DWYNWEN :   O Maelgwn, Maelgwn, naddo ddim. Ti dy hunan
               aeth i'w mofyn—ti ac Ifer.
AENOBARBOS :   Ie, chwi ddaeth atom ni i'w mofyn. Cyn i ni gael ein
               dal.
MAELGWN :   Rwy'n gwybod. Ond dyna maen nhw'n ddweud.
DWYNWEN :   Pwy sy'n dweud ?
MAELGWN :   Buddig a'r penaethiaid.
AENOBARBOS :   Stori gelwydd. Rwyt ti'n gwybod mai stori gelwydd
               yw hi.
MAELGWN :   Rwy i'n gwybod. Ond dyna mae pawb yn ddweud.
DWYNWEN :   Ond rwyt ti'n ei hadrodd.
MAELGWN :   Cefais orchymyn i'w hadrodd. Fi a phob un arall.
DWYNWEN :   Ti ac Ifer a . . .
MAELGWN :   Ie. Mae pawb yn dweud—
AENOBARBOS :   Bod Elian wedi cael cam gyda ni. Ond chwedl ffals
               yw hi ! Celwydd noeth !
MAELGWN :   Mae'r Iceniaid yn ei chredu—
AENOBARBOS :   Fe'u dysgwyd hwy i gredu'r celwydd.
DWYNWEN :   —i fod yn filwyr gwell. Y mae Rhufain hefyd yn hau
               celwydd.
AENOBARBOS :   Na, does dim angen celwydd arni hi. Ymladd i greu
               heddwch y mae hi. Rhoi pen ar fân gweryla.
DWYNWEN :   A dyna dad celwyddau. Maelgwn, dos. Mae Elian
               wedi mynd at ei mam ers amser. Clywodd di'n galw.
MAELGWN :   O'r gorau, diolch.
AENOBARBOS :   Maelgwn, paid ag adrodd . . .
DWYNWEN :   All e ddim help. Dos, Maelgwn.
MAELGWN :   (*wrth fynd*) : Celwydd sy'n ennill rhyfel—pob rhyfel,
               Aenobarbos. (*Aeth.*)
DWYNWEN :   Mae'n rhaid i minnau weld Buddig.
AENOBARBOS :   A'i rhwystro i fynd ag Elian ?
DWYNWEN :   Ie, falle. Ei chael i anghofio'i dig wrth Dyfnrig, ta
               beth.
AENOBARBOS :   Mae hi'n hir yn mynd. (*Daw* FFLAMINIOS *nôl yn ysgafn
               a llawen.*)
FFLAMINIOS :   Helo, helo. Mae'r haul yn gwenu, a'r adar bach yn
               canu, a'r blodau coch—welais i erioed sut beth— (*Ond
               trodd* AENOBARBOS *ei gefn arno.*) O, beth sy'n bod arno
               fe ? Dwynwen, ydy e'n sal ? Be sy'n dy flino di,
               machgen i ?

AENOBARBOS : Ti'r ffôl sy'n fy mlino i fwyaf.

FFLAMINIOS : O ! A finne'n meddwl . . .

AENOBARBOS : Elli di wneud dim byd ond gwastraffu amser—ar dy farbares fach—a siarad dwli ?

FFLAMINIOS : (*yn gadarn*) : Aenobarbos, dim ond ychydig oriau o amser sy gen i, medden nhw. Nid gwastraff fyddai rhoddi hanner ola'r eiliad ola i 'marbares fach.

DWYNWEN : Ond—nawr—Fflaminios, ar adeg fel hon, a Buddig yn barod i gychwyn . . .

FFLAMINIOS : Fe fydd yr haul a'r blodau a'r adar yma ar ei hôl hi, a finnau hefyd falle !

DWYNWEN : Ond mae Dyfnrig . . .

AENOBARBOS : A Suetonios . . .

FFLAMINIOS : O, pa waeth os cyll Suetonios os deil yr haul i wenu, a'r blodau . . .

AENOBARBOS : Fe fydd y blodau'n ddigon coch, ta beth.

DWYNWEN : Fflaminios, gwrando. Mae Aenobarbos am ddweud—gwrando . . .

FFLAMINIOS : Mae'n ddrwg gen i, Dwynwen. Rwy'n gwrando.

AENOBARBOS : Dwed ti, Dwynwen.

DWYNWEN : Nage, dwed ti—

FFLAMINIOS : (*gan ddeall bod rhywbeth anodd ganddynt*) : Beth sydd? Beth . . . sydd ?

AENOBARBOS : Mae—Buddig—yn mynd—ag Elian gyda hi.

FFLAMINIOS : Mynd . . . ag Elian . . . ?

AENOBARBOS : Ie. Mae Buddig yn mynd ag Elian a'i chwaer gyda hi ar flaen ei cherbyd rhyfel.

FFLAMINIOS : O, 'dall hynny ddim bod. I beth ? 'Dall hynny ddim bod. Ha, ha, . . . Mynd ag Elian ? I beth ?

AENOBARBOS : Fe ddaeth Maelgwn yma i'w nôl. Rwyt ti a finnau wedi gwneud cam â hi, yn ôl y stori.

FFLAMINIOS : O gelwydd ! Lle mae Buddig ? Rhaid ei rhwystro ! Rwy'n mynd . . .

AENOBARBOS : Aros, Fflaminios. Beth elli di wneud ? Beth elli di —yn erbyn byddin Buddig ?

FFLAMINIOS : Rwy'n mynd. Chaiff hi ddim . . .

DWYNWEN : Fflaminios annwyl, aros. (*Ymdawela yntau wrth ei llais.*) Wnai hi ddim ond gyrru ei cherbyd dros dy ben. Rwy'n ei gweld cyn iddi gychwyn. Falle galla i . . .

FFLAMINIOS : Wnaiff hi ddim gwrando arnat ti . . .

AENOBARBOS : Dwynwen a'n cadwodd ni. All neb ond hi. (*Daw* MAELGWN *o'r chwith uchaf.*)

MAELGWN :   Mae Buddig yn dod ffordd hyn i'w cherbyd.

FFLAMINIOS :   Rhaid ei dal. Gwneud iddi ollwng Elian. Nawr yw'r
                 cyfle.

MAELGWN :   I beth ? Dal pwy ?

FFLAMINIOS :   Dal Buddig, a chael Elian maes o'r cerbyd.

MAELGWN :   Ha, ha. Y mae deuddeg mil o bicellau yn dy ffordd.
                 Mae'n well iti siarad yn fwy distaw, was. Ac os gwran-
                 dewi arna i, gorau i gyd po gynta'r ei di o'r golwg.
                 Falle bod gen tithau ddarn o dir yn rhywle—neu
                 anner gyflo'r Gwanwyn yma. Wel os wyt ti am weld
                 rheiny eto, mae'n well iti ei symud hi. Cer o'r golwg,
                 glou.

DWYNWEN :   Maelgwn sy'n iawn. Ciliwch ill dau.

AENOBARBOS :   Ie, Fflaminios, gad i Dwynwen.

MAELGWN :   Ar unwaith hefyd. Dyma Buddig.

DWYNWEN :   Fflaminios, gwrando ar reswm . . .

AENOBARBOS :   (gan ei wthio) : Nawr, Fflaminios, nawr.

FFLAMINIOS :   Paid. Rwy'n bownd . . .

MAELGWN :   (yn rhuthro arno) : Taw ! (Yn ei wthio tuag allan.) Allan
                  â thi. Ar unwaith.

FFLAMINIOS :   (gan wthio'n ôl) : Y corgi ! Pwy wyt ti ? Cer nôl . . .

MAELGWN :   A oes raid i fi— ? (Tery ef o dan ei ên nes iddo syrthio i'r
                  llawr.) Nawr, maes ag e. (Rhydd help llaw gyda hynny.)
                  Dyna fe. Cadw fe fanna nawr.

DWYNWEN :   Maelgwn. Ddylet ti ddim . . .

MAELGWN :   Mae'n ddrwg gen i. Doedd dim amser i ddim arall.
                  (Daw BUDDIG trwy'r cefn chwith.)

BUDDIG :   Maelgwn. Mae pawb yn deall ? Tra gall y Trinofaint
                  ddal ymosod llengoedd Rhufain, gadwn iddynt.

MAELGWN :   Mae pawb yn deall.

BUDDIG :   Cyn bydd raid i Ddyfnrig gilio, fe fydd Rhufain wedi
                  blino. Bryd hynny, gyrraf innau fy ngherbydau, gyr-
                  raf nes bod yr olwynion yn cloi gan y celanedd.

MAELGWN :   Mae pawb yn barod.

BUDDIG :   Heno, rhuddir brain â rhyfel gwŷr. Ymlaen !

DWYNWEN :   Buddig !

BUDDIG :   O ! Dwynwen ! Dagrau ! Henffych well, fy chwaer !
                  Na, nid chwaer. Nid yw'n iawn imi dy gyfarch felly
                  mwy. Ti—Briod y Pendragon ! Pa orchymyn sydd
                  gennyt ?

DWYNWEN :   O Fuddig. Paid â gwatwar . . . heddiw. Gad imi
                  ofyn ffafr.

BUDDIG :   Ffafr ? Gorchymyn sydd yn gweddu iti.

DWYNWEN :   Yr oeddwn am ofyn iti adael Elian.

BUDDIG :   Ti biau'r carcharorion. Ai ti biau Elian hefyd ? Mae Elian yn fy ngherbyd i.

DWYNWEN :   Buddig, gad hi ar ôl.

BUDDIG :   A wyt ti'n wylo eisoes ? Go brin bod merch i Fuddig yn haeddu cymaint ffafr. Dim ond Rhufeinwyr sy'n teilyngu dy ddagrau di. Cer, gad i Elian fod. Fe dreblir dewrder yr Iceniaid o gofio'i gwarth.

DWYNWEN :   Fe wyddost ti mai anwiredd yw.

BUDDIG :   Taw. Does gen i ddim amser.

DWYNWEN :   Fe dawaf os ei di i helpu Dyfnrig ar unwaith.

BUDDIG :   A yw e'n gofyn help gen i ?

DWYNWEN :   Gofynnodd imi wneud cymod â thi.

BUDDIG :   A yw e'n fodlon aberthu'r carcharorion ? (*Nid yw* DWYNWEN *yn ateb.*) Ateb !

DWYNWEN :   O Fuddig, fy chwaer, fy chwaer. Gwrando ngweddi.

BUDDIG :   Dos at yr allorau â'th weddi. Pe fflangellid fi eilwaith, ni faddeuwn. Gweddïa ar y duwiau ac addo iddynt hoedl y Rhufeinwyr. Maelgwn, gosod wŷr i'w gwarchod. Yna, ymlaen !

DWYNWEN :   (*gan gydio yng ngodreon gwisg* BUDDIG *a syrthio fel y pellha honno ar ei ffordd i'r dde*): O gwrando ! Gwêl fy nagrau. Trugarha wrth Ddyfnrig. Trugarha wrth Elian fach. (*Ond aeth* BUDDIG *allan heb siarad.*) Ofer—ofer—ofer— ofer pob gweddi.

               (*Cyfyd yn llesg a blin a cherdded tua'r chwith isaf. Y mae dadwrdd gwŷr a meirch yn y ddôl isod eto. Wrth fynd allan try* DWYNWEN *a theifl olwg drist at y canllaw.*)

DWYNWEN :   Dim ond y duwiau all dy gadw. (*Yn y berw, â allan. Ymhen ennyd, daw* AENOBARBOS *yn wyliadwrus, ac yn wyliadwrus â at y canllaw i wylio byddin* BUDDIG *yn symud allan.*)

AENOBARBOS   Y ffôl ! Yn gohirio cyd !

               (*Eto ymhen ennyd rhed* FFLAMINIOS *allan. Dengys mai newydd ddod ato'i hun y mae.*)

FFLAMINIOS :   (*yn gweiddi*) : Buddig ! Elian ! (*Gwêl* AENOBARBOS.) Aenobarbos, lle mae Buddig ?

AENOBARBOS : Ust ! Y gwirion. Ust. Beth well yw gweiddi ? Mae Buddig wedi cychwyn.

FFLAMINIOS :   Ac Elian ? Lle mae— ? (*Rhed at y canllaw.*)

AENOBARBOS : (*yn araf*) : Ydyw, ac Elian.

FFLAMINIOS :   Mae'n rhaid ei hatal. Elian, Elian !
AENOBARBOS :   (*gan gydio ynddo a'i droi oddi wrth y canllaw*) : Paid !
                Paid ! Wyt ti am iddyn nhw ollwng saeth ?
FFLAMINIOS :   Hy ! Cymwynas felny o law Buddig ? (*Geilw eto.*)
                Elian !
AENOBARBOS :   Gwaedda di eto, ac mae'n siwr o'th glywed ti.
FFLAMINIOS :   Pa waeth ? Elian !
AENOBARBOS :   A dial ar Elian—am gynllwyno gyda thi. Rwyt ti'n
                wirion, Fflaminios, yn poeni ar ôl merch— ar ôl un
                barbares fach. Weldi, mae Suetonios yn arllwys
                catrodau ffres i'r ddôl. Druan o Ddyfnrig ! Edrych
                arnynt yn disgyn—yr haul ar eu tariannau, a'r awel
                ym mhlu coch pob helm. Merched, wir ! A minnau'n
                gaeth fan hyn.
FFLAMINIOS :   Aenobarbos !
AENOBARBOS   Edrych. Dacw'n catrawd ni. Ar y blaen fel arfer.
                Pwy sy'n arwain ? O wae, na chawn i fod gyda chi.
                Fflaminios, ambell waith, rwy'n rhegi dy garu di.
                Ti fynnai ddod mor agos at wersyll Buddig. Roedd
                rhaid ein dal ni rywbryd. Oni bai am dy farbares
                fach . . .
FFLAMINIOS :   Petaet ti'n fodlon gwrando, fe ddwedwn i beth arall
                amdani hi.
AENOBARBOS :   Rwy wedi blino ar yr haul a'r blodau.
FFLAMINIOS :   Nage, gwrando. Os hi ddaeth â ni yma, hi hefyd all
                ein rhyddhau.
AENOBARBOS :   Beth ? Rhyddhau ? O Fflaminios, rwy'n fodlon iti
                chwerthin am ben popeth bron, ond nid am ben gwen-
                didau neb.
FFLAMINIOS :   Dwyt ti ddim am glywed ?
AENOBARBOS :   Clywed beth ?
FFLAMINIOS :   Fe wn i am ffordd i ddianc.
AENOBARBOS :   I ddianc ? Pryd ? I ble ? Pwy ddwedodd wrthyt ti ?
FFLAMINIOS :   Elian.
AENOBARBOS :   Fflaminios, os mai dim ond eisiau cyfle wyt ti i glebran
                am Elian, mi dala iti am hyn.
FFLAMINIOS :   O, o'r gorau. Ddweda i'r un gair yn rhagor. Ond
                mae yna Lwybr Cudd.
AENOBARBOS :   Llwybr Cudd ? Sut gwyddost ti am Lwybr Cudd ?
                Ble mae e ?
FFLAMINIOS :   Edrych ! Wyt ti'n barod i f'helpu i os dweda i wrthyt ?
AENOBARBOS :   Dwed glau !

FFLAMINIOS :   Wyt ti'n barod ?
AENOBARBOS :   Dy helpu di i beth ?
FFLAMINIOS :   I achub Elian ! Doedd hi ddim yn fodlon dod. Rhaid
iddi fod yma, meddai hi. Wyt ti'n fodlon gwneud
rhuthr gen i yn y coed ? Cael pump neu chwech o'n
bechgyn gyda ni—a threfnu i ddala cerbyd Buddig, a
mynd ag Elian gyda ni ? A wnei di hynny ?
AENOBARBOS :   Dwy ddim yn siwr bod hynny'n bosibl.
FFLAMINIOS :   O wel, os na wnei di hynny, chei di ddim gwybod am
y Llwybr Cudd. Os na helpi di fi mae'n rhaid i mi
fod yma nes daw Elian nôl.
AENOBARBOS :   Trengi fydd hynny a dim arall. Ble mae'r Llwybr
Cudd ?
FFLAMINIOS :   Wyt ti'n addo helpu ?
AENOBARBOS :   Rwy'n addo.
FFLAMINIOS :   Ar dy lw ?
AENOBARBOS :   Ar fy llw.
FFLAMINIOS :   Fe allwn ni fynd heb i neb ein gweld.
AENOBARBOS :   Gallwn, os awn ni nawr ar unwaith. Edrych di'r ochr
draw. Fe edrycha innau'r ochr hyn. (*Ânt i edrych.*)
Fflaminios ! Aros yn llonydd ! Paid â symud !
FFLAMINIOS :   Pam ? Beth sy ?
AENOBARBOS :   Llygaid dial wrth fôn pob pren yn rhythu . . .
FFLAMINIOS :   Y gwylwyr ! Nid Trinofaint sy'n gwylio !
AENOBARBOS :   Nage, Iceniaid Buddig ! Melltith !
FFLAMINIOS :   Beth nawr ?
AENOBARBOS :   Dim—dim ond disgwyl. (*Â* AENOBARBOS *at y canllaw.*)
FFLAMINIOS :   Disgwyl y daw angau i'n rhyddhau.
AENOBARBOS :   Ni ellir twyllo Ffawd. Mae edafedd tynged . . .
FFLAMINIOS :   Cael ffordd i gadw Elian. Colli honno. Cael pen i'r
Llwybr Cudd—a'i golli.
AENOBARBOS :   Dyna ddagrau pethau. Lacrimae rerum. Ha ! (*Y
mae wedi bod yn syllu ar y gad.*) Fflaminios ! Dere yma.
Edrych. Wyt ti'n gweld ? (*Y mae* FFLAMINIOS *gydag
ef wrth y canllaw.*) Bu Buddig yn rhy hir. Oedodd ormod
cyn dwyn help i Ddyfnrig. Edrych. Torrodd Suetonios
trwy ei byddin. Wyt ti'n gweld ? Mae nhw'n ffoi i'r
gwastad. Angau iddynt ! Angau coch a gwaed ! Rwy'n
marw'n fodlon ! O Fuddig ffôl ! Rhufain a orfu ! Rhu-
fain, Rhufain ! (*Neidia a dawnsia o lawenydd ac ni all*
FFLAMINIOS *ymatal rhag ymuno ag ef. Ond yn sydyn, heb*

238

rybudd, hedfana saeth heibio i'r ddeuwr, o un ochr i'r llall i'r llwyfan. Erys y ddau ar eu camau, heb symud. Yna try FFLAMINIOS *yn hamddenol, a chodi'r saeth.*)

AENOBARBOS : Llatai'r Angau. Mae am wneud oed â ni !

FFLAMINIOS : Y gwylwyr !
(*Cerdda* FFLAMINIOS *at yr ochr chwith ac edrych allan.*) Hei, frodyr addfwyn, arhoswch. Chwi biau hon !
(*Rhydd chwibaniad ysgafn fel i ddweud na all gredu a wêl. Aeth* AENOBARBOS *eto i wylio'r gad.*)

AENOBARBOS : Galanas. Dyma lanas ! Dere yma. Mae hyn yn well na dianc !

FFLAMINIOS : Ydy e nawr ! Dere di yma. Mae gen i olygfa well. Dere yma.
(*Daw* AENOBARBOS *eto ac edrychant gyda'i gilydd i'r chwith, yna i'r dde.*)

AENOBARBOS : Ble mae'r gwylwyr ?

FFLAMINIOS : Ble mae eira llynedd ?

AENOBARBOS : Rym yn rhydd ! Yn rhydd ! Fe allwn ddianc.

FFLAMINIOS : Wyt ti'n gwybod lle mae'r Llwybr Cudd ?

AENOBARBOS : O dere. Paid â chwarae rhagor !

FFLAMINIOS : Wyt ti'n addo ?

AENOBARBOS : Ydw ! Ydw !

FFLAMINIOS : Ar dy lw ?

AENOBARBOS : Ar fy llw . . .

FFLAMINIOS : Aros eiliad te. (*Â allan i'r dde a chodi picell.*) Weldi, fe anghofiodd y cloff ei ffon fagl yn ei hast. Hoffet ti gael un ?

AENOBARBOS : O dere mlaen ! (*Ânt at y Cefn Chwith.*) Cymer ofal nad oes neb yn cuddio yn y coed !

FFLAMINIOS : Elian ! Rwy i'n dod, cariad. Nawr !
(*Try yntau ymaith.*)

Disgyn y LLEN yn gyflym

Y mae bron yn hanner nos.
Bydd golau gwan, a thân ar gyntedd y Gwersyll.
DYFNRIG *ac* IFER *a* MAELGWN *sydd mewn cyngor.*

DYFNRIG : A welaist ti Elian ?
MAELGWN : Naddo ddim.
DYFNRIG : A ddwedodd Buddig ddim ?
MAELGWN : Dim.
DYFNRIG : Mae'n od—a hithau beunydd nôl a mlaen.
IFER : O twt, paid â phoeni amdani hi. Beth am Iceniaid Buddig ? Rheiny sy'n bwysig. Maelgwn, beth amdanynt ?
MAELGWN : Ar y Trinofaint y bu'r alanas. Does fawr o fylchau ym myddin Buddig. Gynnau yr oedd y tywysogion mewn cyngor gyda hi, a'r llun tan arfau.
DYFNRIG : Fe roddaist y ddau ddewis yn glir o'i blaen ?
MAELGWN : Do.
DYFNRIG : Wel ? Beth ddwedodd hi ?
MAELGWN : Dim byd yn bendant.
DYFNRIG : Fe ddwedodd rywbeth ?
MAELGWN : Naddo, dim byd.
DYFNRIG : Beth ddwedodd hi ?
MAELGWN : Rhyw awgrymu wnaeth hi mai gwell fyddai gan y Trinofaint gilio nôl—*fel arfer*, ebe hi.
IFER : Y filiast ! Mae'n gwybod na all hi ddim dal ymosod Suetonios wrthi ei hun ar ôl gorchfygu'r Trinofaint. Gwenwyn asp, nid gwaed sy ynddi hi. Mae wedi gwerthu ei henaid i ddialedd.
MAELGWN : Mae'n ymddiried yn ei deugain mil.
DYFNRIG : Beth yw dy gyngor di, Ifer? Dal y gwersyll, neu gilio'n ddyfnach i'r fforestydd ?
IFER : Dim ond wedi aros tros nos y mae'r Rhufeinwyr. Yn y bore byddant yn ymosod eto. Dallwn i ddim dal y gwersyll.
DYFNRIG : Cilio nôl yw dy gyngor di, te ? Beth amdanat ti, Maelgwn ?
MAELGWN : Does dim ond ychydig bach o Drinofaint ar ôl yn y gwersyll. Fe ddihangodd rhai.
IFER : Fe fethodd miloedd !

MAELGWN :   Dyw hi ddim cynddrwg â hynny. Ymguddio yn y
fforest mae'r rhan fwyaf. Fe ddaw rheiny nôl eto pan
ddaw galw.

IFER :   Ddaw dim un yn ôl i'r gwersyll yma—

MAELGWN :   Na ddaw. Ond petaem ni'n cilio nôl yn ddyfnach i'r
coed fel rwyt ti'n awgrymu, fydden nhw ddim yn hir
cyn casglu at ei gilydd.

IFER :   Buddig sy'n gyfrifol am golledion heddiw. Dim ond
hi. Yn oedi cyn dod â help i ni. Sut gallai'r Trinof-
aint ddal ?

MAELGWN :   Y mae cenfigen a dial yn elynion gwaeth na Rhufain.
Fe geisiais i ganddi beidio ag oedi cyd. Credu y
byddai Rhufain wedi blino yr oedd hi, meddai hi.

IFER :   Arllwysodd Suetonios gatrodau newydd i'r frwydr. Y
rheiny a'n trechodd ni. Petai Buddig heb oedi cyd—

DYFNRIG :   Yr oedd ffawd i'n herbyn.

MAELGWN :   Peth peryglus yw rhoi'r bai ar ffawd. Beio'r duwiau
yw hynny. (*Y mae aros oer.*) 'Rŷm ni wedi digio digon
ar y duwiau eisoes trwy omedd ebyrth iddynt.

DYFNRIG :   Fe rydd y duwiau ddewis inni. Creulondeb a thrugar-
edd. Un yn difa, un yn cadw.

IFER :   Creulondeb sydd yn difa gelyn, ac yn cadw gwlad.

MAELGWN :   A thrugaredd sydd yn cadw gelyn, ac yn difa gwlad.

DYFNRIG :   Trugaredd ffôl. Creulondeb call. A dyna'r dewis
beunydd ar law'r duwiau !
(*Daeth* BUDDIG *i mewn trwy'r cefn chwith. Erys heb i neb
ei gweld.*)

IFER :   Roedd bai arni na fyddai hi wedi taro ynghynt. A
ninnau'n ffôl, yn credu na fyddai Rhufain yn blino.

BUDDIG :   A rwyt ti'n fy meio i am ffalsder ffawd ?

IFER :   (*a phawb wedi codi ar eu traed*) : Wyt ti'n beio ffawd am
dy ffalsder ? Dy ddig, dy lid ?

DYFNRIG :   Ofer yn awr yw dadlau ar bwy mae'r bai. Does dim
lles bellach dadogi'r bai ar neb. Gadwch inni'n hytrach
chwilio ffordd—

BUDDIG :   Does dim angen dadlau.

DYFNRIG :   Nac oes.

BUDDIG :   Fe ŵyr pawb mai ti yw tad y drwg. Ti oedd achos
digio'r duwiau. Dy fyddin di a fethodd ddal.

IFER :   Rŷm ni yn waeth na Rhufain. Ein dicter ni a'n
cenfigen . . .

BUDDIG : (*heb wrando arno*) : Ti fynnodd gadw'r carcharorion
rhag y duwiau. Dy flys am le'r Pendragon . . . (*Daw*
DWYNWEN *o'r gwersyll a sefyll heb i neb sylwi arni.*)

IFER : Ni ein hunain, nid y duwiau sydd ar fai.

MAELGWN Y carcharorion ! Ble mae'r carcharorion ? Gellid eto
gymodi â'r duwiau. Dim ond aberthu'r carcharorion!
Fe dderbynia'r duwiau'r rheiny'n ebyrth cymod!

BUDDIG : Gallwn. Dyfnrig, wyt ti'n barod i roi'r carcharorion
i'r allorau ? Nawr ?

DYFNRIG : (*wedi dal llygad* IFER) : Ni ellir hynny mwy.

DWYNWEN : (*gan ddod ymlaen a syrthio ar ei gliniau o'u blaen*) : F'anwyl-
iaid, fy chwaer, fy mhriod ! O gwrandewch ar fy
ymbil. Gwnewch gymod un â'r llall. Hynny, dim
ond hynny, a ddwg y duwiau dig o'n tu. Na thro
oddi wrthyf, Fuddig. O Ddyfnrig, gwrando arnaf. Yn
enw mamau'r meirwon rwy'n mentro eiriol. Dewrion
ydych. A gaiff cynhennu ddifa grym eich dewrder ?
Clywch grawc y cigfrain diamynedd, a'u gwledd heb
oeri. Ai cigfrain ydych chwithau,—yn crawcian bob
yn ail â Chatos, mor ddiamynedd â Suetonios am
ysglyfaeth ? Peidiwch â'm gwrthod i, f'anwyliaid. Yn
enw'r gweddwon a'r amddifaid, yn enw'r glewion . . .

BUDDIG : Taw a'th huodledd ! Geiriau, geiriau ! I'n twyllo a'n
difetha ! Rhoer y carcharorion yn ebyrth ar allorau'r
duwiau !

DYFNRIG : Cyfod f'annwyl. (*Rhydd gymorth i* DDWYNWEN) Sych
dy ddagrau. Ni allai calon gnawd ddim gwrthod
ymbil fel d'ymbil di.

BUDDIG : Dagrau. Hy ! Ble mae'r carcharorion ?

MAELGWN : Ie. Rhaid aberthu. Fe ddaw cymod rhwng y Trinof-
aint a'r Iceniaid yn eu gwaed.

DWYNWEN : (*ar ei thraed*) : Chei di ddim eu lladd ! Chei di ddim !

BUDDIG : O ! Gwraig y Pendragon unwaith eto, ai ie ? Ble mae
dy ddagrau di ? A phwy wyt ti i'm hatal ?

DWYNWEN : Buddig ! Wyt ti am ladd Elian hefyd ?

BUDDIG : Elian !

DYFNRIG : (*gyda'i gilydd*) : Beth sydd gan Elian   ?

MAELGWN : Elian a'r Rhufeinwyr ?

IFER : Hi oedd am eu cadw o'r blaen.

DWYNWEN : Mae Elian fach yn caru un o'r ddau. Chei di mo'i
ladd ! Er mwyn Elian—chei di ddim.

BUDDIG : (*wedi torri at ei thraws*) : Yn caru ? Elian yn caru ?

DYFNRIG :   Yn caru â Rhufeiniwr ?

DWYNWEN :   Dyfnrig, Dyfnrig, Dyfnrig, rwyt ti mor brysur, ti a
               Buddig—yn atal rhwysg rhyw Rufain bell, fel na
               ellwch chi ddim gweld bod Rhufain arall wedi concro
               eisoes . . .

IFER :   Hy ! Catos a'i farchnatwyr.

DWYNWEN :   Na, nid rheiny chwaith, ond cariad mab at ferch.
               Dyna Rufain na all dŵr na thân mo'i rhwystro, na'r
               duwiau eu hunain.

MAELGWN :   Mae mwy o achos nawr i'w lladd.

BUDDIG :   Ble mae'r carcharorion ?

DYFNRIG :   Nid yw'r carcharorion yma.

MAELGWN :   Beth ?

BUDDIG :   Ddim yn y gwersyll ?

DYFNRIG :   Nac ydynt . . .

BUDDIG :   Anwiredd. Cynllun i'm twyllo !

MAELGWN :   Ble mae'r carcharorion ? Pwy adodd iddynt . . . ?

BUDDIG :   Chwi a'u gollyngodd ymaith. Chwi sy wedi bradychu . . .

DYFNRIG :   Maen nhw wedi dianc. Doeddyn nhw ddim yma pan
               ddaethom ni. Mae'r ddau wedi dianc, wedi ffoi adeg
               y berw . . .

MAELGWN :   Ble roedd y gwylwyr ?

IFER :   Rheiny hefyd wedi ffoi.

BUDDIG :   Y Trinofaint ? O do, wrth gwrs !

MAELGWN :   A'r Iceniaid. Fe osodais i Iceniaid i'w gwylio fel y
               gorchmynnaist ti.

BUDDIG :   Wedi dianc ! Yn awr wyt ti'n fodlon addef ? Mae'r
               duwiau'n dangos—yn dangos ar bob cynnig—eu bod
               hwy yn ein herbyn !

IFER :   Allen nhw ddim dianc ! (*Chwardd.*) Eitha gwir ! Ond
               os yw'r duwiau gymaint am eu cael, peth od i'r duwiau
               eu helpu i ddianc, iefe ddim ! Rwy'n siwr y byddit ti'n
               eu lladd nhw nawr—am ddianc, petaen nhw heb
               ddianc fel petai. Ha, Ha !

BUDDIG :   Bydd ddistaw'r ffŵl ! Neu a wyf i wedi . . . wedi
               syrthio mor isel ag i fod yn destun sbort i ti? Maelgwn
               . . . wyt ti'n cofio ngeiriau i . . . am y rhuthr yn y
               fforest ? Yr hanner dwsin gwŷr ? Gwaith eu dwylo
               ydoedd. Gwaith . . . eu . . . dwylo . . . .

DYFNRIG :   Pa ruthr ? Pryd ? Gwaith eu dwylo—pwy ?

IFER :   Pwy ruthrodd arnoch . . . ?

BUDDIG : (*heb dalu sylw iddynt*)—ac felly y dewiswch gosbi dyn.
Ei gosbi am omedd aberth . . . O dduwiau, pam y
dewiswch fi ? Pam fi ? Fe fynnwn i roi aberth. Nid
myfi . . . ac eto arnaf i y syrthiodd dial . . . i fynnu
aberth. Fe roddais f'aberth. A oes mwy . . . mwy y
gall mam ei roi? (*Mae ar ei ffordd allan.*) Llefarwch . . .
gelwch . . . clywaf lef eich galw . . . eich gwaedd
ddiymod. Rwy'n gwrando . . . rwyf yn clywed . . .
Dof . . . rwy'n dod . . . canlynaf eich dialedd ! Gwae
a gwae a gwae . . . fe yrr fy ngwae fy nial. Rwy'n
gwrando, clywaf. Rwyf yn dod . . . dduwiau dialedd.
Gwae . . . a gwae . . . a gwae.
(*Aeth allan.*)

DWYNWEN : (*gan bwyso ar* DDYFNRIG) : O, Ddyfnrig !

DYFNRIG : (*gan ysgwyd ei ben*) : Ei llid—y mae'n arswydus.

IFER : Rhaid mynd ar ei hôl . . .

DYFNRIG : Gad iddi nawr. Gwell peidio ag ymyrryd . . .

DWYNWEN : Fe'i lladd ei hun.

DYFNRIG : Na. Un o'r duwiau yw hi nawr—fel duw, a digofaint
yr anfeidrol yn ei hysu.

IFER : Fe af i ar ei hôl.

DYFNRIG : Nage, aros di. Maelgwn, dos di, a phan ddaw cyfle
gofyn iddi fod yn barod. Dywed y byddwn ni ar
droed ymhen y ddwyawr. Cyn iti fynd, gosod wŷr i
chwilio ansawdd y llwybrau, bob cam hyd at odreon
gwersyll Suetonios.

DWYNWEN : Maelgwn, cofia holi am Elian. Myn wybod ymhle
mae hi. Fe ddof i gyda thi.

MAELGWN : O'r gorau. Fe ddof nôl yn union.

DYFNRIG : Ie, cyn gynted ag y gelli. (*Ânt allan.*) Beth oedd hi'n
feddwl wrth sôn am ruthr arni yn y coed ? Pa hanner
dwsin o wŷr ?

IFER : . . . a'r ffordd y dwedodd hi "gwaith eu dwylo hwy" ?

DYFNRIG : A welaist ti erioed sut beth â'r ffordd yr aeth hi allan
'te ?

IFER : Mae hi'n wallgo ! Dyna'r gwir, yn wallgo !

DYFNRIG : O wel, dyna fe. Fe ddaw Maelgwn nôl heb fod yn
hir. Ellwn ni wneud dim byd cyn hynny. Mae gen i
waith i ti. Gwaith pwysig. Faint fyddi di yn paratoi i
siwrne hir ?

IFER : I siwrne hir? Rwy'n barod. (*Chwardd.*) Mae pawb yn
barod yma nawr. Ond beth yw'r siwrne, f'arglwydd ?

DYFNRIG :   Gwyddost am y Llwybr Cudd ?
IFER :   Gwn. Yn aber y ddwy nant. Dilyn cwrs yr afon hyd
              nes . . .
DYFNRIG :   Ie. Dyna fe. Ac wedyn trwy'r fforest.
IFER :   I ble ? Ac i beth ? Beth sydd i mi i'w wneud ?
DYFNRIG :   Fe all Rhufain ein trechu yn y diwedd. Cymer di'r
              bechgyn a dos i Goed Celyddon. Fe fyddant yn ddiogel
              yno.
IFER :   Ti ddylai . . .
DYFNRIG :   Dysg hwy, fel byddant hwythau'n barod pan ddaw
              galw. Fe ddaw galw . . .
IFER :   Dyfnrig, yma mae fy lle i. Ti . . .
DYFNRIG :   Dysg hwy . .   dysg hwy am eu mam.
IFER :   Dos di, a dwg hi atyn nhw. Hi ddylai fagu'r plant.
DYFNRIG :   Alla i ddim mynd. Mae'n rhaid i fi fod yma.
IFER :   Gad iddi ddod gen i. Dyw hi ddim yn ddiogel yma.
DYFNRIG :   Na, mae'n fwy diogel yma, gyda byddin Buddig. Mae'r
              llwybrau'n rhy ansicr. Cymer dithau ofal. Gochel.
IFER :   Fe gymera i gâr. Ond Dyfnrig, gwrando . . .
DYFNRIG :   Rwy'n gwybod. Eisiau bod yma sy arnat ti. Rwy'n
              rhoi'r swydd anodda i ti. Nid marw heddiw yw'r
              gwaith dewraf. Mae pob un sy yma'n abl i hynny—
              yn abl ac yn barod. Nid heddiw, ond fory. Mae fory
              yn dy ofal di. Fory . . .
IFER :   Rwy'n barod !
DYFNRIG :   Wyt fe wn. Dos nawr ar unwaith.
              (*Hebrynga ef i'r cefn chwith. Saif yno.*) Ifer . . . (*Try
              IFER ac y mae DYFNRIG yn estyn llaw iddo*) Falle . . . na . . .
              (*Ond ni ddaw geiriau. Yna heb air fe dry IFER ymaith.
              Erys DYFNRIG gan edrych ar ei ôl am ennyd. Wedyn â at y
              canllaw a phwyso yno gan edrych tua'r ddôl a'r nos. Cyn hir
              daw DWYNWEN yn ôl. Gwêl ef yno, yn sefyll â'i gefn ati.
              Â ato a phwyso ar y canllaw gydag ef heb ddweud gair am
              ennyd. Y mae ganddi flodau yn ei llaw.*)
DWYNWEN :   Mae Gwanwyn yn yr awyr. (*Nid yw DYFNRIG yn ateb.*)
              Mae'r meillion ar y caeau'n goch a gwyn.
DYFNRIG :   (*fel mewn breuddwyd*) : Mae celanedd ar y meillion coch
              a gwyn.
DWYNWEN :   Gad inni anghofio'n trallod am ychydig bach. Mae
              gennym ni lawer o le i ddiolch, wedi'r cwbl. Mae'r
              nos mor ddistaw, fel petai'r byd wedi anghofio'r
              brwydro'n barod. Weldi'r egin . . . a'r blagur ?

245

DYFNRIG :   Mae Gaea yng nghroth pob Gwanwyn. *Egin* sy'n crino.
DWYNWEN :   O Ddyfnrig ! Paid â siarad felna nawr . . . am ych-
               ydig bach. Dwyt ti ddim yn arfer siarad felna ! Der'
               lawr at y tân. (*Disgynnant fraich ym mraich*). Fe wn i am
               un Gwanwyn na fydd Gaea iddo byth.
               (*Saif* DYFNRIG *a throi ati. Deil hi o hyd braich a'i ddwylo
               ar ei hysgwyddau gan syllu arni'n hir.*)
DYFNRIG :   (*gan siglo'i ben*) : Na, Dwynwen. Hwnnw hefyd. Elli
               di ddim dal i ' ngharu i, pan ddysgi di mor ddiffrwyth
               wyf fi. Os trecha Rhufain ni . . .
DWYNWEN :   Dyfnrig, Dyfnrig, ychydig iawn wyt ti'n feddwl
               amdana i wedi'r cwbl—os wyt ti'n meddwl . . .
DYFNRIG :   Nage cariad, nid arnat ti mae bai. Ond cofia di,
               peth arall fydd fy ngharu i wedyn. Peth gwan yw
               cnawd . . . rhy frau i'n hysbryd ambell waith.
DWYNWEN :   Gad fod Rhufain yn dy drechu di . . . wel, trechu
               gwron mae hi. Does dim cywilydd yn hynny. Na
               Ddyfnrig, doed a ddelo, mae'n rhaid imi dy garu di . . .
DYFNRIG :   A rhoi d'ymddiried arnaf.
DWYNWEN :   A rhoi f'ymddiried arnat—hyd farw.
DYFNRIG :   Hyd farw ? . . . A'r meillion ar y caeau . . . ?
DWYNWEN :   Dyfnrig ! Paid ! Mae dy eiriau di'n gwneud dolur.
DYFNRIG :   Mae tynged gwaeth na marw. Carchar . . . a march-
               nad Rhufain.
DWYNWEN :   Lle gwerthir caethion ? A'r cadwyni !
DYFNRIG :   Ni roir cadwyni arnat ti. Fe lysg blys rhywun anllad
               i wyn dy enaid ti, nid dur i'th gnawd.
               (*Cerddant heb siarad at y tân.*)
DWYNWEN :   Pam wyt ti'n mynnu siarad fel hyn ?
DYFNRIG :   Mae hi mor anodd trefnu . . . Falle cyn y bore na
               fydd dim ffordd i ddianc.
DWYNWEN :   Ond mae'r Llwybr Cudd.
DYFNRIG :   Efallai. Ond mae'n bosib i'r Rhufeinwyr ein torri ni
               rhag hwnnw.
DWYNWEN :   Heb hwnnw does dim ffordd.
DYFNRIG :   Hyd yn hyn fe allwn gilio nôl i'r coed. Os daw Buddig
               heno.
DWYNWEN :   Os na ddaw hi ?
DYFNRIG :   Y Llwybr Cudd . . .
DWYNWEN :   Beth os collir hwnnw ? (*Y mae* DYFNRIG *yn ddistaw.*)
               Beth ? (*Nid yw* DYFNRIG *yn ateb, dim ond edrych arni.*)
               Dyfnrig ! Ateb.

DYFNRIG :   Y mae ffordd . . . (*Daw* MAELGWN *i mewn â llestr yn ei law.*) O Maelgwn. Beth ddwedodd Buddig ?

DWYNWEN :   A welaist ti Elian ?

MAELGWN :   Naddo ddim. Mae'r gwŷr tan arfau i gyd, a rhai yn symud at y ddôl.

DYFNRIG :   Da iawn. Mae'n barod ac yn ein disgwyl ni. Rŷm ninnau'n barod . . .

MAELGWN :   Nage, nid hynny. Mae'n mynd i ymosod ar y Rhufeinwyr.

DYFNRIG :   Ymosod ? Nawr ? Pa ymosod ?

MAELGWN :   Ie ; taro arnynt, a'u dal nhw yn ddirybudd. Eu dal nhw'n cysgu . . .

DYFNRIG :   Y wallgo ! Mae'n gwybod nad yw llengoedd Suetonios byth yn cysgu. Dyma ddiwedd pob gobaith nawr. Rhed ati eto. Cymell hi. Eglura iddi. Ein hunig obaith yw cilio nôl i'r fforest. Rhed !

MAELGWN :   F'arglwydd, mae hi'n bendant. Rhoddodd hwn i fi i'w roi i Dwynwen. (*Estyn y cwpan.*) Ei chymwynas ola, ddwedodd hi. "Ond fe all hebddo os dof i nôl," oedd ei geiriau hi.

DYFNRIG :   Rho'r cwpan ar y garreg. Does dim raid i Ddwynwen wrtho. Fe ŵyr y Trinofaint, gystal â'r Iceniaid, ffordd . . . Dos, rhed ati eto.

MAELGWN :   (*wrth fynd*) : Does dim un diben . . .

DWYNWEN :   Ffeindia Elian !

DYFNRIG :   Ac os gelli, gwna i'r negesyddion frysio yma.

DWYNWEN :   Dim ond y Llwybr Cudd sy'n sefyll nawr.

DYFNRIG :   Ac os na wrendy Buddig—os myn ddeffro Rhufain . . .

DWYNWEN :   Fydd dim un ffordd.

DYFNRIG :   Fe fydd ffordd.

DWYNWEN :   Y cwpan !

DYFNRIG :   Ie, cariad. Y cwpan. Hwnnw'n unig . . .

DWYNWEN :   Alla i ddim. Aed y cwpan heibio . . .

DYFNRIG :   (*gan ei hanwylo*) : Gelli, cariad. Gelli bopeth dewr. Mae gwaed tywysogion ynot. Gwaed Iceniaid ! Fel Buddig. Mae hi'n ddewr.

DWYNWEN :   Yn ddewr . . . fi'n ddewr . . . yn ddewr i ddewis crino . . . yn fy Ngwanwyn. Heno rwy'n fyw . . . yn symud. Edrych. (*Y mae yn symud ei bysedd un ac un.*) Yn symud—symud—symud ! A daw angau. Daw llonyddwch. Pwy all groesawu bedd. Llonyddwch bedd.

Pwy all anwylo angau ! (*Gwêl y cwpan. Â ato a'i godi.*)
Ti . . . rwyt ti am roi cusan i fi, fel na chaf symud
llaw na throed. Dewr ! (*Chwardd.*) Ha, ha, fe fydda
i'n ddewr. Ni chei fy nghrino . . . (*Hyrddia gynnwys
gwlyb y llestr ar y llawr.*) Ni lysg dy flys i wyn fy enaid i.
(*Try'n ddiymadferth, ac heb egni gad i'r llestr lithro o'i llaw
i'r llawr. Cerdd yn llesg tua'r babell. Disgynna'r llen cyn
iddi gyrraedd.*)

DYFNRIG :   (*wrth iddi fynd*) : Ond mae gwaed Iceniaid ynot . . .

LLEN GYFLYM

Yr awr olaf cyn i'r wawr dorri.
Clywir udo pell y bleiddiaid wrth i'r Llen godi.

DYFNRIG : 'Dallwn ni wneud dim nes daw'r negesyddion nôl a gwybod am y ffyrdd. Mae'n well iti orffwys am ychydig bach.

DWYNWEN : Alla i ddim gorffwys ! Pwy all orffwys ?

DYFNRIG : Fe ddylet dreio. Falle na ddaw dim cyfle rhagor am . . .

(*Clywir cyfarth bleiddiaid yn y pellter.*)

DWYNWEN : O Ddyfnrig! Maen nhw'n codi arswyd—yn tarfu cwsg.

DYFNRIG : Dere yma, calon fach. (*Anwyla hi am ennyd.*) Ond petaet ti'n mynd i orffwys, chlywet ti ddim wedyn. (*Sŵn y bleiddiaid.*)

DWYNWEN : (*mewn cryndod*) : Na! Rwy wedi bod rhy hir heb glywed. Pam, o pam, rhaid i blant dynion borthi rhaib— porthi rhaib â chnawd plant dynion ?

DYFNRIG : Dwn i ddim Dwynwen. Dwn i ddim ond bod rhaid i ddyn ymdrechu—ddoe heddiw ac yfory. Mae'n rhaid i ddyn ymdrechu heb holi pam. Ymdrech, ymdrech gyson—hynny yw *bod.*

DWYNWEN : Ac o'r ymdrech,—ddoe, heddiw, fory—fe ddaw wylo ; wylo mamau am eu plant ; wylo bleiddiaid am ysglyf- aeth. Hynny yw *bod.*

DYFNRIG : Dwn i ddim. (*Y mae tawelwch. Wedi ennyd y mae cyfarth y bleiddiaid yn agos i'r gwersyll.*) Mae rhywbeth wedi tarfu'r bleiddiaid.

DWYNWEN : Maen nhw'n mentro'n agos. Gwae na ddeuai'r neges- yddion.

DYFNRIG : Ust ! Gwrando ! Mae sŵn mwy na sŵn bleiddiaid— (*Cyfyd ac â at y canllaw.*) Mae'r coed yn ferw i gyd. Buddig . . .

DWYNWEN : (*ar ei thraed*) : Hi—hi sy'n ymosod . . . (*Clywir sŵn cerdded cyflym.*)

DYFNRIG : (*gan alw yn sydyn a rhoi ei law ar ddwrn ei gledd*) : Beth yw'r rhedeg . . . ? (*Rhed* MAELGWN *i mewn.*) Maelgwn ! Beth sydd ? Pam wyt ti'n rhedeg ?

MAELGWN : Lleisiau'r nos sy ar fy sodlau. Buddig . . .

DYFNRIG : Ie, beth ? Beth ddigwyddodd ?

MAELGWN : Ar ffo. Methodd ei chynllwyn.

DYFNRIG :   Dyw Rhufain byth yn cysgu. Dwed, beth welaist ti ?
MAELGWN :   Anhrefn. A Suetonios—
DYFNRIG :   Ble mae Buddig ?
MAELGWN :   Dwn i ddim—dim ond sŵn carlam ffoaduriaid sy'n
                 y coed,—a sŵn erlid.
DYFNRIG :   A dyna ddrysu'r cwbl.
MAELGWN :   Beth wyt ti'n drefnu ? Sut mae . . .
DYFNRIG :   Danfonais Ifer at y plant. Rwy'n disgwyl y gwŷr a
                 roddaist ti i brofi'r ffyrdd.
MAELGWN :   Heb ddod mae rheiny ?
DYFNRIG :   Ie. A nawr mae'r coed yn fyw. Fe ddaliwyd rhai,
                 fe ffy'r lleill. Ddaw neb nôl yma.
DWYNWEN :   Beth welaist ti yng ngwersyll Buddig ? Doedd hi ddim
                 yno wrth gwrs.
MAELGWN :   Doedd yno neb yn unman. Rhedais at babell Buddig.
DYFNRIG :   Ie . . . ?
DWYNWEN :   Welaist ti rywun ?
MAELGWN :   Naddo. Dim ond un gwyliwr. Gwrthododd adael i
                 mi fynd heibio. Gosodwyd ef i wylio. "I gadw'r lle
                 rhag bleiddiaid," meddai fe.
DWYNWEN :   Beth am Elian ?
MAELGWN :   Dwn i ddim. Fe ballodd ddwedyd dim.
DYFNRIG :   A yw'r merched gyda Buddig y tro hwn ?
MAELGWN :   Dwn i ddim. Ydy pawb yn gwybod beth i'w wneud ?
DYFNRIG :   Ydyn. Cymer dithau fwyd. Dwed wrth y rhai sy ar
                 ôl am gymryd bwyd, ar eu traed. Mae'n well i tithau
                 fynd trachefn i wersyll Buddig. Dwg hi yma—hi a'r
                 merched. Mae eto'r Llwybr Cudd. Dwg hwy yma—
                 a gallwn fentro hwnnw gyda'n gilydd.
DWYNWEN :   A bydd mor gyflym ag sydd modd.
MAELGWN :   Fe af ar unwaith—a rhai o'r gwŷr yn gwmni i mi.
                 Wedyn nôl yma, ac i'r Llwybr Cudd !
DYFNRIG :   Ie. Tyrd â hi, trwy orfod os bydd raid.
MAELGWN :   (*wrth fynd*) : Gwnaf.
DWYNWEN :   (*ar ôl iddo fynd*) : Mae'n rhaid cael Elian fach i'r Llwybr
                 Cudd.
DYFNRIG :   (*wedi digalonni*) : Pallodd cyfrwysder dyn. Ffromodd y
                 duwiau. O nefoedd, nefoedd.
DWYNWEN :   Dyfnrig ! Paid ! Mae eto'r Llwybr Cudd, a'r duwiau.
DYFNRIG :   Gweddïa dithau'r duwiau. Fe af i i drefnu'r gwŷr.
                 (*Rhydd ei fraich ar ei gwar a'i thynnu ato.*) Gweddïa'n daer,
                 fy nghariad. (*Ymetyl ar fin rhoi cusan iddi gan fod sŵn*

traed yn nesu.) Ust ! Mae rhywun yn dod . . . Un o'r
gwylwyr . . . (*Safant eiliad yn disgwyl hwnnw. Daw*
IFER *i mewn o'r dde.*)
Ifer !

DWYNWEN :	(*bron run pryd*) : Ifer ! Y plant ? Y plant ?
IFER :	F'Arglwydd, methais.
DYFNRIG :	Methu ? Pam ?
IFER :	Cyrhaeddais aber y ddwy nant. Ond yno roedd gwŷr yn gwylio. Gormod o rif. Mae'r Llwybr Cudd . . .
DYFNRIG :	. . . yn nwylo Rhufain !
DWYNWEN :	Milwyr Suetonios ! Caeodd y nef i'n herbyn.
DYFNRIG :	Enbyd yw dial y duwiau. Trengodd gobaith . . .
DWYNWEN :	Dim ond un ffordd . . .
IFER :	(*gan dorri arni i ateb Dyfnrig*) : Nage, Arglwydd, y mae eto obaith.
DYFNRIG :	Gobaith ! Pa obaith wedi colli'r Llwybr Cudd ?
DWYNWEN :	Pa obaith Ifer ? Dwed pa obaith ! Glau.
IFER :	Dygwyd fi at un o'u capteniaid. Enwodd di â pharch. Fe a'm danfonodd atat. Y mae am dy weld a siarad â thi.
DYFNRIG :	Rhufeiniwr, nawr ? Rhyw gynllwyn, rhyw ddichell ! Brad !
IFER :	Nage. Wrtho'i hun y mae, ac heb arfau.
DWYNWEN :	A yw e'n agos ? Ble mae e ?
IFER :	Wrth y sarn—yn disgwyl ateb.
DWYNWEN :	Galw ef. Dyfnrig, gad i Ifer alw arno.
DYFNRIG :	Pam, Dwynwen ? I beth ? A ddaw nerth i mi o Rufain ?
DWYNWEN :	Efallai cawn ni Ifer at y plant. Er mwyn y plant . . .
DYFNRIG :	A ei di eto, Ifer, at y plant—os bydd modd ?
IFER :	Efallai y cei di fynd . . .
DWYNWEN :	Galw ef.
DYFNRIG :	Ie galw—er mwyn y plant. (*Trodd* IFER *ac aeth allan. Bydd distawrwydd trwm am eiliad.*) Efallai y cawn ffordd i gadw'r plant.
DWYNWEN :	Efallai y cawn ni'n dau—efallai y gad e i ni ddianc.
DYFNRIG :	Rhufeiniwr—yn ceisio ffafr Suetonios ! Ond pam mae e'n gofyn am ein gweld ?
DWYNWEN :	Fflaminios ! Fflaminios yw e'n chwilio am Elian. Y mae gobaith. Y mae gobaith ! Mae'r duwiau yn drugarog. Duwiau trugarog . . .
DYFNRIG :	Trugarog yn achub pentewynion o'r tân !

DWYNWEN :   Yn trefnu ffordd i ni—a'n plant.
(*Clywir sŵn cerdded.*) Ust, dyma nhw. (*Daw* IFER *yn gyntaf. Saif i* AENOBARBOS *fynd heibio iddo. Mae* AENO-BARBOS *mewn llawn wisg milwr*). Fflamin . . .

IFER :   Y ddau a'th achubodd . . .

DYFNRIG :   Aenobarbos !

AENOBARBOS :   Dyfnrig Ddewr—Dwynwen. Mae arnaf ddyled i chwi am fy hoedl. (*Cilia* IFER *i wylio yn y cefn.*)

DYFNRIG :   Ti sy'n dal y Llwybr Cudd !

AENOBARBOS :   Fy nghrefft oedd dal ar werth y Llwybr Cudd. Hynny yw crefft milwr.

DWYNWEN :   Pwy ddangosodd iti'r Llwybr Cudd ?

AENOBARBOS :   Fflaminios.

DYFNRIG :   Sut gwyddai ef amdano ?

AENOBARBOS :   Does dim raid imi ateb !

DYFNRIG :   (*â'i law ar ddwrn ei gledd*) : Rhaid ! Y taeog !

DWYNWEN :   Paid Dyfnrig. (*Try* DYFNRIG *ymaith.*) Nac oes, Aeno-barbos, fe wn i'n barod.

DYFNRIG :   (*gan droi ar ei sawdl*) : Beth ? Pwy yw'r bradwr ?

DWYNWEN :   Nid bradwr, Dyfnrig. Elian ! Elian ddangosodd i chwi'r ffordd i ddianc.

DYFNRIG :   Rhoi dihangfa i Rufeinwr !

DWYNWEN :   'All cariad omedd dim ! Roedd Fflaminios a hi'n caru, cofia.

DYFNRIG :   A'r duwiau'n dial hynny. Os yw e'n caru Elian fe'i ceidw hi yn awr.

AENOBARBOS :   Mae e wedi mynd ati. Fe geisiodd gynnau. Trefnodd fan i guddio a'i dal.

DWYNWEN :   Y rhuthr ! Yn y prynhawn ! Beth ddigwyddodd ?

AENOBARBOS :   Pan ddaeth cerbyd Buddig heibio, taflodd Fflaminios bicell a gollyngwyd saethau.

DWYNWEN :   Beth wedyn ?

AENOBARBOS :   Methasom daro'r meirch.

DWYNWEN :   Ac wedyn ?

AENOBARBOS :   Dwn i ddim. Roedd clogwyn yn gyfleus. Cuddiodd hwnnw hi o'n golwg, a rhoi cyfle i ni ffoi.

DWYNWEN :   A nawr mae hi'n ddiogel. Fe ddaw Fflaminios â hi yma. Fe ddwed Maelgwn wrtho am ddod . . .

DYFNRIG :   Yma ? I beth ? Dallwn i ddim mynd trwy'r Llwybr Cudd.

AENOBARBOS :   Rwyf innau am eich achub chwi. Rwyf am y cyfle i dalu 'nyled.

DYFNRIG :   Wel ?
DWYNWEN :   Ein gadael ni trwy'r Llwybr Cudd ?
AENOBARBOS :   Dyfnrig, plŷg di i mi cyn i Suetonios ddod.
IFER :   (*yn gweiddi'n sydyn yn y cefn*) : Aros! Saf. Pwy sydd yna ?
                 Pwy wyt ti ?
                 (*Daw* MAELGWN *i'r golwg gan sefyll yn y cefn chwith.*)
MAELGWN :   Fi ? Dyn bach a chanddo dyddyn, a buwch yn disgwyl
                 llo . . .
DYFNRIG :   Maelgwn ! O ble doist ti ?
MAELGWN :   O'r tyddyn bach ar ddechrau'r Gaeaf . . .
DYFNRIG :   Nage, nawr, y ffŵl !
MAELGWN :   O nawr ! O gladdu Buddig.
DWYNWEN :   O gladdu Buddig ?
AENOBARBOS :   Beth ?
DYFNRIG :   Claddu Buddig ?
MAELGWN :   Ie. A'i merch.
DYFNRIG :   Pa ferch ? Elian ?
DWYNWEN :   Nid Elian fach !
MAELGWN :   Nage'r llall. Mae Elian yn dod yma nawr. Roedd
                 Buddig wedi yfed medd.
AENOBARBOS :   Fe fu'n ffodus. Fe allwn innau wneud â medd. Gwaith
                 go sych yw . . .
DYFNRIG :   Medd y Derwyddon ?
MAELGWN :   Ie.
AENOBARBOS :   Medd y Derwyddon ?
DYFNRIG :   Ffordd ein tadau ni. Ble mae Elian ? Welaist ti Fflam-
                 inios ?
DWYNWEN :   Nid oedd Elian wedi yfed medd ?
MAELGWN :   Nac oedd, nid medd. Picell a'i trywanodd hi.
DYFNRIG :   Beth ? Beth ddwedaist ti ?
DWYNWEN :   O— ! Picell pwy— ?
AENOBARBOS :   Hithau hefyd ?
DYFNRIG :   Ond fe ddwedaist ti fod Elian yn dod yma yn awr.
MAELGWN :   I'w chladdu. Fe drefnodd e Fflaminios ffordd . . .
AENOBARBOS :   Do rwy'n gwybod. Wel ? Beth fu ?
MAELGWN :   Yn yr ymladd gynnau. Wel, ei bicell e, Fflaminios . . .
DWYNWEN :   O—wae, gwae, gwae.
DYFNRIG :   O ddial duwiau, dial . . . !
AENOBARBOS :   Yn lladd ei farbares fach. Ond rhaid plygu i'r duwiau.
                 Rhaid i dynged fod !
DYFNRIG :   Heddiw i ni. I arall fory . . .
DWYNWEN :   Fory, trennydd, tradwy. Yn dragywydd.

DYFNRIG :   O'r gorau, Maelgwn !

MAELGWN :   Mae'n wanwyn f'arglwydd—a'r pridd yn galw. A gaf
                   i . . .

DYFNRIG :   Dos nawr, ac aros gydag Ifer. Gwylia. (MAELGWN *yn
                   mynd.*) Wel, Aenobarbos ?

AENOBARBOS :   Un ffordd sydd. Dyfnrig, plyg di i mi. Mae Suet-
                   onios yn disgwyl imi roddi arwydd iddo gyda'r wawr.

DYFNRIG :   Disgwyl i *ti* ? Ti ! Ti oedd yn gwybod ffyrdd y gwers-
                   yll orau. Pam cedwais i di rhag trengi ? Plant gor-
                   dderch fy ffolineb yw'r trallodion hyn. Nid wyf am
                   f'einioes ar dy law. Yn Rhufain byddi'n arwr. Pawb
                   yn canu clod i ti. Y gŵr a ddaliodd Ddyfnrig Drinof-
                   ant ! "Plyg di i fi". Na, phlygaf ddim. Ni phlygodd
                   Trinofant i neb !

DWYNWEN :   Ond Dyfnrig, y mae'r plant !

AENOBARBOS :   Rwyf am dy achub di a Dwynwen.

DYFNRIG :   Rhag beth ? Rhag marw ? A elli di ein cadw ni rhag
                   gorymdaith strydoedd Rhufain—rhag y bloeddio, rhag
                   y dirmyg, rhag cadwyni ? Rwyt am ein hachub ! A
                   fynnit ti ein hachub ni rhag rheiny ?

AENOBARBOS :   Alla i ddim. Fe ŵyr Suetonios nad oes dim lle i ddianc.
                   Fe *fydd* gorymdaith—i foddio Suetonios. Fe gaiff y
                   clod, nid fi. Ond wedi'r ymffrost, wedi'r bloeddio . . .

DYFNRIG :   Fi—Dyfnrig y Trinofant—yn rhodio Rhufain. A'r
                   plant i boeri arnaf. A Dwynwen—tan lygaid ceimion
                   na wyddant gywilydd.

AENOBARBOS :   Fe brynaf i dy Ddwynwen, a'i rhoi yn rhydd drachefn.
                   Felly'n unig yr arbedir chwi.

DWYNWEN :   Fy mhrynu i ?

AENOBARBOS :   A'th ryddhau di wedyn . . .

DWYNWEN :   Ar ôl caethiwo f'enaid, nid fy nghorff.

DYFNRIG :   Cei fyw. Pwy sy'n croesawu bedd ? Pwy all anwylo
                   angau ?

AENOBARBOS :   Ni byddi farw felly.

DWYNWEN :   Felly y byddwn farw. Byddai f'enaid farw. Gwell
                   gennyf heddiw farw ar ganol gwledd, na chael gwael-
                   odion gwin mwy chwerw'u blas na'r bedd.

DYFNRIG :   Dwynwen, ystyria.

DWYNWEN :   Rwy wedi ystyried.

DYFNRIG :   Fe ddaw eto feillion coch a gwyn.

DWYNWEN :   Paid, Dyfnrig. Pris enaid rhydd yw angau.

DYFNRIG :	A wyt ti'n clywed, Aenobarbos ? Mae gwaed Iceniaid ynddi. Wyt ti'n clywed, Rufeiniwr ?
DWYNWEN :	Y plant. (*Yn uwch.*) Y plant ?
DYFNRIG :	Gwrando, Aenobarbos. Rwyt ti'n dweud bod arnat ddyled inni. Wnei di un gymwynas â ni ? Un ?
AENOBARBOS :	Yn llawen, gwnaf. I hynny y deuthum yma.
DYFNRIG :	Mae gennym ni ddau blentyn bach. Mynd atyn nhw oedd Ifer pan ddaliasoch chi ef. Gad iddo fyned trwodd.
AENOBARBOS :	Dau fachgen, neu ddwy ferch ?
DYFNRIG :	Dau fachgen . . .
DWYNWEN :	Dau blentyn bach, bach-bach.
AENOBARBOS :	Dau filwr cadau fory !
DYFNRIG :	Gad i Ifer eu symud i ddiogelwch. Neu ai dim ond geiriau gweigion yw dy awydd di—dy addo ?
DWYNWEN :	Bydd hynny'n fwy o glod i ti na rhwysg gorymdaith Rhufain. Dau blentyn bach . . . ?
AENOBARBOS :	Caiff Ifer fynd. Mae ' nyled innau'n fawr. Fe gaiff Ifer fynd—a Mawrth, dduw cadau'n dyst !
DYFNRIG :	A dyna ddewrder mwy na dewrder cad. A beth am Maelgwn ? A gaiff yntau fynd i'w ddyddyn yr un pryd . . .
AENOBARBOS :	Wel—milwr yw e . . .
DYFNRIG :	Mae'r pridd yn galw arno. Yno yr erys e os caiff.
DWYNWEN :	Fe gafodd ddigon ar y gwyliau hyn. Gad iddo fynd.
AENOBARBOS :	Fe gaiff y ddau fynd gyda'i gilydd.
DYFNRIG :	O'r gorau. Dwynwen, cymer y ddau, a gwna iddynt fwyta'n dda. Cynghora Ifer am y plant.
DWYNWEN :	Ie. Ifer, dere i'r babell. Dere dithau, Maelgwn. (*Ânt ar ei hôl i'r Babell.*)
DYFNRIG :	(*wedi iddynt fynd*) : Pa bryd yr wyt ti'n rhoi'r arwydd ?
AENOBARBOS :	Gyda'r wawr. Mae hithau bron ar dorri.
DYFNRIG :	O hynny hyd pan ddaw Suetonios yma ?
AENOBARBOS :	Hanner awr, man pellaf.
DYFNRIG :	Rwyt ti'n cofio ffordd dy dadau ?
AENOBARBOS :	Ffordd fy nhadau ?
DYFNRIG :	Pan droai'r gad o'r chwith—pan nad oedd ffordd i ymwared ?
AENOBARBOS :	Osgoi cywilydd . . .
DYFNRIG :	Ie, Aenobarbos. Gorfod marw'n ddianrhydedd, cael dewis marw'n ddigywilydd. Rwy'n gofyn un gymmwynas arall.

AENOBARBOS :   Ffordd fy nhadau.
DYFNRIG :   Yr oedd dy dadau'n ddewr—mor ddewr na fynnent
                warth cywilydd.
AENOBARBOS :   (*yn aros cyn ateb*) : Rwy'n mynd i roddi'r arwydd. Gor-
                chymyn Ifer i'm cyfarfod fel o'r blaen. Yn yr un man.
                Maelgwn gydag ef, wrth gwrs. Bydd hanner awr
                wedyn . . .
DYFNRIG :   Aenobarbos. Pan ddoi, na hidia amdanaf i. Ond
                Dwynwen—cofia amdani'n eiriol trosot ti a thros
                Fflaminios—a chadw hi rhag cam, rhag bod neb yn
                cywilyddio'i thlysni.
                (*Y mae* AENOBARBOS, *heb eiriau, yn ei gyfarch yn null milwr,
                ac yn mynd allan i'r dde.*)
                (*Ennyd o ddistawrwydd. Yna â at y babell ac yno sieryd yn
                ddistaw.*)
                Ifer. Mae hi'n bryd. A wyt ti'n barod ? Maelgwn !
IFER :   Ydwyf. (*Daeth allan*). Aenobarbos ? Ble mae e ?
DYFNRIG :   Gwna fel o'r blaen. Bydd yn dy ddisgwyl yn aber y
                ddwy nant. Dwg Maelgwn gyda thi. Mae e'n cael
                mynd i'w dyddyn.
MAELGWN :   Fe ddylwn i fod yma . . .
DYFNRIG :   Na, Maelgwn. Mae'r pridd yn d'alw di, i'w drin.
                Rwyf i yn ddigon yma—i ateb galw'r pridd.
MAELGWN :   Ond f'arglwydd . . .
DYFNRIG :   (*wrth Ifer*) : Fe ddwedodd Dwynwen bopeth wrthyt
                am y plant ?
IFER :   Do . . . F'arglwydd . . . (*Y maent wrth y cefn chwith.*)
DYFNRIG :   (*wrth* MAELGWN) : Maelgwn, maga'r llo—hynny yw
                dewrder.
                (*Wrth Ifer*) : Dos, ngwas i, dos. Mae'r wawr yn torri.
                Dyna'r arwydd. (*Saif* DYFNRIG *yn eu gwylio yn mynd.*)
                Cofia'u dysgu—am eu mam. Nhw biau'r tir.
DWYNWEN :   (*a ddaeth allan a cherdded i'w ymyl*) : A'u tad. Fe gan'
                nhw fyw. Dyfnrig, weldi'r wawr yn torri ?
DYFNRIG :   Honno yw'r arwydd.
DWYNWEN :   Ie, yr haul yn codi . . . ar *ddydd* newydd. I bwy
                Dyfnrig ?
DYFNRIG :   I ni, ' nghariad i. (*Gan ei chofleidio'n dyner.*) Paid
                ag wylo. Gwena'n dyner. Cawn weld un wawr yn
                fwy . . .
DWYNWEN :   Mae pob gwawr yn brofiad newydd . . . yn obaith.
DYFNRIG :   Pob machlud hefyd. Marw, a byw.

DWYNWEN : A'r profiad hwn ? Gwawr ynteu machlud ?
(*Erys* DYFNRIG *heb ateb.*)
Efallai'i fod e'n doriad gwawr ar ddydd heb iddo
fachlud byth.

DYFNRIG : Ie. Dyna ddywed y derwyddon.

DWYNWEN : Cyrraedd y cwpan imi.
(*Y mae* DYFNRIG *yn ei gyrraedd o'r babell. Gwylia* DWYN-
WEN *y wawr mewn distawrwydd.*)
Fe ddaw dydd di-nos ryw bryd.

DYFNRIG : (*gan ddychwelyd*) : Dyma'r cwpan.
(*Deil ef ati. Disgyn hithau o'r canllaw a'i gymryd yn ei
dwylo, ond y mae'n oedi yfed ac yn cilio nôl oddi wrth*
DYFNRIG.) Yf, fy nhirion.

DWYNWEN : Does arna i ddim ofn. Eisiau dy weld yr ydw i. Dy
gario yn fy llygad. Efallai ei fod e'n gyflym ac yn
pylu'r llun yn glau. (*Syllant ar ei gilydd, a gwenu.*)—
Mae'n gyflym ? A di-boen ?

DYFNRIG : Na, nid oes ynddo boen. Medd y derwyddon. (*Edrych
arni.*) F'enaid, yf, rhag i'r eiliadau gilio tan ein dwylo.
(*Yf hithau. Cymer yntau'r cwpan a'i ddodi ar garreg. Dyd
ei fraich am ei hysgwyddau i'w chynnal.*)
Dwynwen fach, Dwynwen fach.

DWYNWEN : Dal fi'n dynn, f'anwylyd.

DYFNRIG : Dyna ti.

DWYNWEN : Dyfnrig, cariad pwy ?

DYFNRIG : Cariad Dwynwen.

DWYNWEN : Dwed e eto . . .

DYFNRIG : Cariad Dwynwen.

DWYNWEN : Dyfnrig—mae fy llygaid i yn pylu. Pam wyt ti'n
troi dy wyneb ?

DYFNRIG : Wyddwn i ddim . . .

DWYNWEN : Wyt ti'n wylo ?

DYFNRIG : Dalla i ddim llai.

DWYNWEN : Mor dda yw'r duwiau'n rhoddi dagrau i ni.

DYFNRIG : Ie.

DWYNWEN : Dyfnrig, dwg fi i mewn . . . yr wyf am orffwys. Rwyf
am fod yn llonydd—yn llonydd, yn oes oesoedd. (*Dwg
yntau hi yn esmwyth tua'r babell. Cyn mynd i mewn try.*)

DYFNRIG : Cariad pwy . . . ? Dwynwen, ferch yr Iceniaid,
cariad pwy ?

DWYNWEN : (*â gwên dyner wrth fynd i mewn*) : Cariad Dyfnrig y
Trinofant.

(*Â* DYFNRIG *â hi i mewn. Saif y llwyfan yn wag ddigalon am ysbaid fer. Clywir bleiddiaid yn udo, yna utganiad utgorn clir, ac yna eilwaith udo'r bleiddiaid. Daw* DYFNRIG *allan yn llesg. Cerdda'n llesg hyd y canllaw. Saif yno ennyd, yna try a cherdda nôl yn llesg.*)

DYFNRIG :

(*Tyn ei gledd. Clywir sŵn gwŷr a'r ymgyrch yn nesáu o bell.*) Ni fethaist hyd yn hyn. (*Y mae yn sefyll yn syth.*) Na fetha'r olaf tro. Bydd gyflym, was. (*Try i wynebu'r babell.*) Rwy'n dyfod Dwynwen—i'r llonyddwch hir. (*Wrth iddo droi i'r babell yn ei ôl clywir llais* AENOBARBOS *ynghanol trwst gwŷr o'r ymgyrch. Gorchymyn rheiny y mae efe.*)

AENOBARBOS :

(*llais o tan y canllaw*) : Arhoswch ! Arhoswch yma. Galwaf arnoch. (*Tra fydd efe yn dod o'r ddôl islaw'r canllaw trwy'r dde daw* FFLAMINIOS *o'r Cefn Chwith. Bydd* FFLAMINIOS *ac* AENOBARBOS *yn wynebu ei gilydd.*)

AENOBARBOS :

Y mae'n ddrwg gen i—am—Elian—

FFLAMINIOS :

Ie. Dyna ddiwedd y stori—diwedd un o'r ysgyfarnogod bach. A fi—fi.

AENOBARBOS :

(*wrth groesi*) : Ie. Lacrimae rerum. (*Wrth y babell.*) Edrych yma—Fflaminios ! Edrych !

FFLAMINIOS :

Ie. Gwyn eu byd. Maen nhw yn rhydd.

AENOBARBOS :

Yn rhydd ? Yn gaeth yn yr angau. Ti sy'n rhydd i fyw.

FFLAMINIOS :

Mae nghnawd yn gorfod byw.

AENOBARBOS :

(*a groesodd at y canllaw*) : Hei, ble mae'r Eryr ? Eryr Rhufain ?

FFLAMINIOS :

(*cyn i'r berw gychwyn*) : Do fe orfu Eryr Rhufain. Pax Romana ! Hiraeth. Caethiwed. Caethiwodd Rhufain ni i gyd—i gyd.

(*Wrth i'r Eryr hwnnw ddod i'r golwg tros y canllaw clywir utgyrn a bloeddiadau "Rhufain", "Suetonios". Cyn y diwedd ni bydd ond un gair, "Rhufain." Saif* AENOBARBOS *yn dal yr Eryr. Mae* FFLAMINIOS *yn gorfod ymsythu gan fel y geilw grym ei grefft—a'i dreftadaeth—arno. Bydd mor unionsyth ag* AENOBARBOS *cyn y diwedd—a'r Eryr rhyngddynt.*)

(*Ynghanol y berw disgyn y Llen*)

LLEN

NODIADAU'R GOLYGYDD

Ganwyd James Davies (yn ddiweddarach y glynodd yr enw ' Kitchener ' wrtho) yn ardal Tregaron yn 1902. Magwyd ef ar dyddyn y Llain, ar gyrion Cors Caron.

Yr oedd yn ddisgybl yn Ysgol Sir Tregaron mewn cyfnod a gynhyrchodd gryn nifer o enwogion y genedl, fel Gruffydd John Williams, Ambrose Bebb, Cassie Davies ac E. D. Jones. Talai deyrnged arbennig i ddylanwad ei athro hanes, S. M. Powell, ac i gefnogaeth ei brifathro G. T. Lewis. Yna yng Ngholeg y Brifysgol, Aberystwyth, adnabu genhedlaeth nodedig Gwenallt, Idwal Jones a Waldo Williams.

Yn 1926, aeth i Gwm Rhondda, lle treuliodd weddill ei oes yn athro Cymraeg yn ysgolion y cylch. O gyfnod y Streic Fawr hyd y pumdegau bu'n weithgar ym mywyd cymdeithasol, addysgol a gwleidyddol y cwm. Ymladdodd etholiadau lleol a seneddol yn enw'r Blaid Genedlaethol, a daeth yn siaradwr blaenllaw drosti. Bu'n cynnal dosbarthiadau nos, darlledu, beirniadu (yn adrannau ysgrifennu a chynhyrchu ac actio dramâu), ysgrifennu i'r wasg yn Gymraeg a Saesneg, llunio a chynhyrchu ei ddramâu ei hun gyda Chwmni'r Pandy, a phregethu weithiau.

Yn 1940 priododd Mair Rees a ganwyd iddynt dair o ferched. Bu farw yn 1952 a chladdwyd ef ym mynwent y Llethr Ddu, Trealaw. Yn 1977, gosodwyd carreg goffa iddo ar fur Capel Llwynpiod yn ymyl ei hen gartref ger Tregaron.

Ei Waith

(Cynhwysir yn y gyfrol hon nifer o'i gerddi hir a'i ddramâu. Ni chynhwyswyd y gweddill o'i gyfansoddiadau dramatig ; a theimlais mai deunydd cyfrol arall yw'r rhelyw o'i gerddi a'i lu ysgrifau. Fy nghyfrifoldeb i felly yw'r dewisiad.)

Siôn y Gwynt sy'n Chwythu

Cerdd a gomisiynwyd gan Aneirin Talfan Davies ar gyfer y gyfres ' Pryddestau Radio '. Wedi ei darlledu yn 1952, a'r awdur yn wael yn yr ysbyty, a'i chyhoeddi yn 1953 ar ôl ei farw, cafodd y gerdd gofiannol hon ei chydnabod ar unwaith yn destament bersonol hynod Cymro a Christion, ac yn uchafbwynt ei waith.

Ing Cenhedloedd

Pryddest arobryn Eisteddfod Gadeiriol Treorci, 1945.

Yr Arloeswr

Pryddest a luniwyd ar fyrder ar gyfer Eisteddfod Aberpennar yn 1946, gan wneud defnydd arbrofol o fesurau Williams Pantycelyn. Gellir ystyried hon fel *Ing Cenhedloedd*, yn flaenffrwyth y bryddest enwocach, *Siôn y Gwynt sy'n Chwythu*.

Meini Gwagedd

Ysbrydion yr hen ddyddynwyr, un nos Galan Gaeaf, yn dannod eu bywyd blin ar Gors Caron.

Cerdd ddramatig, neu ddrama fydryddol, wedi ei seilio ar ddigwyddiadau ffeithiol. Ysgrifennwyd hi ar gyfer dwy gystadleuaeth yn Eisteddfod

Genedlaethol Llandybïe, 1944. Gwobrwywyd hi gan Mathew Williams yn adran y ddrama fer, a chollfarnwyd hi gan Saunders Lewis yng nghystadleuaeth y gerdd Vers Libre. Yna, ar ôl darllen gwerthfawrogiad brwd Prosser Rhys yn *Y Faner*, anfonodd S. L. lythyr at yr awdur yn tynnu ei feirniadaeth swyddogol yn ôl, ac yn canmol y gerdd.

Arbrawf oedd hon hefyd. Yn oes y ddrama-gegin boblogaidd a'i Chymraeg ' ffwrdd-â-hi ', penderfynodd yr awdur ddefnyddio cyfoeth iaith lafar ei fro enedigol mewn deialog fydryddol.

Cyhoeddwyd hi yn 1945, a'i chynhyrchu gyntaf gan gwmni Mary Lewis, yn breifat, yn Llanbedr Pont Steffan.

Susanna

Drama fer a berfformiwyd gyntaf pan enillodd wobr y Cyngor Gwasan-aethu Cymdeithasol. Seiliwyd hi ar y stori o'r Apocryffa—"stori dditectif gynta'r byd," meddai'r awdur.

Ynys Afallon

Drama fer led-fydryddol a enillodd glod uchaf Cystadleuaeth Cyngor Gwasanaethau Cymdeithasol De Cymru yn 1935, ond er ei newydd-deb a'i harbenigrwydd, amheuid y gellid ei llwyfannu'n llwyddiannus. Ei thema yw argyfwng hanesyddol colli Arthur yn wyneb y digwyddiadau yng Nghymru heddiw, ac arferai'r awdur ddweud ei bod yn crynhoi llawer o'r hyn a geisiau ef ei fynegi ar focs sebon. Yn yr arbrawf llenyddol hwn dewiswyd arddull lafar bwrpasol i'r gwahanol gymeriadau sym-bolaidd.

Y Tri Dyn Dierth

Drama fer ysgafn a seiliwyd ar un o storïau byrion Thomas Hardy. Perfformiwyd hi gyntaf pan enillodd wobr Cyngor Gwasanaethau Cymdeithasol De Cymru. Enillodd sylw arbennig yng nghystadleuaeth y ddrama fer yn Eisteddfod Genedlaethol Caerdydd 1938 ond ni ellid ei hystyried am mai cyfaddasiad ydoedd.

Cwm Glo

Drama dair act a ddyfarnwyd yn orau yn yr Eisteddfod Genedlaethol yng Nghastell Nedd yn 1934 (ac ym Mhort Talbot cyn hynny, o dan y teitl ' Adar y To '), ond a gollfarnwyd ar sail ei ' moesoldeb ' amheus. Bu helynt a dadlau cyhoeddus ysgytwol ar y pryd, yn y Wasg Gymraeg a Saesneg. Ac wedi cael trwydded y sensor, Cynan, a'i chyhoeddi yn 1935, a'i pherfformio gyntaf gan Gwmni'r Ddrama Gymraeg, Abertawe, yna gan Gwmni'r Pandy ledled De Cymru—fe dyrrai pobl i'w gweld. Un-waith eto, cododd dadl a thrafodaethau brwd. Portread ydyw o ganlyn-iadau cyni'r dirwasgiad ar gymdeithas y cymoedd.

Dies Irae

Drama hir am wrthsafiad Buddug rhag y Rhufeiniaid. Fe'i hysgrifen-nwyd ar gyfer Eisteddfod Genedlaethol Caernarfon, 1935, a daeth yn gyntaf o ddeunaw yn y gystadleuaeth. Ni theimlai'r awdur yn fodlon arni ; bwriadasai ei hail-ystyried a'i chrynhoi, gan gryfhau arwyddocâd sefyllfa'r hen Frythoniaid i ni yn y Gymru gyfoes.

ACTRESS DEFENDS BANNED WELSH DRAMA

TEACHER PLAYS MARGED

"IS NOT AFRAID OF BEING OSTRACISED"

WORSE ENGLISH ROLES

Mr. Shaw Thinks

Eisteddfod Ban...

Play Controversy

By A SPECIAL CORRESPONDENT

George Bernard ... of "Plays Un... about the contro-... banning of ... National ...th?

... not new; it started ...innings of drama. ... play has, in the ... been productive ... box-office. ...fuge of a letter ... the chief con-...play about to be ...al theatre has ... houses for the ...banned novel

...rsy, begun at ... Neath, is ... seri-

accommodating his steps to tho... lady companions. It was G.B.... with him were Mrs. Shaw, Rhondda, Dr. Winifred Cullis, and Cicely Hamilton, the authoress.

Mr. Shaw detached himself from party and we began our talk. Fo... while the conversation was gene... Then I introduced the question of t... National Eisteddfod of Wales. I showe... him cuttings from the local papers, and asked him if he would give me his views on the "banned play" controversy.

He replied:

"Of course it is impossible for me to express an opinion without see... play. If a dramatist fe... something to ev... why his ...

From Our Own Correspondent

SWANSEA, Tuesday.

THE most discussed Welsh play of the generation, "Cwmglo," by Kitchener Davies, was presented by the Swansea Welsh Dramatic Society at the Grand ...e tonight.

success that had attended ...ig y Ffermwr" the pre-... evening, was completely ...d, for crowds flocked to see ...ay that had offended the ...rilities of adjudicators at ...ort Talbot and Neath.

... only one previous occasion ...he play been performed in ...s, at Ammanford, in Febru-... when the Swansea Society ...ented to fill a breach in the ...'s programme.

...e society secured the rights of ... play at Neath when, after it had ... rejected by the committee, Mr. ... Williams Hughes secured Mr. ...hener Davies' consent to stage it. ...he play, of course, was read and ...roved by Cynan, the Welsh ...der for the Lord Chamberlain.

"ALL THIS FUSS"

And now meet Miss Eileen Davies, ...e Swansea schoolteacher who takes ...e role of Marged, whose morals—or ...ck of them—so perturbed the adju-...icators. Any girl who took the ...Marged part would be ostracised in ...er locality was what the committee ...said.

When I pointed this out to her Miss ...Davies laughed.

"Well, I hope not," she said, adding, "I cannot see why there should be all this fuss about 'Cwmglo.' Had the play been written in English no storm ... have been raised. ... played English parts ... much worse ...

DECEMBER

SENATE BAN... PLAY

COLLEGE COMPAN... "CWM GLO...

DRAMA THAT FAIL... WIN EISTEDDFOD

...m Our Own Corres...

BANGOR, Wed... decision by the ... of North Wales We... ...y to produce " C... ...ma which, thou... failed to win the p... ...tional Eisteddfod ...anded by the Sen...

...ia company had ... for the producti... ...the senate's ban ... about for a mo... ...hough the pla... decision, they ...lo " is more ...us, and that i... ...i the settled ... namely, to b... advancement ...

...as chosen, I ...iers had bee...

...tors' Doub... National ... ... Glo " wa... ...y the au... ...a Glam... play rece... adjudicat... point o... ...ramatic rize. A ...was that ...hat wee... t gave ... plot ...

PLEASANT PLAY THAT PLEASED AUDIENCE

From Our Own Correspondent

SWANSEA, Friday.

...ions concerning the Welsh drama were made ...day by Mr. D. Clydach ... director of the Swansea ...ramatic Society.

...e discussing the reactions of ...ence to that much-discussed ... Davies play, "Cwm Glo," ...e society presented at the ...heatre for the second time in ...ek's programme.

...sider that by facing the un-... Kitchener Davies has done ...rama a great service," said ...mas. "It is a complete break ...e conventional Welsh play and ...serve as an encouragement to ...Welsh dramatists.

...in Swansea are ready to per-...hese plays. We will perform ...g of sufficient merit, and I look ...d to many more plays like ...Glo.'

...Wales we have the actors, but ...past we have not had the ...

real intelligence will welcome it. They appreciate art, and it is the people who have this appreciation wh... realise the brilliance of 'Cwm Glo' and what it stands for in Wel... drama.

"The Swansea Society will encour-age young dramatists, and whe... Swansea leads others will follow."

Throughout this week Swansea ... been the mecca of Welsh drama... companies all eager to see how the Swansea Society would present their three plays, "Gwraig y Ffermwr," "Cwm Glo" and "Awel Dro."

Last night I met Dr. Oscar Williams. chairman of the Llanelly Welsh D-... matic Society, with Mr. John W... and Mr. J. Afan Jones, joint ...ducers, who were here to see the p... and judge its possibilities for presen-tation in Llanelly. It is almost certain that Llanelly will see the play.

The society tomorrow will give a matinee performance of "Gwraig y Ffermwr," with "Cwm Glo" in the evening.

SWANSEA'S NEW POWER STATION